尼山文库

传统辨析·西学初渐·当代审思

陈卫平 著

齊魯書社
·济南·

图书在版编目（CIP）数据

传统辨析·西学初渐·当代审思 / 陈卫平著.
济南 : 齐鲁书社, 2024. 10. -- (尼山文库). -- ISBN
978-7-5333-5022-2

Ⅰ. B222.05-53

中国国家版本馆CIP数据核字第20248VD396号

项目统筹　许允龙
责任编辑　张　涵
装帧设计　刘羽珂

传统辨析·西学初渐·当代审思

CHUANTONG BIANXI XIXUE CHUJIAN DANGDAI SHENSI

陈卫平　著

主管单位	山东出版传媒股份有限公司
出版发行	齊魯書社
社　　址	济南市市中区舜耕路517号
邮　　编	250003
网　　址	www.qlss.com.cn
电子邮箱	qilupress@126.com
营销中心	（0531）82098521　82098519　82098517
印　　刷	山东新华印务有限公司
开　　本	710mm×1000mm　1/16
印　　张	22
插　　页	2
字　　数	250千
版　　次	2024年10月第1版
印　　次	2024年10月第1次印刷
标准书号	ISBN 978-7-5333-5022-2
定　　价	108.00元

总序

为深入贯彻党的二十大精神，贯彻落实习近平总书记关于传承发展中华优秀传统文化系列重要讲话精神，落实《尼山世界儒学中心儒学传承发展“十四五”规划》有关部署要求，尼山世界儒学中心依托中心学术委员会，以学术顾问和学术委员为主体，组织编写出版了《尼山文库》。

一个民族的复兴，总是以文化的兴盛为强大支撑；一个时代的进步，总是以文化的繁荣为鲜明标志。以习近平同志为核心的党中央高度重视中华优秀传统文化的传承发展，始终从中华民族最深沉的精神追求看待优秀传统文化，从国家战略资源和文化软实力的高度继承优秀传统文化，从推动中华民族现代化进程的角度创新发展优秀传统文化，使中华优秀传统文化成为新时代新征程党和国家事业发展、实现第二个百年奋斗目标的重要力量。党的二十大报告提出“推进文化自信自强，铸就社会主义文化新辉煌”，就建设社会主义文化强国做出战略部署。深入学习贯彻党的二十大精神，坚持中国特色社会主义文化发展道路，增强文化自信，承担起举旗帜、聚民心、育新人、兴文化、展形象的使命任务，踔厉奋发，笃行不怠，推出更多增强人民精神力量的优秀作品，是《尼山文库》的使命担当。

文库汇编的作品展现了学术界近年来在中华优秀传统文化研究方面的新理念、新观点、新贡献，着重阐释儒学在弘扬践行社会主义核心价值观中的重要价值，概括儒学在国际交流、传播以及对话中的积极作用，解读儒学在公益慈善文化中的智慧启示。选编内容包括专家们在学术会议上的发言、出版论著的序言、近期发表的学术论文，以及论文论著精华摘要、核心观点摘编等，各自组成体系完备、结构完整的学术著作。我们力争在“十四五”期间，陆续推出40部学术著作。

文库的出版是建设世界儒学研究高地，打造文化“两创”新标杆的需要。2013年11月，习近平总书记在山东考察工作时提出，要加强对中华优秀传统文化的挖掘和阐发，努力实现中华优秀传统文化的创造性转化、创新性发展。十年来，山东立足于丰厚的文化资源，以高度的文化自觉扛牢中华优秀传统文化“两创”担当，不断激发文化创新创造活力。设立尼山世界儒学中心（中国孔子基金会秘书处）就是为了深入贯彻落实习近平总书记重要指示要求，努力打造世界儒学研究高地、儒学人才集聚和培养高地、儒学普及推广高地、儒学国际交流传播高地。山东省第十二次党代会明确提出“打造文化‘两创’新标杆”“深入推进尼山世界儒学中心建设”。在全国上下深入学习贯彻党的二十大精神、全面建设具有强大凝聚力和引领力的社会主义意识形态的时代背景下，编写出版这套丛书，有助于我们全面深入学习贯彻习近平总书记关于大力弘扬中华优秀传统文化的重要论述，坚守中华文化立场，做好为国家立心、为民族立魂的工作，传承和弘扬好以儒家思想为代表的中华优秀传统文化。

文库的出版是以文化人、守正创新，推动中华优秀传统文化与社会主义社会相适应的需要。习近平总书记强调，中华优秀传统文化是中华文明的智慧结晶和精华所在，是中华民族的根和魂，是我们在世界文化激荡中站稳脚跟的根基。出版这套丛书的宗旨在于立根铸魂，研究阐释中华文明讲仁爱、重民本、守诚信、崇正义、尚和合、求大同的精神特质和发展形态，阐明中国道路的深厚文化底蕴，展现中国人的宇宙观、天下观、社会观、道德观，展现中华文明的悠久历史和人文底蕴，承继中华优秀传统文化“观乎人文，以化成天下”的教化之道，更好构筑中国精神、中国价值、中国力量，坚定文化自信，增强中华文明的传播力、影响力，促进文化“两创”成果落在社会上、落在群众中、落在生活里。

文库的出版是推动世界不同文明交流互鉴、构建人类命运共同体的需要。海纳百川，有容乃大，编写出版《尼山文库》，继承中华优秀传统文化，弘扬时代精神，构建中国价值，绝不是拒斥外来文明，而是坚持不忘本来、吸收外来、面向未来，坚持“二为”方向、“双百”方针，坚持创造性转化、创新性发展。丛书倡导求实、严谨、活泼的文风，突出学术性、思想性、可读性，弘扬平等、互鉴、对话、包容的文明观，弘扬中华文明蕴含的全人类共同价值。

为天地立心，为生民立命，为往圣继绝学，为万世开太平，这是中国古代儒家知识分子的抱负，也是《尼山文库》的理想和期待。推进“两创”和“两个结合”需要久久为功、持续用力，希望更多的专家学者参与文库的编写，为建成社会主义文化强国共同努力奋斗！

是为序。

《尼山文库》编委会

2022 年 11 月 16 日

自　序

本书是我第二本关于儒学和传统思想的论文集，2021年已由孔学堂书局出版过以《儒学之“道”的哲学品格》为书名的论文集。我在该论文集的“自序”中说过，自己的治学领域主要在中国近现代哲学，近些年又致力于当代中国哲学史等相关课题。因此，编写第一本关于儒学的论文集，已觉得是“江郎才尽”了。现在这本论文集，缘于《尼山文库》编委会彭彦华女士的几次邀约，难以推辞，就选了第一本论文集之外的二十二篇论文，按照内容分为三辑。这里向读者交代一下这些文章的主旨和用意。

第一辑，传统辨析，共九篇文章，前四篇是个案分析，后五篇是专题综论。《孔子君子论的多重理论内涵》阐述孔子关于君子人格的层次设定、内在要素、外在表现和培养途径的多重理论内涵，意在表明对于某种有重大影响的传统理论或观念需要多方面、多层次地予以分析。《心不违仁与富贵为人之所欲——孔子心学与共同富裕的理想》阐明孔子不违仁之心与欲富贵之心所表现的对于共同富裕的心向往之，由此提出，需要在整个中国哲学史的发展进程中认识“心学”，研究“中国心学”。《墨子：孔孟之间的重要环节——以古今之辨为中心的考察》，试图证明墨子是孔子的对立面，同时也是孔子到孟子的思想环节，因为孟子拒斥墨学，又吸取墨学，化解了墨子对孔子的质疑和挑战，深化发展了孔子开创的儒学，从中可见某个思想学派往往是经过与其对立学派的矛盾运动而得以发展的。《仁且智：孟子和荀子对孔子儒学的发展》表明，人们通常所见到的孟荀之异，实际上是他们从不同方面继承发展了孔子的“仁且智”，即人道原则和理性原则的结合。

因此，一个学派里见仁见智的不同意见是其不断前行的内在动力。《“类称”与“特例”的统一：先秦诸子的求道之思》以先秦诸子的“闻道”“遵道”“志于道”“成人之道”与康德的“我能知道什么”“我应当做什么”“我能期望什么”“人是什么”略作比较，发挥了张岱年把哲学看作“类称”即包含了西方哲学、中国哲学等“特例”之“总名”的观点，认为先秦诸子的求道之思奠定了中国哲学“道不远人”即“哲学家与他的哲学合一”（金岳霖语）的传统。《略论中国古代哲学的地域性传统》试图引发人们注意到中国传统哲学研究中的薄弱之处，即对其地域特征挖掘不多；并对地域性传统何以可能，从认识论上做了考察。《礼仪家教：构建礼仪之邦的基点》认为，儒学核心价值观通过礼仪制度建设得到落实，礼仪之邦是儒学价值观制度化的产物，而礼仪家教是礼仪建设的基点和儒学核心价值观落细、落小、落实的起点。《中国古代阴阳之道辩证思维的历史发展》着重对中国古代哲学辩证思维发展进程的内在历史逻辑进行梳理，这就是从先秦之知其然的“察类”与“相反相成”，到汉至唐宋之知其所以然的“求故”与“体用不二”，再到宋至明清之知其必然和当然的“明理”与“理一分殊”。《中国传统哲学的致知之道：认知与德性相依不离》指出，张岱年把认知与德性相依不离作为中国传统哲学致知之道不同于西方哲学认识论之特点，本文以先秦诸子以及后来的儒、释为对象，对张岱年的观点作了引申和发挥，认为这样的致知之道不仅表现出不同于西方哲学的民族特点，而且为超越西方实证主义的狭义认识论提供了智慧。

第二辑，西学初渐，共五篇文章，论述了明清之际西学初次影响中国，对原有传统的冲击，以及不同观念的比照和交汇。明清之际的思想，横亘在传统和近代的交界处，怎样判断这个相对独立阶段的思想的性质，曾有两种不同观点：“曙光说”和“晚霞说”，两者的分歧在于如何认识明清之际思想中的近代因素。《论明清之际“由数达理”

的思维方法——从一个侧面看明清之际思想的性质》提出了与“曙光说”和“晚霞说”不同的“胚胎说”，认为把明清之际思想看作近代的胚胎较为妥帖，以因为引入西学而形成的“由数达理”的思维方法为对象，对此予以论证。明清之际“西学”成为与“中学”相对应的名称，这就有了两种类型文化的比较。《明清之际中西文化比较中的三对矛盾》指出：这样的比较有三方面的内容，它们蕴含着三对矛盾，即认识同异（分辨两者之同异）蕴含的时代性与民族性的矛盾；评价优劣（讨论两者之价值意义）蕴含的工具价值与内在价值的矛盾；结合中西（寻求两者之结合点）蕴含的“中国化”与不“失真”的矛盾。明清之际西学得以流播中国，并非偶然，《明清之际王学对天主教的接引及其意义》认为，晚明盛行的王学为天主教提供了本土的思想接引，天主教成为内在于这个时期中国思想的元素，这突出表现在它成为重建后理学时代信仰价值系统的新蓝图的重要资源，其“新”是就有别于王夫之、黄宗羲、顾炎武而言的。对于接受西学的主体，即中国儒生士人群体来说，西方传教士带来的世界观念对儒家夷夏传统的冲击，是明清之际西方文化发生影响的重要表现，也是思想基础。《西方世界观念对儒家夷夏传统的首次冲击》对此作了叙述和论证，并分析了这样的冲击为何未能走向“开眼看世界”的近代视野。明清之际的西学主要是天主教教义和科技知识两大板块，绝大多数儒生士人接受了以西方科技为“格致之学”的观点，他们中间从事科学研究者以“会通以求超胜”作为融合中西科学的指导原则。《从“会通以求超胜”到“西学东源”说——论明清之际科学家对中西科学关系的认识》指出，“会通以求超胜”后来出现了“西学东源”说的转折，“会通”演变为证明西方科学知识在中国古籍中早已存在，纳入了传统经学知识体系之中。因此，如何“会通以求超胜”依旧是中国近代的重要课题。

第三辑，当代审思，共八篇文章，论述了传统文化在当代中国创造性转化和创新性发展的若干问题。传统文化创造性转化、创新性发展（以下简称“两创”）的前提，是传统文化具有当代价值，但其何以具有当代价值则是需要论证的。《“抽象继承法”蕴含的问题：传统哲学何以具有当代价值》从50多年前冯友兰的“抽象继承法”说起，认为传统哲学具有当代价值的现实根据，在于传统哲学在被现代化瓦解的同时，又逐渐显示出与现代文明的互补性，因而在建设中国特色社会主义现代化的21世纪，传统哲学的当代价值受到空前的关注。《“两创”：新时代传承发展中华优秀传统文化的根本方针》对于“两创”作为根本方针作了如下阐释：它正确回答了怎样对待传统文化的时代之问；它提升发展了马克思主义与优秀传统文化相结合的历史经验；它充分体现了社会主义核心价值观与优秀传统文化的深度契合。《“三十而立”立什么——小议如何阅读〈论语〉》和《从〈黄帝内经〉看中华文明的突出特性》这两篇文章都包含着今天怎样解读传统经典的思考。前者认为中国有不少类似《论语》那样的语录体的传统经典，对于这些经典的阐释必须关注诠释学所讲的语境，以避免陷入“戏说”之坑；后者表示，要从今天对于中华文明的认识和把握的高度来阐发、挖掘传统典籍的意义，如果站在认识发展的高级阶段品味传统经典，那么，它既有历史性，也有当代性。当代中国哲学社会科学知识体系的构建，不可能与中华文化的历史传统相割绝，《价值性与知识性相结合：传统的哲学社会科学知识体系》说明，从《汉书 · 艺文志》到《四库全书总目提要》所展示的中国传统的哲学社会科学体系，是最值得当代中国构建哲学社会科学知识体系借鉴的，是价值性与知识性的统一。当今包括学术刊物在内的媒体上，流行着这样的论调，即中国近代（1840—1949）哲学对于传统思想尤其是儒学的批判，发展到“五四”时期“全盘反传统”的激进主义，造成了割断传统命脉的历史灾难。《中国近代哲学割断了传统的命脉吗?》认为这个说法不合乎史实。本文分析了中国近代哲学主要论争的四个方面（历史观、认识论即知行观、逻辑和方法论、理想社会和理想人格），论证了就中国近代哲学与传统哲学的纵向联系来说，是变革和继承的统一，这意味着中国近代哲学赋予传统哲学以近代的活力；就中国近代哲学与西方近现代哲学的横向联系来说，是变革和融合的统一，这意味着中国近代哲学结出了中西融合的创造性成果。《学术中国化的转向与十年来的儒学研究新向度》以近二十年来学术中国化的转向为背景，认为近十年来儒学研究出现了五方面的新向度：马克思主义研究和儒学研究形成了携手同行的关系；创建当代儒学新形态的“接着讲”成为风尚；对于经学给予以往未曾有过的高度关注；从书斋里的学问转向以滋养民众日用而不觉的价值观为己任；西学专业的学者以跨文化、中西比较的视野研究儒学。《道传四海：中国传统哲学的世界影响》勾勒了这样的图景：中国周边曾有过东亚儒学，并在现代东亚滋养出“儒家资本主义”的经济起飞；中国作为“模范”文明，激发了欧洲启蒙运动的浪涌潮起；当惊呼“西方没落”之际，中国哲学显露出回应“没落”的智慧；在马克思主义的学脉渊源里，流淌着中国哲学的血液。如此图景彰显了中国传统哲学的世界性意义。

对于论文集各篇论文作上述的介绍，是为了让读者更好地提出批评意见。

陈卫平

华东师范大学哲学系、中国现代思想文化研究所

2024 年 6 月

目　录

第三辑　当代审思

第一辑　传统辨析

孔子君子论的多重理论内涵

马一浮曾指出，《论语》首章和末章都是论君子，即“以君子始，以君子终”①，以为君子论是贯穿《论语》始终的。这是有一定道理的。因为孔子创立的儒家学说归根到底是为了阐明“应当做一个什么样的人”，而孔子的君子论集中表达了他对于“做一个什么样的人”即理想人格的思考。

一、君子、小人、圣人：对立与互补

孔子所追求的理想人格是君子非小人。纵观《论语》中出现的107次“君子”，绝大多数是以君子和小人的强烈反差来映衬前者的高尚与后者的卑贱。因此，孔子谆谆告诫其弟子时说：“女为君子儒，无为小人儒。”（《论语·雍也》，本文以下引《论语》，只注篇名。）这是整部《论语》中唯一一次出现“儒”字，由此也许更能体悟到在孔子的理想人格中君子与小人的对立格局。

这样的对立是有历史缘由的。君子、小人的称谓在西周时已普遍流行。由《诗经》的记述，可以确知当时的君子、小人是等级身份的泛称：君子指贵族统治者，小人指非贵族者（包括平民和奴隶）。关于君子、小人的这一原初含义，在孔子所处的春秋时期仍有明确的表述，如《左传·宣公十二年》记载：“君子小人，物有服章，贵有常尊，贱

① 马一浮：《马一浮集》第1册，浙江古籍出版社、浙江教育出版社，1996年，第32页。

有等威。”在孔子那里，君子、小人虽然还具有指称等级身份的意义，但是基本上已被赋予人格分层的内涵。这意味着原先君子小人等级身份的对立开始转变为人格层次的对立。

这个转变是当时社会现实的反映。在春秋的社会大变动之际，传统的高贵者（君子）的地位急剧没落，而传统的卑贱者（小人）的地位程度不同地得到上升。时人的“高岸为谷，深谷为陵”（《诗经 · 小雅》）正是对如此情景的写照。面对这样的现实，孔子标出君子作为理想人格的化身，既流露出对旧贵族的依恋——他们丧失了显赫的地位，但绵延于他们身上的人格仍然是崇高的；又寄托着对旧贵族的期望——在等级贵贱的沉浮中，坚持原有的人格形象。这般的依恋和期望表明：孔子的君子人格，一方面具有浓郁的贵族遗风；另一方面具有不随外在境遇的转换而改变的内在恒定性。由前一方面出发，君子人格承继着“四体不勤，五谷不分”（《微子》）的贵族体统，对于从事体力劳动的“小人”是不屑一顾的，这从他斥责“小人怀土”（《里仁》）和学稼圃的樊迟为“小人”（《子路》）中，是不难看出的。由后一方面出发，君子人格对主体的行为起着统摄作用，使主体在千差万别的环境里都能保持行为的道德惯性，所谓“君子固穷，小人穷斯滥矣”（《卫灵公》）正表明了这一点：一旦确立了恒定的君子人格，即使陷于困厄的境地，主体的行为依然能一以贯之保持道德的操守，而不是像小人那样无所不为。这意味着在孔子的君子与小人的对立中，还存留着等级身份对立的含义。这是社会大变动时代等级观念在出身于旧贵族的孔子头脑中的折射。

如果说，这一折射带有某些负面性的话，那么在孔子把君子小人作为对立人格的背后所隐藏的某种平等意识，则更多地从正面折射出时代之光。因为在这里，君子和小人代表着相对立的两种理想人格，社会的每个成员都能在对这两者的取舍中，超越与生俱来的等级身份的局限，以达到理想的人格境界。这无疑是在一定意义上顺应了反对奴隶制、等级制和世袭制的时代潮流。这种在选择理想人格面前人人平等的思想，在之后的儒家思想中表现为“人皆可以为尧舜”（《孟子·告子下》）。这样的平等尽管有虚幻的一面，但它毕竟使得君子人格蕴含着与等级、权势相抗衡的积极意义。

应当指出，孔子的理想人格主要有两类，即圣人和君子，然而前者高于后者，是理想人格的完美典范和人格的最高境界。孔子的弟子视其为“圣人”，但他并不应诺：“若圣与仁，则吾岂敢？”（《述而》）孔子不仅自己不敢称圣人，即使是曾被他颂扬为如天一般伟大的尧舜，他认为也未必达到了圣人的境界。《雍也》记载：“子贡曰：‘如有博施于民而能济众，何如？可谓仁乎？’子曰：‘何事于仁，必也圣乎！尧舜其犹病诸！’”尧舜尚且不能完全达到圣人的境界，一般人自然更无法企及了。因而现实中是没有圣人的，“圣人，吾不得而见之矣，得见君子者，斯可矣”（《述而》）。那么，孔子何以要设定这么一个现实中不存在的圣人呢？这是为了强调理想人格的日臻完善是无止境的，因而曾子说每天都要反省数次（见《学而》）。显然，以圣人作为最高的理想人格，能使人们始终具有超越现实之我的需要，从而在追求理想人格的道路上永不懈怠。为了避免圣人人格形象的神秘感和抽象感，孔子提出了在现实生活里能够“得而见”的君子人格。相对于圣人，君子并非完美无缺，而是和常人一样，有着各种缺点和错误，但他勇于改正。《论语》中下列的记载表达了如上的意思：君子应“过，则勿惮改”（《学而》）；“子贡曰：‘君子之过也，如日月之食焉。过也，人皆见之；更也，人皆仰之。’”（《子张》）。君子会犯错误，这不仅使其显得真实平易，而且使普通人对砥砺自己的品格以成为君子充满了信心。作为现实生活中的理想人格，君子的品格在人们的现实生命活动中得以昭示：“君子有三戒：少之时，血气未定，戒之在色；及其壮也，血气方刚，戒之在斗；及其老也，血气既衰，戒之在得。”（《季氏》）这里没有丝毫的抽象和空虚，有的是每个人都能经历的实实在在的生命体验。因此，如果说君子和小人在孔子的人格格局中是对立的，那么君子和圣人对于孔子的理想人格则构成了互补关系：后者使其具有对现实的超越性，前者使这一超越始终植根于现实生活的土壤。这种互补关系在后来儒学的演变过程中，逐渐重合为所谓的“极高明而道中庸”（《中庸》）的“圣贤气象”，即高远的圣贤人格的实现，表现为一个在日用常行（庸言庸行）之中超越日用常行的过程。这样，儒家的理想人格不仅与思辨的玄想相异，而且与在现实世俗之外的彼岸世界实现理想人格的宗教有别。造成这些差异的基石，是孔子对于君子人格的现实性的规定。

君子人格的现实性，使其有可能成为社会一般成员人格认同的主鹄。这在一定程度上淡化了君子的贵族气息。但是，君子与圣人互补而与小人对立的关系，决定了其和平民化的理想人格相去甚远。君子并非与圣人、小人保持着相等的距离，“君子有三畏：畏天命，畏大人，畏圣人之言。小人不知天命而不畏也，狎大人，侮圣人之言”（《季氏》）。很明显，君子是站在圣人一边与小人相对立的。小人蔑视权威、冲破规范，表现出不以统治者规定的标准来塑造自己的意向。从这个角度来看，小人闪现着平民人格的星火。但是这为君子所拒斥，因而君子相对于圣人，虽然是理想人格的现实体现，但他只是现实社会精英分子（士）的人格典范。这从《论语》中对“士”与君子在品格方面的描述往往交错重叠，是不难体察到的。事实上，在中国漫长的传统社会里，君子基本上囿于士大夫群体中，成为他们身体力行的人格理想。这意味着君子具有非平民性的一面。因此，当中国社会步入近代，随着传统士大夫阶层的瓦解，君子人格也走向了末路，新的与小人相通的平民化理想人格则脱颖而出。①

---

① 最早提出近代平民人格意识的是龚自珍，他发出“不拘一格降人才”的呐喊，呼唤“才士”“才民”“才盗”，寄希望于“山中之民”，表现出平民人格是为挣脱统治者的拘束而出现的。

二、仁：统摄君子人格的内在要素

尽管君子人格局限在比较狭隘的士大夫圈子里，但孔子对这一理想人格的设计并不偏窄和干枯，而是颇为丰富和生动的。这反映在他对君子的内在要素的规定，具有知情意相统一和真善美相统一的意蕴；而这种统一则为孔子的核心概念“仁”所统摄。孔子以“爱人”定义仁，以能近取譬之推理为仁之方，因而其“仁”贯穿着人道原则和理性原则。这两个原则使君子人格的内在要素融洽为一。

“子曰：‘君子道者三，我无能焉：仁者不忧，知者不惑，勇者不惧。’子贡曰：‘夫子自道也。’”（《宪问》）这里的“仁者不忧”表现的是情感，“知者不惑”突出的是理智，“勇者不惧”显示的是意志。可见，孔子把理智、情感、意志规定为君子内在品格的基本要素，他认为自己尚未完全具备这些要素，子贡则认为在老师的身上已具备了这些要素。理智的健全要以广博的知识为基础，因而“君子博学于文”（《雍也》）；理智的明晰须依恃深邃的理性思维，因而“君子有九思”（《季氏》）。情感一方面表现为对他人的竭诚友爱，“君子学道则爱人”（《阳货》）；另一方面表现为对不道德行为的极其憎恶，“子贡曰：‘君子亦有恶乎？’子曰：有恶。’”（同上）意志不仅是无所畏惧的勇敢，还有承担重任的坚毅，“可以托六尺之孤，可以寄百里之命，临大节而不可夺也。君子人与？君子人也”（《泰伯》）。从上述可以看出，孔子对君子作了这样的规定：健全明晰的理智、爱憎分明的情感、勇敢坚毅的意志。因此，君子人格就集知情意于一身了。

集知情意于君子一身，意味着三者的统一，而这表现为三者都被仁所包摄。孔子说“知者利仁”（《里仁》），健全明晰的理智从属于仁，是有利于实现仁的手段。而“唯仁者，能好人，能恶人”（同上），爱憎分明的情感只有仁者才具备，它是仁的自然流露。孔子还说

"仁者必有勇"(《宪问》),勇敢坚毅的意志为仁者所必备,是仁的必然产物。知情意三者统一于仁,表明它们在君子人格的内部,并不是各自独立的部分,而是互相联系的要素。将它们有机地联系起来的链条,就是仁所蕴含的理性原则和人道原则。健全明晰的理智,不仅突出了理性原则,还伸张了仁的人道原则,因为发展这样的理智正是人道原则所要求的,所以说:"博学而笃志,切问而近思,仁在其中矣。"(《子张》)爱憎分明的情感,无疑是仁者爱人的人道原则的体现,同时,它又展开为推己及人的理性推论过程。勇敢坚毅的意志,如果游离于理性的范导,就成为任意的盲动:"君子有勇而无义为乱。"(《阳货》)同时,它的功能首先展开为对仁的选择:"我欲仁,斯仁至矣。"(《述而》)主体的意向(欲)以人道原则(仁)为选择对象。所以,在孔子设计的君子人格里,知情意三者是基于仁的理性原则和人道原则的有机凝结,而不是生硬的拼凑。

从心理机制方面来看,知情意和真善美是密不可分的。知与真对应——理性认识的进步,是为了认识真理;意与善相关——意志的磨炼,是道德行为(善)不可忽略的环节;丰富多彩的情感,通过艺术领域的审美活动得以升华。所以,孔子规定君子人格是知情意的统一,也就相应地赋予了它真善美相统一的意义。这从下面两段记载中可以得到印证。《宪问》:"子路问成人。子曰:'若臧武仲之知,公绰之不欲,卞庄子之勇,冉求之艺,文之以礼乐,亦可以为成人矣。'"汉代刘向《说苑 · 辨物》有一段类似的记载:"颜渊问于仲尼曰:'成人之行何若?'子曰:'成人之行,达乎情性之理,通乎物类之变,知幽明之故,睹游气之源,若此而可谓成人。既知天道,行躬以仁义,饬身以礼乐。夫仁义礼乐,成人之行也。'"这里的"成人",即孔子心目中完美的理想人格,自然非圣人莫属。孔子说"亦可",乃未足之辞,因而他在这里所描述的知、勇、不欲等品格,可以理解为是次于圣人的君子人格的写照。将这两段记载相对应,不难发现:臧武仲之知,以洞察真理（知幽明之故）为目的；公绰之不欲，是情欲通过艺术审美活动（文之以礼乐）得到净化的结果；卞庄子之勇（意志磨炼），使其坚定地躬行仁义（善）。唯独冉求之艺（技艺）缺乏对应的，其原因后文再述。总之，与知情意相对应，真善美统一亦成为君子人格的内在要素。

真善美作为君子人格的内在要素，和知情意一样，也是统一于仁的，孔子说："观过，斯知仁矣。"（《里仁》）观过即认识错误，这是对真理的逼近。在他看来，仁是最高的真理，因而每向真理靠近一步，就能进一步地把握仁。同时，仁是众多道德规范的统帅，因而"苟志于仁，无恶也"（同上），即一旦主体专注于仁德，在具体行为中就能确保为善无恶。孔子还说："人而不仁，如礼何？人而不仁，如乐何？"（《八佾》）认为与艺术审美活动相联系的礼乐，如果不以仁为内容，那么就是毫无意义的。孔子把真善美统一于仁，同样意味着以仁的人道原则和理性原则将这三者融合在一起。他认为真理的探求是以"疑思问"的理性思维为基础的。同时他以仁为最高真理，就是把求真看作是仁的人道原则的体现，因而说"当仁不让于师"（《卫灵公》）。善的道德行为，不仅显示了人道原则的仁爱精神，而且是出自于理性的自觉。关于审美活动，在孔子以山水之自然美喻仁和知的"比德"说中，不难看到。这里既有在自然物和人之间进行逻辑类推的理性思维，又有以人为中心来观照自然物的人道原则。因此，真善美在孔子的君子人格里，被仁的人道原则和理性原则联结为不可分割的统一体。由于作为君子人格内在要素的知情意和真善美都统一于仁，所以，君子是须臾不可与仁分离的："君子去仁，恶乎成名？君子无终食之间违仁，造次必于是，颠沛必于是。"（《里仁》）哪怕是吃一顿饭的工夫，哪怕是匆忙之间和颠沛流离之时，君子都和仁同在。

从对君子人格内在要素的如上考察中可以看到，这一理想人格既蕴含于仁的人道原则和理性原则之下，又表现为知情意的统一和真善美的统一，并从这些方面展开和深化了仁的人道原则和理性原则。孔子的这些看法，显然揭示了一个重要的观点：人格不应当是片面的，而应当在各个方面获得比较全面的发展。这一观点的揭示无疑是深刻的，因为直至今天，人类仍然在追求着知情意和真善美全面发展的理想人格。但就在孔子揭示出这一观点的同时，片面发展的阴影已隐藏于君子的身后了。因为作为君子人格内在要素的知情意和真善美均统一于仁，君子成了仁的人格化身，而仁的本质内容是与德性相联系的，所以君子人格或多或少就存在着突出德性主体的开发的偏转。这并非一种逻辑的推衍。孔子虽然曾把“冉求之艺”列入全面发展的人格的要素之一，但这很可能是比较勉强的。对于自己年轻时学会多种技艺，他深以为耻，强调君子应当菲薄技艺：“吾少也贱，故多能鄙事。君子多乎哉？不多也。”（《子罕》）而且孔子在培养君子人格的实践中，大概也是排斥技艺的，其弟子子夏称技艺为“小道”，“是以君子不为也”（《子张》），便是旁证。因而，到了汉代就把“冉求之艺”拒斥在君子人格要素之外了。君子人格对技艺的驱逐，为孔子以后的儒家继承和发展。因此，可以说在肯定知情意和真善美全面发展的同时，又特别强调德性主体的开发和鄙薄蔑视技艺，这构成了孔子君子人格的内在要素的基本风貌。应当指出，后两者使理性之光的投射局限于德性一隅，并使人格全面发展的完整性及自由性受到了阻碍，这些也反映了“仁”的理性原则、人道原则的局限性。

三、礼：规定君子人格的外在表现

如果说，孔子对君子人格内在要素的规定可以归结于仁；那么，他对君子人格外在表现的规定则可以归结于礼——君子的所有外在表现均须合乎礼。所以，他说君子“约之以礼”（《雍也》）。由前文可知，孔子认为君子人格以仁为内容而以礼为形式。这就决定了他必然要求君子人格的仁的内在要素在自觉遵循礼的外在表现中得到具体显示。

礼对于主体的外部行为方式作了颇为繁复的规定，为了不违背这些规定，孔子便相应地对君子的言谈举止等外在表现提出了比较精细的要求。例如《泰伯》记载："君子所贵乎道者三：动容貌，斯远暴慢矣；正颜色，斯近信矣；出辞气，斯远鄙倍矣。"这就从容貌、表情以及说话的言辞和声调等方面规定了君子应当做到不粗暴无礼。孔子还说过一段较长的话："君子不以绀緅饰，红紫不以为亵服……"（《乡党》）这段话通篇是讲君子在什么场合什么季节穿什么颜色的衣服才是合乎礼的。《论语》中类似的记载还有一些。总之，孔子这些近乎琐碎的规定，使君子的外在表现时时确保"非礼勿视，非礼勿听，非礼勿言，非礼勿动"（《颜渊》）。这样彬彬有礼的君子，其人格的外在形态具有畏谨慎微的一面。

不过，在孔子的设计下，君子人格的外在形态还有社会中坚的另一面。每个主体，都在复杂的社会关系中占有某种位置，这种位置就是所谓的社会角色。例如，君臣父子都是特定的社会角色。礼的种种规定虽然繁复，但其功能却能用一句话来概括：使主体的行为表现和其所承担的社会角色相一致。因此，对君子的外在表现约之以礼，也就是要求其按礼的规定承担好某种社会角色。正是在这个意义上，曾子说："君子思不出其位。"（《宪问》）。君子以礼来规范自己的外在表现，就是使之与自己所处的社会位置（社会角色）相吻合。这样，在约之以礼的基础上，孔子把君子的外在表现和其所承担的社会角色相联系，使其显示出作为社会中坚力量而存在的外在形态。

具体的个人所担当的社会角色，大约有两个方面：家族方面和社会方面。关于前一方面，孔子说："君子笃于亲，则民兴于仁。"（《泰伯》君子如果能按照礼的规定来承担好家族内部关系中的社会角色（笃于亲），那么整个社会就仁德勃兴。孔子对此作了发挥，认为君子承担起孝悌的社会角色，并以此为仁之本，就能杜绝“犯上”和“作乱”。可见，君子履行家族内部的社会角色，是其维护社会统治秩序稳定的一种方式。关于后一方面的社会角色大致可分为入仕和在野两类。孔子认为入仕的君子应当像子产那样，成为君主的忠臣和百姓的清官，子产“有君子之道四焉：其行己也恭，其事上也敬，其养民也惠，其使民也义”（《公冶长》）。这样的君子是维护政治秩序的中坚力量。在野为民的君子，孔子认为不仅要独善其身，而且要以教化百姓为己任。季康子问政于孔子，孔子在回答时说：“君子之德，风；小人之德，草。草上之风，必偃。”（《颜渊》）教化百姓是君子的社会职责。因此，君子无论是承担哪一方面的社会角色，都体现出社会中坚的外在形态。正是从这个角度出发，孔子说：“君子不可小知而可大受也。”（《公冶长》）君子是肩负社会重任的中坚力量，可以托六尺之孤，寄百里之命，在社稷危难之际，力挽狂澜。

这样的君子，自然以建立经世治国的功业为抱负。因此，作为社会中坚的君子，后来儒家所谓的“外王”在其身上已是具体而微了。如果说，君子为仁所控摄的内在要素是“内圣”，那么孔子设计的人格已有了“内圣外王”的雏形。“外王”的功业，总是和过人的胆识、奋争的气魄相联系的，这与畏谨慎微颇不协调。但是，社会中坚和畏谨慎微确实都是君子人格的外在表现。它们从不同的侧面说明君子人格的外在表现以礼为绳：畏谨慎微突出的是这一准绳的拘束作用；而社会中坚显示的是这一准绳的策励作用。

君子人格以仁统摄内在要素而以礼规定外在表现，这意味着君子达到了仁和礼的统一。在孔子眼里，仁和礼是内容与形式的关系，因此，仁礼统一的君子实际上就意味着理想人格是内在品格和外在表现的统一。正是从这个意义上，孔子要求君子表里如一、言行如一。所谓“君子坦荡荡”（《述而》）、“君子耻其言而过其行”（《宪问》）等，说的就是这个意思。在此，君子表现了人格的真诚性，而虚假的伪君子是儒家所不齿的。

由于君子是仁和礼的统一，因而对君子约之以礼，也就在一定程度上受到了仁的理性原则和人道原则的控摄。君子以礼来规范自己的外在表现，是出于理性的自觉，因而说“君子思不出其位”（《宪问》）。同时，在以礼为准绳之下，畏谨慎微表现了对文明的交往形式的注重，而社会中坚则表现了对社会群体事业的关怀，这些都体现了人道原则。但是，礼的本质是宗法等级制度，因而对君子的外在表现约之以礼，就必然酝酿出愚忠、愚孝之类的悲剧和视百姓为子民的非民主的父母官意识。这又反映出约之以礼对理性原则和人道原则的限制。

四、培养君子之道：好学、躬行、默识

孔子君子论的落脚点是：怎样培养出君子这样的理想人格？根据其“性相近也，习相远也”（《阳货》）的观点，君子和小人不是先天的产物，他们的自然本性是相近的，他们的人格差异是后天修习的结果。所以，孔子说：“质胜文则野，文胜质则史。文质彬彬，然后君子。”（《雍也》）这里的“质”即质朴的自然本性，“文”即后天的文饰。“文质彬彬，然后君子”是说，君子的造就既以内在的本性为根据，又离不开后天的文饰（人文化），是两者相统一的过程。

文质统一的培养君子的过程，具体展开为“好学”和“躬行”的结合。孔子强调君子人格的培养离不开好学：“好仁不好学，其蔽也愚；好知不好学，其蔽也荡；好信不好学，其蔽也贼；好直不好学，其蔽也绞；好勇不好学，其蔽也乱；好刚不好学，其蔽也狂。”（《阳货》）仁、知、信、直、勇、刚都是君子的品格，但如果不通过好学来把握它们的实质、尺度，就会产生弊端，走向反面。好学的“学”主要是接受外部的教育，而“好”则显示了主体的内在要求。所以，好

学表现了主体内在要求和外部教育的相互作用。不过，好学只是使主体把君子这一理想人格作为当然之则，只有把这当然之则付之践履，君子人格才能在主体身上成为现实。于是，孔子说："文，莫吾犹人也。躬行君子，则吾未之有得。"（《述而》）认为自己的文化知识同别人相差无几，但在生活实践中做一个身体力行的君子还没有完全成功。这意味着君子的培养不仅离不开好学（文化知识是好学的收获），也离不开躬行。正有见于躬行的重要作用，"子贡问君子。子曰：'先行其言而后从之。'"（《为政》）躬行的"行"主要指外在行为的践履，而"躬"则蕴含着主体的意愿。所以躬行表现了外在行为出自于内在意愿。正因为这样，主体才能不断去实践如何做一个君子。

从上述可见，好学和躬行都包含着如下的观点：君子的培养是主体的内在要求、意愿和后天的造就功夫（教育、践履）的结合。这无疑是合理的。因为如果撇开主体的内在要求和意愿，那么人格的培养便会或多或少地带有异己的性质；如果完全脱离后天的造就功夫，那么人格的培养就会流入虚无。好学和躬行的结合作为培养君子人格的基本途径，还体现了教育与实践相结合、个人努力和集体帮助相结合的合理因素。好学侧重于教育对于培养人格的巨大作用，即理想人格的造就有赖于良好的教育；躬行则具有实践的品格，即理想人格的培养融贯于日常践履。因此，好学与躬行的结合，意味着在理想人格的培养中把教育和实践浑然为一。接受教育和努力践履无疑都离不开主体的个人努力，好学的"好"和躬行的"躬"已对此作了点明。同时，接受教育和努力践履总是在一定的社会群体中进行的，因而就离不开集体的帮助。孔子对此是有所见的，他说："君子食无求饱，居无求安……就有道而正焉，可谓好学也已。"（《学而》）认为好学即受教育是包括求得有道之人的匡正在内的。他还说："三人行，必有我师焉。"（《述而》）认为在一定群体中的躬行，需要他人的指教。

以好学和躬行的结合作为培养君子人格的基本途径，依然不脱离孔子之仁的理性原则和人道原则。好学表现了理想人格可以通过教育来培养的思想，这是以理性主义立场为出发点的，即以教育为启发理性的手段；躬行则表现了对理想的自我追求，蕴含着以人为目的的人道原则，因为以人为目的便应当使自我在人格上达到理想的完美境界。遵循好学和躬行的途径造就出不少具有君子人格风范的人士。然而，不能否认在现实中，出现了很多以尊崇儒学为口号的伪君子。这当然不是孔子的初衷，因为如前所述，他要求君子是表里如一、言行如一的；但是，这和孔子的君子论不是毫无关系的。理想总是高于现实而又植根于现实。孔子所设计的君子人格，是为现实的统治者所认可的人格模式，所谓的君子“三畏”（畏天命，畏大人，畏圣人）就表明了这一点。因此，以君子作为人格理想，就意味着把个体统一纳入统治者所要求的模式中。这便蕴含着人格理想的单一化趋向。然而每个个体心中活跃着的理想人格，总具有独特的个性。因此，如果以统一的君子人格去要求人，那就不免产生表面上与此相契合而实际上与此相悖的伪君子。可以说，伪君子是君子人格单一化的恶果。

前文提到孔子之所以在君子之上安置着圣人，是为了激励人们追求理想人格永不懈怠。就是说，如果没有对于圣人的追求，那么很有可能连君子也做不到。然而，圣人具有有着超越可得而见的经验世界的非名言的维度，这显然不是好学和躬行所能解决的。于是在培养君子人格中存在着一个不可回避的问题：如何走向圣人境界。孔子提出了“默而识之”（《述而》）的观点，认为圣人作为理想人格，对人们的感染和人们对其的认识，都具有只可意会、不可言传的默会性，其主要是以下三个环节：

首先，感应自得。儒学讲感应，从人格的认识和教化来说，就是在性情上和圣人产生共鸣。《易・感》之《象》曰：“圣人感人心而天下和平。”圣人感召天下，众人心动而应，之所以心动，是因为与之产生了共鸣。这是认识何谓圣人以及圣人化育众人的起点。正是有见于此，孔子说：“默而识之，学而不厌。诲人不倦。”（《述而》）学而不厌是指学习圣人，诲人不倦是指圣人教化他人，而这两者都出自心中的默然共鸣。孔子以鼓瑟为背景，赞许曾点之志，其含义是他和曾点有着犹如琴弦相应的共鸣。以后宋代理学家把“孔颜乐处”与“学以至圣”相联系，“颜子所独好者，何学也？学以至圣人之道也。”① 二程兄弟受教于周敦颐时，周敦颐“每令寻颜子、仲尼乐处，所乐何事”②。学做孔颜圣人，首先是思寻他们“所乐何事”？这是把引导人们在性情上与孔颜之所乐获得共鸣，作为认识圣人并接受其人格教化的开端。然而，这种共鸣，就每个主体而言，极具个体性，在不同主体间没有通约性，是自得于己心的默会认识，这也就是孔子一再强调由启发而得的认识。程颐的“闻之知之，皆不为得。得者，须默识心通”③，正进一步表达了这个意思。

其次，体认气象。感应只是激发了学圣的意愿，意愿只有发展为在言行举止上仿效圣人，才会对圣人人格有真切的认识，圣人人格才会真正化育百姓。圣人人格表现的是德性追求，而“德”字原来就与仿效之意相联系。在西周青铜器铭文里，表示“仿效”的词有两个，即“刑”和“帅”，它们都与“德”一起出现：“今我佳即刑廪于玟王正德”（《大盂鼎》铭文）；“不敢弗帅用文且祖皇考穆穆秉德”（《井人安钟》铭文）。它们说的都是一个人仿效另一个人之德，这意味着“德”是对楷模的仿效。儒学以圣人为理想人格，自然要人们仿效圣人。然而，圣人不可得而见，如何仿效呢？《易传 · 系辞上》说：“书不尽言，言不尽意。然则圣人之意其不可见乎？子曰：圣人立象以尽意。”孔子所谓“立象以尽意”在人格领域，就表现为以“气象”彰

---

① 程颐：《颜子所好何学论》，《二程集》，中华书局，1981 年，第 577 页。

② 程颢、程颐：《河南程氏遗书》卷二，《二程集》，第 16 页。

③ 程颢、程颐：《河南程氏遗书》卷十七，《二程集》，第 178 页。

显名言之外的圣人人格。后来理学家提出“圣人气象”，是要人们对圣人的仿效要在把握“气象”上下功夫，他们把这种功夫称作“体认”。圣人气象既内在于又超越于日常事物，“圣人气象，虽超乎事物之外，而实不离乎事物之中，是个无事无为底道理，却做有事有为底功业”①。如此的内在超越作为“无事无为底道理”，显然是无法用名言予以明晰表达和规定的，因而对其之体认只能是不可言喻的切己感受。这用二程的话来说，就是“学者不学圣人则已，欲学之，须熟玩圣人气象，不可只于名上理会。如是，只是讲论文字”②；王阳明也有类似的意思：“圣人气象自是圣人的，我从何处识认？若不就自己良知上真切体认，如以无星之称而权轻重。”③强调圣人气象以及对其体认的超名言性，实际上揭示了人们接受圣人人格的教化是潜移默化的。

最后，顿然觉悟。体认气象是把对圣人的外在仿效转化为内在气质，由此在境界上与圣人达到同一。这种境界的实现往往表现为摆脱了仿效而豁然贯通的飞跃，《易传·系辞上》的“推而行之谓之通”以及孔子的“从心所欲不逾矩”（《为政》），都有此意蕴。以后在佛教的影响下，理学家称这样的飞跃为顿然觉悟。汤用彤的《谢灵运〈辨宗论〉书后》指出，魏晋玄学认为圣人不可至不可学，而佛教认为圣人（成佛）可学可至。竺道生“去二方之非，取二方之是，而立顿悟之说，谓圣人可至，但非由积学所成要在顿得自悟也”；“其作用不啻在宣告圣人之可至，而为伊川谓‘学’乃以至圣人学说之先河”。④顿悟说经禅宗发挥，而为理学家所吸取。他们强调圣人可学，但仅是学并不能达到，必须通过顿然觉悟才能进入圣人之境，朱熹说：“下学可

① 黎靖德：《朱子语类》卷四十，中华书局，1986年，第1035页。

② 程颢、程颐：《大全集拾遗》，《二程集》，第404页。

③ 王守仁：《传习录中·启问道通书》，《王阳明全集》，上海古籍出版社，2011年，第66页。

④ 汤用彤：《魏晋玄学论稿》，上海古籍出版社，2005年，第100页。

以言传，上达必由心悟。”① 吴澄认为“倘能感触前圣之所言。归求吾心之所同得，而一旦有觉焉，譬犹目翳顿除，烛光四达，左右前后，至实毕见，皆吾素有，不可胜用也”。② 从吴澄所说可以看到，顿然觉悟是在瞬间通盘把握了圣人的人格；而在朱熹的话里可以看到，顿然觉悟是对圣人人格不可言传的自证；其实，周敦颐的“无思而无不通，为圣人”③ 则在他们之前已综合了这两层意思，即跳出以通常的名言来表达的思维（无思），就能获得圣人人格的一切（无不通）。这些显然都突出了顿然觉悟是超名言之域的。

上述三个环节有着依次递进的关系。感应自得是最初的心灵共鸣；体认气象则是对感应的内容进行省察；顿然觉悟不仅提升了对气象的体认，而且是在更高阶段对感应自得的回归，即把后者的“心有灵犀一点通”变为前者的“豁然贯通”。孔子的“默而识之”，一方面使其君子论有着一定的直觉和神秘的色彩，另一方面又包含了以现代默会知识论诠释孔子君子论的张力。

总之，孔子的君子论包含着多重的理论内涵，这对于儒学的历史发展和评价其现代意义都是极其重要的。

（原载《国际儒学研究》第 17 辑，九州出版社，2010 年）

---

① 朱熹：《四书章句集注》，中华书局，1983 年，第 365 页。

② 吴澄：《何自明仲德字说》，《吴文正集》卷九，影印文渊阁四库全书第 1197 册，第 117 页。

③ 周敦颐：《通书》，《周敦颐集》，中华书局，1990 年，第 21 页。

心不违仁与富贵为人之所欲
——孔子心学与共同富裕的理想

中国人民自古以来就有共同富裕的追求，这为在中国式现代化道路上实现共同富裕提供了丰厚的思想资源，而先秦诸子是其历史源头。孔子作为先秦诸子中最早建立体系的哲学家，在要求心不违仁的同时，又说："富与贵，是人之所欲也。"（《论语·里仁》本文以下引《论语》，只注篇名。）此"欲"乃心向往之。这里阐述不违仁之心与欲富贵之心在孔子思想中的关系，揭示其关于共同富裕的思考。

一、"中国心学"与孔子论"心"

本文将孔子的不违仁之心与欲富贵之心联系起来，考察其共同富裕的思想，有意强调"中国心学"的研究范围不应局限于阳明心学。南宋真德秀曾将儒家经典中论"心"的格言以及北宋以来理学家的"心"论文字汇编成《心经》，表明了在阳明心学之前，儒家已有历史悠久的心学。

中国传统哲学围绕"性与天道"而展开，而"心"正是其中极重要的观念。所谓天道，即天地万物的普遍原理，其中关于世界统一性原理的探讨集中于心和物的关系，这里包含气（物质存在）、心（主观精神）、理（概念范畴）三项，因而最后经过儒、释、道的相互作用，形成了张岱年所说的三个主要潮流："唯理的潮流，始于程颐，大成于朱熹"；"主观唯心论的潮流，导源于程颢，成立于陆九渊，大成于王守仁"；"唯气的潮流亦即唯物的潮流，始于张载"而王夫之“加以发扬”。[①] 所谓性，一方面指向人的本质是什么——这个人生普遍原理的根本问题，另一方面指向如何化本性为德性，即造就理想的自我。而心与性密切相关，儒、道、释都将两者并举，形成各自的心性论，对此已有很多相关的研究成果。所以，论心之学贯穿于中国传统哲学。康有为曾说：“心学固吾孔子旧学哉！颜子三月不违，《大学》正心，《孟子》养心，宋学尤畅斯理。当晚明之季，天下无不言心学哉！”佛教“三藏言心，未有精微渊异如《楞伽》者也”。[②] 认为心学是从孔子到阳明的儒学固有之学，而佛教也以“言心”为宗。这里缺失了道家，实际上先秦老庄的因物“游心”而逍遥、破除“成心”以齐物、“心斋”涤欲为真人，一直是后来道家心性论、心物论的重要命题。心学也是中国近代（1840—1949）哲学的重要内容。贺麟指出，从清末康有为始到1945年抗战胜利的50余年间，中国哲学值得“大书特书”的一点，就是“陆王之学得了盛大的发扬”[③]，他以此为主线论述了康有为及以后的谭嗣同、梁启超、章太炎、欧阳渐、梁漱溟、熊十力、马一浮等人的心学。从整个中国近代哲学来讲，在这思想队列的“头”上，应有龚自珍的“自尊其心”和魏源的“事必本夫心”，而在这思想队列的“尾”上，则需续之贺麟自己的“新心学”。以心学的盛大发扬来概括中国近代哲学显然是片面的，不过陆王心学对中国近代哲学确有重要影响。传统哲学的心物和心性问题在近代继续得到关注，“唯物论”“唯心论”成为近代哲学家分析和构建哲学理论的常用概念，而心性论同样是他们分析和构建哲学理论的重要内容，

---

① 张岱年：《中国哲学大纲》，中国社会科学出版社，1982年，第26~27页。

② 康有为：《日本书目志》卷二，《康有为全集》第三集，中国人民大学出版社，2007年，第293页。

③ 贺麟：《五十年来的中国哲学》，上海人民大学出版社，2012年，第17页。

这在贺麟上述列出的哲学家中表现得尤为突出。

以上从中国传统哲学的主题和古代到近代的历史两个角度，简略地说明从古代到近代存在着连绵不绝的“中国心学”，而且心学还有着当代形态。就是说，心学不应局限于作为哲学一种特殊形态的阳明心学，而是应当拓展于整个中国哲学的各个历史发展阶段以及诸多层面、诸多问题。

康有为说心学为孔子所固有，不过《论语》中孔子直接论心之言并不多，其中最重要的是如下两段话：“吾十有五而志于学，三十而立，四十而不惑，五十而知天命，六十而耳顺，七十而从心所欲不逾矩。”（《为政》）“回也，其心三月不违仁，其余则日月至焉而已矣。”（《雍也》）这两段话均与修身进德有关，“违”与“逾”意思相近，把它们联系起来，可以理解为不逾之“矩”即不违之“仁”。就是说，颜回之“心”长年累月坚守仁德已属不易，而最完美的则是达到随心所欲而不逾越仁德的自由境界。虽然孔子对心的论述较少，但他之后的孟子和荀子却是先秦诸子中论心之言说得最多的。

孔子上述两段话开启了孟、荀心论的不同进路。孟子主要从伦理学上论心，“君子所性，仁义礼智根于心。”（《孟子·尽心上》）显然这是由心不违仁开其端的。荀子论心亦有伦理道德的含义，如“以仁心说”（《荀子·正名》），但他更多是从认识论上着眼的，如《解蔽》《正名》等篇，以“心”为认识“物之理”的“天君”，对“心何以知”的认识过程做了详尽地考察，注重“解蔽”以去除“心术之公患”，论述“心知道”的思维方法等，这与孔子的“从心所欲不逾矩”有关，因为心不逾矩是以“心”对“矩”的认识和把握为前提的。“子入太庙，每事问。”（《八佾》）就是要了解清楚太庙祭礼之“矩”。荀子曾将礼比喻为“规矩”：“规矩者，方圆之至；礼者，人道之极也。”而这规矩由心之思虑而得，“礼之中焉能思索，谓之能虑。”（《荀子·礼论》）可以说，荀子的心论大力彰显了“从心所欲不逾矩”

的认识论意蕴。

最近有学者著文，以《说文解字》中“凡心之属，皆从心”的训诂为出发点，认为《论语》中孔子使用过的有“心”偏旁或“从心”的字（词、概念），都有着“心学”内涵，对此进行全面考察，才能把握孔子的“心学”。① 这有一定道理。本文以孔子不违仁之心与欲富贵之心来论述其共同富裕的理想，是对孔子“心学”的某个侧面的展现。

二、德政礼治与德本财末、先富后教

从国家治理层面来看，孔子关于共同富裕的思考，可以概括为德政礼治和德本财末、先富后教，而这都是心不违仁的展开，如梁启超所说：“儒家言道言政，皆植本于仁。”②

孔子指出两种治国方略：“道之以政，齐之以刑，民免而无耻；道之以德，齐之以礼，有耻且格。”（《为政》）他以为前者治标而后者治本。“道之以德”，就是用道德来训导民众的思想，即“为政以德”的德政；“齐之以礼”，就是用礼教来规范民众的行为，即“为国以礼”的礼治。德政礼治统一于仁：孔子以仁为全德之称，是一切道德的总纲；礼以仁为内核和依据，“人而不仁，如礼何?”（《八佾》）所以，德政礼治正是心不违仁在治国方略上的体现。后来孟子把这样的治国方略称为“仁政”。孔子以“爱人”来回答樊迟的问仁（见《颜渊》）。德政礼治就以“爱人”为核心价值，所以，孔子赞扬“古之为政，爱人为大；所以治爱人，礼为大”（《孔子家语 · 大婚解》），而与之相对立的苛政则犹如吃人的虎狼：“苛政猛于虎。”（《礼记 · 檀弓下》）“夫

---

① 参见高华平、康丹芸：《孔子“心学”初探》，《孔子研究》2022 年第 2 期。

② 梁启超：《先秦政治思想史》，东方出版社，1986 年，第 81 页。

政之不平，而吏苛，乃甚于虎狼矣。”（《新序·杂事五》）德政礼治的仁爱主要表现在两个方面：

一是关注民生，使百姓的生活逐步富裕。子张问如何从政，孔子告之“因民之所利而利之”（《尧曰》）；他还叙述了尧禅让时对舜的命辞：“四海困穷，天禄永终。”（同上）使天下百姓穷困，天赐的禄位就会永远终结。之后《易传·系辞下》发挥了孔子的思想：“圣人之大宝曰位，何以守位？曰仁，何以聚人？曰财。”圣人以仁爱执掌权位，就要依靠财富团聚民众。

二是注重教化，让民众都具有明德向善的精神追求。“季康子问政于孔子曰：‘如杀无道，以就有道，何如？’孔子对曰：‘子为政，焉用杀？子欲善而民善矣。君子之德，风；小人之德，草。草上之风，必偃。’”（《颜渊》）以教化为为政的主要手段，就会形成社会上下共同尊德为善的氛围。因此，孔子把民间教化和入仕为政看作同一回事，“或谓孔子曰：‘子奚不为政？’子曰：‘《书》云：孝乎惟孝，友于兄弟，施于有政。是亦为政，奚其为为政？’”（《为政》）

上述两个方面意味着，德政礼治追求的共同富裕既有物质层面也有精神层面。这同样反映在孔子对如何把握上述两个方面关系的思考中。《颜渊》记载：“子贡问政。子曰：‘足食、足兵、民信之。’”然而，如果必须在食和信之间选择其一，孔子主张“去食，自古皆有死，民无信不立”。认为就治国理政而言，取信于民是比足食、足兵更为重要的立足根基。《大学》将这样的思想概括为“有德此有人，有人此有土，有土此有财，有财此有用。德者，本也；财者，末也”。行德政就会得民心，得民心就能拓展国土，有了土地才能生产财富，有了财富就能用以经世济民，因而德本财末。这样的价值观存在着道德决定论的偏颇，但其中也有在清贫的物质生活中坚守德本的正能量。著名的“孔颜之乐”就是如此：“子曰：‘饭疏食。饮水，曲肱而枕之，乐亦在其中矣。不义而富且贵，于我如浮云。’”（《述而》）“一箪食，一瓢饮，在陋巷，人不堪其忧，回也不改其乐，贤哉，回也。”（《雍也》）这里的“乐”蕴含着以物质生活之穷困而反衬精神生活之富裕的意义。

如果说德本财末是就价值观而言，那么，从施政路径来说，则是先富后教。据《孔子家语·贤君》记载，鲁哀公问政于孔子，孔子对曰：“政之急者，莫大乎使民富且寿也。”鲁哀公说：“怎么能做到呢？”孔子曰：“省力役，薄赋敛，则民富矣；敦礼教，远罪疾，则民寿矣。”这里明确地表示在为政的实际操作中，当务之急是使得民众富起来；为此需要采取“省力役，薄赋敛”的政策；然而，在“富口袋”的同时不能忽略了“敦礼教，远罪疾”的“富脑袋”；而“民寿”则是“富口袋”和“富脑袋”的综合结果。这是将共同富裕最终落实于全民健康的生命价值上，孔子把这样的施政路径概括为先富后教。孔子到卫国，冉有为他驾车，沿途看到人烟稠密，“子曰：‘庶矣哉。’冉有曰：‘既庶矣，又何加焉？’曰：‘富之。’曰：‘既富矣，又何加焉？’曰：‘教之。’”（《子路》）在当时的农业生产中，人口众多（庶）为发展生产提供了最重要的劳动力保证，而发展生产是为了使民众生活富裕，在此基础上还要对民众进行教化，抓好精神文明。《说苑·建本》有类似更简洁的记载：“子贡问为政。孔子曰：‘富之。既富，乃教之也，此治国之本也。’”这包含着道德教化要以物质基础为依托的正确认识。关于“富之”的“省力役，薄赋敛”，孔子给出了具体内容，即“十一而税，用民之力岁不过三日，入山泽以其时而无征，关讥市廛，皆不收赋”（《孔子家语·王言解》）。实行十分之一的税率，民众服役每年不超过三天，让百姓进山泽伐木渔猎而不滥征税，交易场所都不滥收赋税，他强调“此则生财之路”（同上），即民众致富之路。关于“教之”，孔子提出“有教无类”（《卫灵公》），即无论何种社会地位、职业身份的人都有接受教育的权利，以此打破“学在官府”对于教育资源的垄断，为精神的共同富裕提供制度保障。同时，他把传统文明的结晶——“六艺”传授于民众，“以六艺教一般人，使六艺民众化，实始于孔子”，而且“孔子之以六艺教人，亦时有新意”。① 这样的“教之”是要大众把传统文明作为共同的精神财富继承下来，并予以发展和创新，以形成走向共同精神富裕所需要的共同的文明根柢。与德本财末所显露的道德决定论的偏颇相比，先富后教则包含着道德教化要以物质基础为依托的正确认识。然而，无论是本末关系还是先后关系，孔子都是试图把物质和精神的富裕相联结。

更值得注意的是，孔子为德政礼治、爱人之仁的共同富裕提供了哲学理论的支撑，这主要有以下四个方面：

第一，天地无私的形上根据。《礼记·孔子闲居》记载：“孔子曰：‘天无私覆，地无私载，日月无私照。奉斯三者以劳天下，此之谓三无私。’”认为天地覆载万物、日月普照万物，它们对万物一视同仁而无偏私，让万物共同生育繁衍，君王实行德政就应该如此对待天下百姓，使他们都能过上美好的生活。孔子称颂尧为效法天道的典范：“大哉！尧之为君也。巍巍乎！唯天为大，唯尧则之。”（《泰伯》）让百姓富足，是尧效法天道的重要表现。上面所引的“四海困穷，天禄永终”是从反面反映了这一点。以下这段对话则从正面反映了这一点：“子贡曰：‘如有博施于民而能济众，何如？可谓仁乎？’子曰：‘何事于仁，必也圣乎！尧舜其犹病诸！’”（《雍也》）在孔子看来，尧以崇高无私的天地为榜样，朝着“博施于民而能济众”的圣人事业而努力。这表明天地无私是理应让百姓过上共同富裕的生活的形上天道之根据。

第二，舟水之喻的民本思想。《荀子·哀公》记载：鲁哀公问孔子，怎样防止政权被颠覆，“丘闻之，君者，舟也；庶人者，水也。水则载舟，水则覆舟。君以此思危，则危将焉而不至矣。”这里以舟水之喻强调民为君本，即庶民是君王政权永续稳固的基础。在孔子看来，

---

① 冯友兰：《中国哲学史》上册，华东师范大学出版社，2000 年，第 45、56 页。

解决民生问题，使下层百姓摆脱贫穷困苦，是这个基础最重要的基石。《荀子·哀公》所记载的颜渊对政治的考察，更具体地反映了这一点：鲁定公问颜渊，何以能够预料善于驾驭马车的东野毕的那些马很快会逃逸。颜渊答道："臣以政知之。昔舜巧于使民，而造父巧于使马。舜不穷其民，造父不穷其马，是舜无失民，造父无失马也。"而东野毕不顾"马力尽矣"，依然驱使它们驰骋不已，由此判断这些马匹将不堪忍受而离开；鲁定公请他说得再详细一点，颜渊对曰："臣闻之，鸟穷则啄，兽穷则攫，人穷则诈。[①] 自古及今未有穷其下而能无危者也。"孔子对此予以肯定。[②] 这是把舟水之喻的以民为本作为"自古及今"的历史规律，故此，为政富民可谓体现了对于历史规律的自觉顺应。

第三，先予后取的互惠伦理。《孔子家语·贤君》记载，鲁哀公表示愿意按照孔子"使民富且寿"的话去做，但又"恐吾国贫矣"，孔子回应道："《诗》云：'恺悌君子，民之父母。'未有子富而父母贫者也。"这是认为民众对于统治者的服从，是基于先予后取的互惠伦理，犹如先是父母辛劳抚养子女成人，而后子女尽其所能回报父母。孔子的学生有若进一步阐述了这样的道理。鲁哀公问有若：年景饥荒，财政困难，怎么办？有若建议用十分抽一的税法。哀公说，即使十分抽二，我还觉得不能解决问题。有若对曰："百姓足，君孰与不足？百姓不足，君孰与足？"（《颜渊》）只有先让百姓富足了，君主才会获得足够的财富。先予后取的互惠互利，正是君主承担利民富民责任的伦理依据。

第四，大同小康的社会理想。《礼记·礼运》篇孔子对于大同小康的论述，实际上提供了实现共同富裕在不同阶段的目标。小康的基础

---

① 《孔子家语·颜回》记载：在"人穷则诈"后面有"马穷则佚"。

② 《孔子家语·颜回》记载，孔子听闻此事评价道："夫其所以为颜回者，此之类也，岂足多哉？"即他之所以是颜回，就在于常有这类表现，不足以过多赞扬。

是“天下为家”，施展能力是为了各自家庭的温饱，“各亲其亲，各子其子，货力为己”。然而，这些“未有不谨于礼者也”。于是，不但要家庭和睦，而且民众通过努力做事可以得其应得，“礼之先币帛也，欲民之先事而后禄也”。(《礼记·坊记》）而且“古之明王行礼”的重要方面是“与民同利”(《孔子家语·问礼》)。所以“天下为家”又必以“与民同利”为基本诉求。这是共同富裕的初级阶段。大同作为共同富裕的最高阶段，实行“天下为公”的“大道”，在物质财富上人人共建共享，“货，恶其弃于地也，不必藏于己；力，恶其不出于身也，不必为己”，而且使“矜寡孤独废疾者”得其所需。在精神面貌上，消除了小康阶段的阴谋算计、武力抢夺等，实现了“选贤与能”的政治文明和“讲信修睦”的社会和谐。可以说，大同小康作为理想社会是孔子为实现共同富裕奠定的信念基础。

上述四方面的思想都是心不违仁的表现。在前引关于博施济众的对话中，孔子接着就以“仁之方”来回答子贡的何谓仁，表达了天地无私般的博施济众，其出发点是“己欲立而立人，己欲达而达人”的“仁之方”。程颢对此是这样理解的，认为“‘博施济众’，乃圣之功用”，即圣人之“仁之体”的发用。① 颜渊将以民为本作为历史规律，孔子对此的评论表达出这样的含义：这对于出自心不违仁的颜回而言，是很自然的。关于互惠伦理，《阳货》记载：子张问仁，孔子曰：“能行五者于天下为仁矣。”而“惠”列于其中。统治者在“养民也惠”(《公冶长》）的同时，也得到了让百姓更好地为其服务的回报，“惠则足以使人”(《阳货》)。在孔子眼里，这样的互惠伦理是“为仁”的重要表现。关于天下为公，孔子视其为志士仁人的崇高境界和高尚人格。微子、箕子、比干不顾身家性命，忧心天下，忠诚奉公，孔子赞许道：“殷有三仁。”(《微子》）因此，儒家后来普遍以公释仁，如程颐在回

① 程颢、程颐：《河南程氏遗书》卷二上，《二程集》，第 15 页。

答"如何是仁"时说:"只是一个公字。学者问仁,则常教他将公字思量。"① 这四方面的思想意味着,德政礼治建立在心不违仁基础上的共同富裕具有丰富的思想内涵。

三、修己志仁与得其应得、公利即义

就个人发展层面而言,孔子关于共同富裕的思考,可以概括为修己志仁与得其应得、公利即义。这无疑是心不违仁的表现。因为修己志仁如下所说,就是要成为"无终食之间违仁"(《里仁》)的君子;而君子的"九思"之一是"见得思义"(《季氏》),这意味着循"义"而行是内心之仁在面对利益时的外在表现,得其应得和公利即义是其所思之义的重要方面。

孔子认为,作为个体的为政者应当修己志仁以成君子,否则不可能把满足百姓对美好生活的向往作为施政目标。《宪问》记载:"子路问君子。子曰:'修己以敬。'曰:'如斯而已乎?'曰:'修己以安人。'曰:'如斯而已乎?'曰:'修己以安百姓。修己以安百姓,尧舜其犹病诸!'"把为政者的"修己"和所为之政的"安百姓"归于何为君子的问题,实际上是指出了为政者只有是"修己"成德之君子,才有可能安乐天下百姓。君子作为孔子的理想人格,是仁德的化身:"君子去仁,恶乎成名?君子无终食之间违仁,造次必于是,颠沛必于是。"(《里仁》)因此,修己以成就君子的过程,就是始终不渝追求仁德的过程:"苟志于仁矣,无恶也。"(《里仁》)将志于仁之君子与修己、安百姓联系在一起,意味着志于仁既指向何者可以为政,又指向如何为政。孔子以为,要使百姓都能安乐,即使尧舜恐怕也颇为为难,因为能安乐百姓的是高于仁德的圣人,这在前面引用的博施济众的话

---

① 程颢、程颐:《河南程氏遗书》卷二十二,《二程集》,第285页。

语中已有揭示。然而，没有修己志仁，绝不可能把超乎仁德之上的安乐百姓当作为政的追求。就是说，修己志仁是为政者以安乐百姓为己任的基本前提，如后来黄宗羲所言："志仁者从民生起见。"①

孔子对其弟子的告诫和教诲始终贯穿了这一观点。在此略举两例。其一，冉雍使南面。孔子说："雍也，可使南面。"（《雍也》）认为冉雍可以居官治民。之所以可以，从何者为政而言，"恭己正南面"（《卫灵公》），冉雍恭己即修己而有仁德，在孔子十大杰出弟子中被列为"德行"佼佼者，时人称其有仁德而没有口才，"雍也，仁而不佞"（《公冶长》），孔子反问道：何必要有口才呢？因为冉雍是修己志仁之人，所以他明确地以安乐百姓作为为政的目的。"仲弓问仁。子曰：'出门如见大宾，使民如承大祭。己所不欲，勿施于人。在邦无怨，在家无怨。'"（《颜渊》）冉雍（仲弓）表示将努力以百姓无怨作为为政的方向。其二，曾点之志。孔子请子路、曾点、冉有、公西华四位学生"各言其志"。子路志在三年内使"千乘之国"民众有勇知义；冉有志在三年内使疆土纵横五六十里或六七十里的小国的民众富足；公西华志在成为掌管祭祀、外交礼仪等专门技能的"小相"，即小司仪；而曾点的志向则是"暮春时节，换上春装，约上五六个青年、六七个少年，在沂水河边洗洗澡，在舞雩坛上吹吹风，然后唱歌而归"。孔子喟然叹曰："吾与点也。"（《先进》）朱熹《四书集注》解释此章时指出，曾点言志是"即其所居之位，乐其日用之常"，即身居普通人的地位，以在日常生活中修己为乐。在孔子看来，子路、冉有、公西华要去管理公共政治事务，其前提是要像曾点那样修己志仁，这是他在子路、冉有、公西华面前表示赞同曾点之志的重要原因。如果我们注意到《公冶长》篇中孔子专门评论子路、冉有、公西华三人的第八章，

① 黄宗羲：《孟子师说》卷六，《黄宗羲全集》第 1 册，浙江古籍出版社，2012 年，第 136 页。

就可以理解这一点。在此章，孔子说子路具有管理“千乘之国”兵赋的才干、冉有具有让“千室之邑、百乘之家”民众富足的能力，公西华“可使与宾客言”，即有掌握外交礼仪的本领，但这三人均“不知其仁也”，意谓他们在修己志仁上还有待努力。将此章与“曾点之志”章相比照，便不难看出，孔子所要表达的和冉雍“可使南面”所要表达的思想是一致的，即为政者能否心念天下黎民，首要的是能否修己志仁而不是才能的高下。

孔子还通过评说古今的人物事件来强调这一点。《宪问》记载：孔子说：“齐桓公正而不谲。”之所以作出这样的评价，是因为齐桓公所任用的管仲，“一匡天下”，国强民富，“民到于今受其赐”，因而孔子否定了对于管仲“未仁乎”“非仁者与”的疑虑，肯定他“如其仁，如其仁”。臧文仲是鲁国执政集团的核心成员，孔子指责他为“窃位者”（《卫灵公》），批评其“三不仁”，即“下展禽，置六关，妾织蒲”（《孔子家语·颜回》）就是排斥贤者柳下惠，设置关卡以阻碍人们贸易，指使小妾“织蒲”与民争利。学界对于孔子对于臧文仲如此评价有不同意见，但从中可以看到，孔子强调，不仁的为政者不可能为百姓的民生问题操心。无论是对弟子的教诲，还是列举古今的人物事件，孔子都在强调实现民众的共同富裕，不只是发展经济的问题，为政者能否修己志仁，即不断自我净化、提升为天下苍生造福的境界才是关键。因此，孔子把“举贤才”（《子路》）作为为政的重要举措，认为“举逸民，天下之民归心焉”（《尧曰》），举用隐逸的贤人必能赢得民心。这表现了儒家贤能政治与富民裕民的关联性。①

个体的社会性表现于其活动受到制度的制约。孔子对以修己志仁

① 儒家学者中，孟子最先讲“尊贤使能”（《孟子·公孙丑上》），认为贤能政治是君主与民同甘共苦的基础。《孟子·离娄下》指出，孔子对执掌国政的禹、稷和贫而乐的颜回都许以“贤”，孟子以为，这意味着如果后者担任前者的职位，也同样会对天下百姓的苦难感同身受，以拯救他们脱离苦难为己任。

作为为政者之前提的理念提出了制度设想，这就是“学也，禄在其中矣”（《卫灵公》），通过努力学习而后入仕获得俸禄，即先学习而后步入仕途。这在《论语》中可以找到不少例证，如“子曰：‘三年学，不至于穀，不易得也。’”（《泰伯》）“子路使子羔为费宰。子曰：‘贼夫人之子。’子路曰：‘有民人焉，有社稷焉，何必读书，然后为学？’子曰：‘是故恶夫佞者。’”（《先进》）孔子讲的“志于学”（《为政》）以“志于仁”为导向，他对颜回的评价就反映了这一点。他肯定颜回为其弟子中的“好学”者，其死后再无如此好学者了，“今也则亡”（《先进》），因为颜回能长久坚守仁心，其他弟子则做不到，“其心三月不违仁，其余则日月至焉而已矣”（《雍也》）。子夏进一步阐发了老师的“仕”与“学”的关系：“仕而优则学，学而优则仕。”（《子张》）春秋之际，仕者多为贵族世袭，未学而仕者大有人在，子夏的前半句是针对这种状况而言的，有亡羊补牢之意；而后半句则反映了孔子的主张，即要将其作为制度而确定下来，保障为政者必须是修己志仁者，这样才有可能使其致力于济世安民。

在孔子看来，实现共同富裕离不开价值观的引导。共建共享是共同富裕之“共同”的重要内涵，但如果没有用共同的价值观来凝聚人心，那么共建共享就只能是空谈。对此，孔子提出了以“见利思义”（《宪问》）作为共同价值观。这里的“义”是指行为的当然之则，即一般的道德原则；“利”则是指功利，即利益和功效；见利思义就是要求人们对于利的取舍，以是否合乎义为标准。从实现共同富裕的角度来说，主要是两方面：得其应得和公利即义。

大家通常将孔子的义利观称为“重义轻利”，这并不妥帖。因为它容易导致人们以为孔子拒斥功利。其实不然。前面所讲的先富后教，就可见孔子认为物质生活是道德教化的基础。孔子承认功利对于个人有着不可忽视的价值，因为“富与贵，是人之所欲也”“贫与贱，是人之所恶也”（《里仁》），追求功利具有满足个人自身需要的正当性。因此孔子认为，在一定条件下，人们应当积极设法获取财富，“邦有道，贫且贱焉，耻也”（《泰伯》）。政治清明的时代，就应当让每个人皆以改变贫困走向富裕为光荣。孔子还用略带自嘲的口吻说道：“富而可求也，虽执鞭之士，吾亦为之。”（《述而》）如果可以求得财富，即使是执鞭之士的贱职，我也会主动为之。若联系到孔子说过的“吾执御矣”（《子罕》），表示愿意掌握驾车技能，则足见孔子是主张人可以用某种技能来实现自主求富的。子贡具有这种精神，因而孔子赞赏他不受束缚而在商业领域屡创奇迹：“赐，不受命而货殖焉，亿则屡中。”（《先进》）就是说，孔子希望人人各尽其能而发财致富。

但是，社会成员中每个人的利益是不尽一致的，而且物质财富是有限的，因而如果放纵每个人对于物质利益的追求，那么社会成员之间就会因争夺物质财富而引发普遍性的冲突，“放于利而行，多怨”（《里仁》）。很显然，在一个充满怨恨的社会里是不可能实现共建共享之共同富裕的。孔子认为，唯有以“义”来化解利益冲突，“义然后取，人不厌其取”（《宪问》），合乎义之取，才会得到社会的普遍认可。而所取合乎义的重要内涵是公正地分配财富，由此才能使社会成员避免怨恨而转为皆大欢喜，即所谓“公则悦”（《尧曰》）也。为此，孔子还提出了公正分配的原则：“丘也闻有国有家者，不患寡而患不均，不患贫而患不安，盖均无贫，和无寡，安无倾。”（《季氏》）这里的“均”不是说每个人获得相等的财富即同等富裕，而是指每个人依据自己的名分等级而获其所应得，名分等级不同，所获得的财富当然有差异。在孔子看来，这样的有差异的共同富裕，体现了“和而不同”（《子路》）的精神。他反对冉有为季氏敛财，是因为“季氏富于周公”（《先进》），即季氏所得财富超过了其名分等级所应得的。孔子对卫公子荆赞赏道：“善居室。始有，曰：‘苟合矣。’少有，曰：‘苟完矣。’富有，曰：‘苟美矣。’”（《子路》）就是荆对财产拥有程度的“始有”

“少有”“富有”都表示出知足的心态，而这种心态就是对符合自身名分等级之应得的满足。孔子以卫公子荆和季氏作为正反典型，意在强调合义之取就是得其应得，此即后来荀子说的“当取而取”（《荀子·法行》）。

公利即义是见利思义的另一重要含义。所谓“君子喻于义，小人喻于利”，将义和利与君子和小人相匹配，已经表露了这个意思。因为小人所喻之利是个人的实惠，“小人怀惠”（《里仁》），而君子则以替群体谋利为担当，“可以托六尺之孤，可以寄百里之命”（《泰伯》）“因民之所利而利之”（《尧曰》）。因此，公利即君子所喻之义，见利思义就是把公利置于私利之上。后来宋明儒家也明确指出了这一点：“义与利，只是个公与私也。”① “义也者，天下之公也；利也者，一己之私也。”② 孔子强调公利即义是因为个人不能脱离群体而生存，他曾对那些劝其离群隐居的人说：“鸟兽不可与同群，吾非斯人之徒而谁与？”（《微子》）作为个体的自我不能与鸟兽为伍，只能生活于同类的群体之中，因而这个群体的每个成员犹如兄弟，“四海之内，皆兄弟也”（《颜渊》）。显然，实现共同富裕就是这种以兄弟般关系共处共存之共同体的必然要求。但是，人们往往不满足于得其应得而存有非分之想，往往只顾及私利甚至以私损公，所以必须把见利思义确立为共同的价值观，将道德原则的价值视为至上的，即“义以为上”（《阳货》），并做一个遵照“义”来修养自己品质的君子，“君子义以为质”（《卫灵公》），从而达到“不义而富且贵，于我如浮云”的境界。就是说，共同富裕的共建共享必须以“共义”，即共同的“见利思义”的价值观为根基。这表现了“见利思义”与修己志仁的关联，也表现了

---

① 程颢、程颐：《河南程氏遗书》卷十七，《二程集》，第 176 页。

② 刘宗周：《证人社约言》，《刘宗周全集》第 3 册，浙江古籍出版社，2012 年，第 440 页。

共同富裕在物质和精神两个层面上的联系。

孔子还把确立见利思义的价值观与成人之道，即每个人的全面发展相联系。对于共同富裕的向往，从根本上说，就是追求合乎人性发展的生活，而个人的全面发展则是其核心，孔子认为这要以见利思义为基础。“子路问成人。子曰：‘若臧武仲之知，公绰之不欲，卞庄子之勇，冉求之艺，文之以礼乐，亦可以为成人矣。’曰：‘今之成人者何必然？见利思义，见危授命，久要不忘平生之言，亦可以为成人矣。’”（《宪问》）从中可见，“成人”就是全面发展的人：像臧武仲那样的睿智，公绰那样的不贪婪，卞庄子那样的勇敢，冉求那样的多才多艺，再用礼乐予以文饰；而今要成为这样的人，首先要能够做到见利思义。这是希望每个人都能在见利思义价值观的引导下获得全面发展，揭示了实现共同富裕的终极的人文关怀。

一斑见豹，通过孔子上述的思想，可以看到心学包含着实现共同富裕的追求，对此作进一步的研究和阐发，应当是中国心学的题中之义。

（原载《中国心学》第3辑，商务印书馆，2023年）

墨子：孔孟之间的重要环节

——以古今之辨为中心的考察

近些年，对于儒墨关系研究的深入，很重要的表现是不仅仅注意两者的对立，还注意到两者的会通，由此呈现出先秦诸子更为丰富复杂的思想图景。论及儒墨会通，往往想到两者的相类之处。其实，两者的会通还有另外方面：孟子在拒墨学的同时，又吸取了墨学，化解了墨子对孔子的质疑和挑战，从而深化发展了孔子开创的儒学，实现了“遵夫子之业而润色之，以学显于当世”（《史记·儒林列传》）。自汉代以来，已有学者对此有所提及，但大多语焉不详。先秦是社会大变革的时代，在政治思想领域的首要表现是古与今之辨，即守旧与革新之争，力主变法革新的法家称其是“誉先王”和“与时转”、“学古”和“师今”的对立。① 如此的古今之辨在孔子、墨子、孟子的思想脉络中，主要围绕礼与法、贤与能、王与霸、述与作而展开。本文试图以此为背景，阐释墨子是孔孟之间的重要环节。

一、礼与法：孔子——墨子——孟子

礼与法是关于守护旧的周礼和立法变革社会的问题。晋国叔向反对子产“铸刑书”，认为把法律条文铸于铁鼎是“弃礼而征于书”，子产回复道：“吾以救世也。”（《左传·昭公六年》）从中可见，礼法之

---

① 《韩非子·五蠹》曰：“儒墨皆誉先王。”《韩非子·心度》曰：“法与时转则治。”李斯批评儒生“不师今而学古”（《史记·秦始皇本纪》）。

争的焦点在于是否应以法治取代礼治，这是古今之辨在治国方略上的体现。孔子主张“为国以礼”（《论语·先进》，本文以下出自《论语》的引文，只注篇名），以为晋国铸刑鼎的立法改革是不足取的（见《左传·昭公二十九年》）。墨子与之不同，认为“发宪布令”（《墨子·尚同下》，本文以下出自《墨子》的引文，只注篇名）“刑法之治”（《尚贤下》）是治国之所需，但“国家”也不能“淫僻无礼”（《鲁问》），“无君臣上下长幼之节，父子兄弟之礼”（《尚同中》）。这表明墨子认识到，礼和法都是国家确立秩序和规范行为所需要的。孟子承继了孔子的以礼治国，“见其礼而知其政”（《孟子·公孙丑上》，以下出自《孟子》的引文，只注篇名），并说：“善政不如善教之得民也。善政民畏之，善教民爱之。”（《尽心上》）认为用礼制教化的“善教”要好于用法制约束的“善政”。这与孔子以“道之以德，齐之以礼”反对“道之以政，齐之以刑”（《为政》）一脉相承。但孟子吸取了墨子同时关注礼和法的思想，提出“徒善不足以为政，徒法不能以自行”（《离娄上》），认为礼和法都是治国不可或缺的，而“见其礼而知其政”则表明礼更为根本。这是在礼的主导下将礼法相统一。他不仅完善了孔子单向度的“道之以德，齐之以礼”，也奠定了儒家关于礼法的思想主调。

《淮南子·要略》曰：“墨子学儒者之业，受孔子之术，以为其礼烦扰而不悦，厚葬靡财而贫民，服伤生而害事。故背周道而用夏政。”墨子认为治国不能完全否弃礼制，与曾受业儒学有关。但他的“背周道”意味着对周礼，更多的是给予批评，他反对儒家的“亲疏尊卑”“繁饰礼乐”（《非儒下》）以及厚葬久丧等，即从不同方面反映了这一点。学界对此已有很多阐述，但似乎忽略了墨子因重视祭礼而批评儒家的思想内涵。儒者“公孟子曰：‘无鬼神。’又曰：‘君子必学祭祀’。子墨子曰：‘执无鬼而学祭礼，是犹无客而学客礼也，是犹无鱼而为鱼罟也。’”（《公孟》）公孟子表述的是孔子的思想。《论语》记载：“祭如在，祭神如神在。”（《八佾》）“敬鬼神而远之，可谓知矣。”（《雍也》）“未能事人，焉能事鬼。”（《先进》）墨子认为这是“执无鬼而学祭礼”，荒唐可笑。礼的起源与祭祀鬼神有关①，《礼记·表记》说，孔子认为“殷人尊神，率民以事神，先鬼而后礼”，而“周人尊礼尚施，事鬼敬神而远之，近人而忠焉”。可见，孔子把“敬鬼神而远之”作为智者的特征，是以理性主义的立场，继承了周礼的价值取向，继续淡化事神致福的宗教性，赋予其人文性的内涵。因此，孔子以仁为礼的内核，“人而不仁，如礼何？”（《八佾》）使礼成为体现仁者爱人的社会规范和社会体制。

墨子主张“天志”“明鬼”，批评“儒以天为不明，以鬼为不神”（《公孟》），因而“执无鬼而学祭礼”，强调“必先鬼神而后人”（《明鬼下》），试图逆转周孔以来礼制的人文化。这影响到了子思的《中庸》②。

孟子受业于子思门人，却延续了周孔礼制的人文化：“夫义，路也；礼，门也。惟君子能由是路，出入是门也。”（《万章下》）以门喻礼，意在强调礼的关注点是引导人们的行为选择和行为展开，而非事神致福。他同时又深化了孔子的礼制人文化。首先，他指出了仁和礼相统一的内在基础。孟子说：“君子以仁存心，以礼存心。”（《离娄下》）“君子所性，仁义礼智根于心。”（《尽心上》）这不仅否定了墨子把祭礼基于“天鬼”③赏善罚恶的迷信，而且明确了孔子尚未明确的仁礼统一的基础，即两者都源自内在的道德理性（心）。其次，他指出要从礼的外在形式来认识其凝聚人们情感的意义。墨子以薄葬短丧诟病儒家的厚葬久丧，被孟子概括为“墨之治丧也，以薄为其道也”

---

① 许慎：《说文解字·示部》：“礼，履也，所以事神致福也。”

② 《中庸》云：“鬼神之为德，其盛矣乎！视之而弗见，听之而弗闻，体物而不可遗。使天下之人，齐明盛服，以承祭祀。洋洋乎如在其上，如在其左右。”

③ 《墨子》常常把“天”和“鬼”合称为“天鬼”。

(《滕文公上》)，其实薄葬短丧和厚葬久丧只是形式不同，如棺椁的厚度古今不尽一致，关键在于是否“尽于人心”(《公孙丑下》)，即表达了情感，为儒家的厚葬久丧的合理性作了辩护。再次，他指出礼具有节和文的双重作用。孟子说：“礼之实，节文斯二者是也。”(《离娄上》)“节”是通过节制人们的欲望、情感等，达到社会和谐；“文”是把人际交往的形式予以文饰、美化，获得文明的形态。前者不同于墨子通过“天鬼”来贯彻“兼爱”以达到“和调”，并回答了孔子的“礼之用，和为贵”(《学而》)何以可能，因为“辞让之心，礼之端”(《公孙丑上》)，通过相互辞让可以使得人们的纷争得到和解；后者看到了墨子非难礼乐的“蔽于用而不知文”(《荀子·解蔽》)，展开了孔子赞美周礼“郁郁乎文哉”(《八佾》)之“文”的内涵，即人际交往形式的文明化。可见，孟子对墨子逆转周孔礼制人文化作了再逆转，由此推进了孔子的礼制人文化。

当时的社会大变动导致礼崩乐坏，如何对待乐无疑是礼法之争的重要方面。孔子认为，乐是以礼治国所必须的，颜回问如何治国，孔子说：“行夏之时，乘殷之辂，服周之冕，乐则《韶》《舞》。”(《卫灵公》)商鞅的法治则把礼乐并列为“六虱”(《商君书·靳令》)之一。就“非乐”来说，墨子和法家有相通之处，而与孔子相颉颃。“子墨子问于儒者曰：‘何故为乐？’曰：‘乐以为乐也。’子墨子曰：‘子未我应也。’”(《公孟》)认为儒家把“乐”看作是纯粹的娱乐，即“乐(yuè)以为乐(lè)也”，没有回答“乐”的目的是什么。他说：统治者喜好“乐”只是为了自身享乐而浪费民众创造的财富，“为之撞巨钟，击鸣鼓，弹琴瑟，吹竽笙而扬干戚，民衣食之财将安可得乎？”(《非乐上》)他认为虽然“乐”有使人心情愉悦的审美价值，“非以大钟鸣鼓、琴瑟竽笙之声以为不乐也”(同上)，但对于治理国家而言，绝非正能量，从成王、武王、成、汤、尧、舜的为政效果来看，“其乐逾繁者，其治逾寡”(《三辩》)，因而儒家以礼乐治国必定是适得其反。

孟子拒墨学，不可能对墨子针对儒学提出的“何故为乐”的质疑置之不理。他也认为“乐（yuè）以为乐（lè）”没有说出为乐的目的。对孟子而言，要说明为乐的目的，首先要对何为乐有明确的认识。为此他提出了对乐的定义性的说法：“乐之实，乐斯二者（指仁和义——引者注），乐则生矣；生则恶可已也，恶可已，则不知足之蹈之手之舞之。”（《离娄上》）认为乐的本质是对于仁、义的爱好，是从这种爱好中产生的。孔子赞叹《韶》“尽美矣，又尽善也”（《八佾》），以为乐必须符合和包含道德要求，才是完美的，达到“美”和“善”的统一。与之相比，孟子不仅把这两者的统一从某个乐舞提升为对于“乐”的普遍的审美原则，还以其本质和起源予以论证。这显然是因反对墨子“非乐”而触发的。在明确了“乐”之本质的基础上，孟子进一步否定墨子的“乐”于治国无补的观点，指出“仁言不如仁声之入人深也，善政不如善教之得民也”（《尽心上》）。认为仁德的言说不如表现仁德的音乐深入人心，“仁声”是“善教”赢得民心的重要途径。这就回答了“何故为乐”，即为乐以实现“善教”为目的。墨子以为兴“乐”将导致统治者只顾自己寻欢享乐而不问百姓疾苦，孟子特别针对这种看法指出，那是因为国君只是“独乐乐”而没能“与众乐乐”，如果做到了后者，使“钟鼓之声、管籥之音”得以沟通国君和民众的情感，那么，“今王与百姓同乐，则王矣”（《梁惠王下》），即不仅可以治国，而且能够让天下人都归附。孔子的“立于礼，成于乐”（《泰伯》），着眼于“乐”对于成就个人人格的作用，而孟子将“乐”的作用与造就“与百姓同乐”的政治局面相联系，发展了儒家以民为本的思想。这同样是以回应墨子的“何故为乐”为催化剂的。

二、贤与能：孔子——墨子——孟子

贤与能是关于治国理政主体（君、臣）的贤德与良能的品格问题。

它是礼法之争的一个侧面：法家的法治是“尚法不尚贤”（《韩非子·忠孝》），而孔子的礼治则把“举贤才”（《子路》）作为重要举措。孔子以“举贤才”来对应“问政”，是以“贤”为治国者的重要品格。孔子也没有忽视“能”，他把十大弟子分为四类，其中就有“政事：冉有、季路”（《先进》），以表彰两人擅长政事的能力。《雍也》记载，孔子认为子路、子贡、冉有分别具有“果”（果断）、“达”（通达）和“艺”（技艺）这样的才干，因而他们“于从政乎何有”，即管理国事哪会有困难呢？不过，在贤与能之间，孔子从“为政以德”（《为政》）出发，更看重前者，他说：子路、冉有、公西华虽然分别在军事管理、发展经济和掌握外交礼仪上有不错的能力，但均“不知其仁也”（《公冶长》），以为就治国理政者的品格而言，仁德之“贤”更为紧要。这样的贤能政治虽然对周代“内姓选于亲，外姓选于旧”（《左传·宣公十二年》）的举亲故有所突破，但仍未将贤或能作为担任治国理政者唯一的条件，而把“近不失亲，远不失举”（《左传·昭公二十八年》）视作最好的办法，因而既“君子尊贤而容众”（《子张》），同时又“君子笃于亲”“故旧不遗”（《泰伯》），对传统的举亲故力图有所保留。

墨子明确提出“尚贤使能为政也”（《尚贤中》）。较之孔子的“举贤才”，不仅旗帜更为鲜明，而且内涵上亦有不同。首先，孔子之“贤”以德行为内涵，而墨子之“贤”以良能为内涵。孔子用“贤”来赞叹颜回的安贫乐道：“贤哉，回也！一箪食，一瓢饮，在陋巷，人不堪其忧，回也不改其乐。贤哉，回也！”（《雍也》）与此相应，颜回被孔子列为十大弟子的“德行”之首（《先进》）。墨子的《尚贤上》虽然提到“贤良之士厚乎德行”，但将贤良之士比作“善射御之士”，表明其“贤”更多的是指向类似射御那样的“良能”；《尚贤中》《尚贤下》都以制衣要靠“良工”，屠杀牛羊要靠“良宰”，调理病马要靠“良匠”，论述“王公大人未知以尚贤使能为政也”。可见，《尚贤》三篇均把“贤”视作“工”“宰”“匠”那样的技能。就是说，孔子将贤与能作了区分，而墨子是以能为贤，由此将两者相统一。其次，《论语》中关于“贤”的论述，都是将其作为个体的品格，称颜回“贤哉”就反映了这一点，而墨子将其作为建设整个治国理政群体的普遍原则。《尚同上》指出，从天子到三公、诸侯、正长都是以“贤”为准加以“选择”而产生的，天子是天下最贤者，其以下的不同等级的治国理政者皆为不同层次的贤者，于是，“凡所使治国家、官府、邑里，此皆国之贤者也”（《尚贤中》）。同时，墨子把尚贤使能作为普遍原则的重要方面，是强调其适用于任何人和任何层级的唯一性：“唯能审以尚贤使能为政。”因此，“不辩贫富贵贱，远迩亲疏，贤者举而尚之”（《尚贤中》），并证之以尧举荐从事农渔业出身的舜为天子、汤举荐曾为厨师的伊尹为相、武丁举荐筑墙的傅说为三公等。这显然不同于孔子对于举亲故予以保留的态度。

孟子对于墨子的尚贤使能作出了回应。他说：“尊贤使能，俊杰在位，则天下之士皆悦，而愿立于其朝矣。”（《公孙丑上》）显然，这里的“尊贤使能”是由墨子的“尚贤使能”转化而来。从此在儒家话语体系中，尚贤与使能连接并用，成为贤能政治的表达。孟子上述的话也表明，他和墨子同样认为，只有尚贤使能才能使天下之士都愿意辅佐君主。但他不同于墨子的纳贤入能，把两者混为一谈，而是在孔子的基础上，进一步明确了贤与能的区分：“贤者在位，能者在职。”（《公孙丑上》）“贤”是道德品性，“能”是治国理政的才干；前者之“位”是指崇高的社会地位，后者之“职”是指实际从事治国理政的职位。孟子作这样的区分，意在把被墨子归并于“能”的“贤”分离出来，纯化“贤”的内涵。在孟子看来，不如此就会导致，治国理政主体能否胜任，仅与“能”相关而与“贤”无涉。事实上，这在墨子那里已经表现出来了：“世之君子，使之为一犬一彘之宰，不能则辞之；使之为一国之相，不能而为之，岂不悖哉！”（《贵义》）在这里担任国相和充当屠夫一样，只看“能”否而与“贤”否无关，于是，治国理政者的品格，就由贤能并重转为纳贤入能。法家商鞅划分历史为“上世”“中世”“下世”，“上世亲亲而爱私，中世上贤而悦仁，下世贵贵而尊官”（《商君书 · 开塞》）。认为以尚贤治世已被历史淘汰了，当今之君主依仗威权而治世；君主起用臣民是根据他们做出的“功”(功绩)，与他们的个人品德无关，“明君之使其民也，使必尽力以规其功，功立而富贵随之，无私德也”（《商君书 · 错法》）。“功”是“能”的外显，“考功”即“考能”。因此，墨子的纳贤入能很容易与法家的废贤考功合流。

孟子看到了这样的危险，于是从建设儒家贤能政治出发，在贤能相分的基础上，比孔子更强调前者的至关重要：“不用贤则亡。”（《告子下》）因此，孟子从两个方面确立了贤对能的主导。首先，他指出了“贤”是“能”的基础。孟子说：对于禹、稷“当平世”时的经世之能和颜回“当乱世”时的安贫之乐，孔子都赞以“贤之”，因而“禹、稷、颜回同道”，如果“禹、稷、颜子易地则皆然”（《离娄下》）。所谓“同道”是说他们都具有贤德，禹、稷的经世才干是出自他们对天下人苦难感同身受的仁德之心，而“易地则皆然”意味着颜子如果换到禹、稷的位置，也会展示同样的才能，因为他有贤德。就是说，“能”是由“贤”决定的。其次，孟子赋予“能”以道德实践能力的含义。他两次区分了“能”与“不为”，其中《告子下》说：“徐行后长者谓之弟，疾行先长者谓之不弟。夫徐行者，岂人所不能哉？所不为也。”《梁惠王上》指出，齐宣王没有恩及百姓，是“不为也，非不能也”。“挟泰山以超北海，语人曰：我不能。是诚不能也。为长者折枝，语人曰：我不能。是不为也，非不能也。”这里与“不为”相对的“能”，是实际行善的能力。在此之前，墨子有类似的话语。他说：“挈太山而越河济”，是“自古及今未有能行之者”，然而，兼爱则是大家有能力做到的，“吾今行兼矣”（《兼爱中》）。这里虽然区分了“挈太山而越河济”和实行兼爱这两种“能”，但把后者视为只是“能”的问题，是其纳贤入能在兼爱问题上的表现。与之相比较，孟子上述的“能”与“不为”的辨析，则突出了“能”的道德实践指向，即“能”本身包含了“贤”的因素。可以说，孟子通过对墨子的尚贤使能的转化，确立了儒学贤能政治以“贤”主导“能”的原则。

孟子对墨子的回应，还表现在他既像墨子那样，把“贤”展现于社会群体的政治领域，又延续了孔子对举亲故的保留。下面这段话充分反映了这一点：“国君进贤，如不得已，将使卑逾尊、疏逾戚，可不慎与？左右皆曰贤，未可也；诸大夫皆曰贤，未可也；国人皆曰贤，然后察之，见贤焉，然后用之。”（《梁惠王下》）“国人皆曰贤”即贤德为社会所认可，这与墨子把贤德从个体引向整个主政者全体是相通的；孟子要求国君为贤君，“贤君必恭俭礼下，取于民有制”（《滕文公上》），这与墨子以为天子必须是最贤之人也是类似的；这些相通和类似使得“贤”成为了社会政治公共生活里的公德，于是贤能问题有了更充分的政治意蕴。孟子上述这段话的第一句表明，只有在不得已的情况下才能打破尊卑亲疏的界限。认为尊尊、亲亲应该是“进贤”的常态，“急亲贤之为务”（《尽心上》），即以亲亲置于尊贤之前为急务，正反映了这一点。这无疑是对墨子唯贤是举的反对。于是，孟子把“尊贤”与“贵贵”打通：“用下敬上，谓之贵贵；用上敬下，谓之尊贤；贵贵尊贤，其义一也。”（《万章下》）商鞅说：“既立君，则上贤废而贵贵立。”“贵贵而尊官。”（《商君书·开塞》）建立君主集权制，就是摒弃尚贤；强调“贵贵”，即强调君主至高无上的权威；强调“尊官”，即强调社会等级不可逾越的威严。孟子认为贵贵和尊贤都合乎礼制，开创了在儒家贤能政治中渗入法家的君主集权等级制的先河。这是以排斥墨子打破亲疏贵贱的尚贤为思想背景的。

三、王与霸：孔子——墨子——孟子

王与霸是关于王道与霸道的问题，它既是以何种方式统一国家的问题，也是以何种类型的政治为理想治道的问题。王霸之争首先由孟子所揭示，“以力假仁者霸”“以德行仁者王”“以力服人者，非心服也，力不赡也；以德服人者，中心悦而诚服也，如七十子之服孔子”（《公孙丑上》）。王霸之争由礼法之争发展而来，主要在儒法两家展开。孔子“为政以德”（《为政》）的礼治，显然是王道的源头，孟子则进一步将其确立为理想的治道而展开；而法家进一步把“当今争于气力”（《韩非子 · 五蠹》）作为法治的宗旨，其“力”即暴力，表现为通过战争征服他国和以刑法强迫百姓服从。

与儒法两家不同，以禹为代表的“夏政”是墨子的理想治道，他将此表述为“义政”，“且夫义者，政也”（《天志上》）；“义者，善政也”（《天志中》）；“今用义为政于国家，人民必众，刑政必治，社稷必安”（《耕柱》）。孟子把孔子以仁为核心价值的“为政以德”，发展为“以德行仁者”“以德服人”的王道即仁政，既是对墨子“义政”的排拒，又是以其为中间环节的。墨子曾批评公孟子的“君子必言古”是“子法周而未法夏也，子之古非古也”（《公孟》）。这里以“背周道而用夏政”的立场，指出了儒家之法古主要局限于“周道”的问题。孟子深切地注意到了这一点，《孟子》中凡是整体提到先王之道时，基本上是尧、舜、禹并列的，“言必称尧、舜”实际上是“言必称尧、舜、禹”，对于阐发核心理论的“道性善”，不仅以尧、舜，而且也以禹作为论据。对于禹之“夏政”的如上关切，意味着墨子的“义政”不能不对孟子的仁政产生影响。这里从以下三方面对此予以阐述。

首先，从理想治道的构想进路来分析。孔子“贵仁”，墨子“贵义”，“如果我们可以说，孔子的中心思想是一个‘仁’字，那么，墨子的中心思想就可说是一个‘义’字。”① 人们公认墨子思想主要有十方面内容即“十论”（尚贤、尚同、节用、节葬、非乐、非命、事天、事鬼、非攻、兼爱）。墨子指出，“从事”是“为义”的“大务”之一（《耕柱》），而“从事”就是根据不同国家的情况，贯彻“十论”的某个方面，所谓“凡入国，必择务而从事焉”（《鲁问》），就是说，“十论”是墨子成“义”、行“义”要做的十方面事项，而“义”是贯穿“十论”的根本精神，所以，“万事莫贵于义也”（《贵义》）。可见，墨子赋予“义”以统领其他“义”事的总德性质，具有首要价值，其“义政”的构想进路是把这样的“义”贯彻于治道理想。“仁”在孔子那里具有总德性质和首要价值，此即孟子说的“仁也者，人也。合而言之，道也”（《尽心下》），以孔子之仁为人道最高原理。就是说，墨子赋予“义”以中心地位是受了孔子的启发，而孟子把孔子之“仁”展开为仁政，在理想治道的构想进路上则是受到了墨子的启发。

不过，孟子同时又否定了墨子“义政”之“义”的功利化进路。墨子说：“义可以利人，故曰：义，天下之良宝也。”（《耕柱》）以功利为“义”的内涵，与孔子的“君子喻于义，小人喻于利”（《里仁》）针锋相对。值得注意的是，《孟子》首篇《梁惠王上》开头说：“何必曰利，亦有仁义而已矣。”这里没有延续孔子的义与利相对，而是将仁义与利相对。之所以如此，与孟子注意到了“义”在墨子中的首要性地位及其功利化有关。仁义与利相对，意味着孟子一方面将“义”从墨子赋予其“利”的意义中剥离出来，让其重回与仁同样的道德规范、道德原则的属性；另一方面将义归附于仁的统摄之下，消解墨子之

---

① 杜国庠：《先秦诸子思想概要》，《杜国庠文选》，广东人民出版社，1994年，第12页。何为墨子尚贤的核心，学术界有不同意见。唐君毅的《中国哲学原论·原道篇》上册（中国社会科学出版社，2006年）和崔清田的《显学重光》（辽宁教育出版社，1997年）持与杜国庠同样观点，唐君毅论证最详。

“义”的总德性质和首要价值地位。由此显示他为何以“仁”而不是以“义”为理想治道的标志。可以说，反对了墨子“义政”之“义”的功利化进路，是仁义在孔子那里以分立为常态转变为在孟子那里以连用为常态的思想背景之一。

其次，从理想治道的设计内容来分析。钱穆指出：“孟子辟墨，而其罪战、民贵诸说，实亦渊源墨氏。”① 孟子对“仁政”的设计，可以归为两大部分：一是批判现实的否定性内容，如钱穆所说的罪战之类；一是竭力倡导的肯定性内容，如钱穆所说的民贵之类。这两大部分与墨子的“义政”确有渊源关系。墨子把“力政”作为“义政”的对立面：“然义政将奈何哉？子墨子言曰：处大国不攻小国，处大家不篡小家，强者不劫弱，贵者不傲贱，多诈者不欺愚。”而“力政者则与此异”（《天志上》）。显然，依仗武力征服人、强使他人从己的“力政”，就是后来孟子所谴责的霸道。因此，墨子以“义政”反对“力政”是孟子反对霸道的前驱。从孔子委婉地用“军旅之事，未之学也”（《卫灵公》）表示不赞成战争，到孟子明确指出“春秋无义战”（《尽心下》）“善战者服上刑”（《离娄上》），不能不说墨子的反对“力政”而主张“非攻”是这中间的思想环节。

民贵是孟子仁政设计的正面内容的根本精神，其基础是满足民众的基本生活需求，即“明君制民之产”（《梁惠王上》）。这与墨子的“义政”以“利人”释“义”有相当的关系。墨子之“义政”的“利人”，具体所指是解决百姓“饥即食之，寒即衣之，疾病侍养之，死丧葬埋之”（《兼爱下》）的民生问题。孟子的仁政吸取了这样的思想，“制民之产”就是以民众的安居乐业为追求，很多表述和墨子十分相似，如“黎民不饥不寒”“使民养生丧死无憾也”（《梁惠王上》）。但他强调“养生丧死无憾，王道之始也”（《梁惠王上》），还须“设为庠

---

① 钱穆：《国学概论》，商务印书馆，1997年，第56页。

序学校以教之”，用以“明人伦”（《滕文公上》），然后方为王道的完成。就是说，仁政除了注意解决民生问题，还看重对民众进行道德教化。这后一方面是墨子的“义政”所忽略的。因此，孟子的仁政既把墨子之注重民生纳入其中，又丰富了孔子“既富矣”则“教之”（《子路》）的思想。

最后，从理想治道的论说方法来分析。晋初鲁胜的《墨辩注序》说：“孟子非墨子，其辩言正辞则与墨同。”这在理想治道的论说方法上也有所体现。墨子认为，孔子回答叶公子高问政的话，“善为政者，远者近之，而旧者新之”，并未触及问题的实质，重要的是要讲明“所以为之若之何也”（《耕柱》），即指出怎么做才能达到这样的善政。在墨子看来，对于理想的治道（善政）的论说，在逻辑思维上不但要指出所期望的目标，还要说出如何去做可以达到这样的目标。孟子的仁政论说采纳了墨子的意见。他不仅说明了仁政的目标——使民众安居乐业，最终能够“定于一”（《梁惠王上》），更具体地阐述了要实现这样的目标，应该做些什么。孟子认为首先要做的是给予农民土地：“夫仁政，必自经界始。”（《滕文公上》），实行井田制，给每个农户“五亩之宅，树之以桑”“百亩之田，勿夺其时”（《梁惠王上》）。此外，他提出了五条具体措施：尊敬有德之人，使用有能之人，让俊杰任职，“则天下之士皆悦”；在市场场地上存放货物不收税，滞销的货物由公家征购，“则天下之商皆悦”；关卡只稽查不征税，“则天下之旅皆悦”；耕田者只需助耕公田，私田不用纳税，“则天下之农皆悦”；居民没有额外的赋税和徭役，“则天下之民皆悦”；这么做了，“然而不王者，未之有也”（《公孙丑上》）。显然，这是对于墨子讲明“所以为之若之何也”的论说方法的运用，是孟子的“我知言”（同上）的重要表现，拓展了孔子以“知人”为主要内涵的“知言”①，意味着墨子的

① 《论语·尧曰》：“不知言，无以知人也。”

思维逻辑融进了儒家的“知言”。

四、述与作：孔子——墨子——孟子

述与作是关于尊崇传统和立足创新的问题。它是古今之辨在如何对待传统文明上的表现。儒者公孟子对墨子说：“君子不作，术而已。”(《耕柱》) 此话无疑源自孔子的“述而不作，信而好古”(《述而》)。墨子答曰：“吾以为古之善者则述之，今之善者则作之，欲善之益多也。”(《耕柱》) 这可以概括为“述而更作”，即只有既继承优秀传统，又注重创新发展，才能造就更加美好的文明。墨子不同于法家否弃传统的“废先王之教”(《韩非子 · 问田》)，他视传承先王圣人之遗教为重要使命，“古之圣王，欲传其道于后世，是故书之竹帛，镂之金石，传遗后世子孙，欲后世子孙法之也。今闻先王之遗而不为，是废先王之传也。”(《贵义》) 即使是对于思想上的主要对手——孔子的儒学，墨子也认为不能予以全盘否定，兼治儒墨的学者程子问：“非儒，何故称于孔子也?”子墨子曰：“是亦当而不可易者也。”(《公孟》)“当而不可易”就是判断古之善否的标准。这表明墨子的“述”和孔子的“述”在珍视传统典籍和文化积累的方面有一致之处，但前者强调对传统之“述”要以是否“当而不可易”来加以选择，而后者把周代的礼乐视为最完美的文明状态，“虽百世”亦无须有什么“损益”(《为政》)，因而所谓“述”就是“吾从周”(《八佾》)。孔子“述而不作”的这种“信而好古”的价值取向，为墨子所不取，墨子特别强调了立足现实的创新之“作”。《耕柱》记载：“公孟子曰：‘先人有则，三而已矣。’子墨子曰：‘欲先人而曰有则三而已矣?子未智人之先有后生。’”公孟子认为后人对于先人已有的法则只需参照奉行，墨子说你这是不明白先人较之其更先者则为后生，意谓凡事总有其创始者。他还说：“谋而不得，则以往知来，以见知隐。谋若此，可得而知矣。”

(《非攻中》）认为谋虑（思维）要根据过去的经验来推知未来，从表面现象深入到隐藏的本质①；他的“述而更作”正是基于这样的认识，其所“述”以把握现在、创造未来为目的，“欲善之益多也”正宣示了这样的价值追求，而不同于缅怀过去的“从周”。冯友兰指出，孔子的“述而不作”实际上是“以述为作”，即“开始将原有的制度，加以理论化，与以理论的根据”，“此种精神、此种倾向，传之于后来儒家，孟子、荀子及所谓七十子后学，大家努力于以述为作，方构成儒家思想之整个系统”。② 这意味着孟子以其致力于以述为作回应了墨子对孔子“述而不作”的批评。这样的回应表现在以下三方面：

首先，孟子维护孔子以述为作的“信而好古”，他“言必称尧、舜”（《滕文公上》），引用《诗经》强调因循尧、舜先王的绝对正确性，“《诗》云：‘不愆不忘，率由旧章。’遵先王之法而过者，未之有也。”（《离娄上》）针对墨子的某些批评，提出了反批评。墨子指出，主张“厚葬久丧”者认为，如果这不是“圣王之道”，那么，为何中原的君子沿用至今？其实这只是固守当地的习俗罢了，“便其习而义其俗者也”（《节葬下》）。孟子对此再三辨明“久丧”确为先王之道，指出从尧、舜、禹的君位传承中可以看到“三年之丧”在那个时期已经成型，并引《尚书·尧典》作为证明；还强调“三年之丧，齐疏之服，飦粥之食，自天子达于庶人，三代共之”（《滕文公上》）。久丧是通行于夏、商、周三代，广泛运用在天子到庶民的社会各阶层的文化积淀。这里的辩驳不只是为了说明久丧出自先王之道，更是凸显和展开了以述为作是为了延续已经成为社会普遍价值的

① 《墨子·非攻中》还云：“君子不镜于水而镜于人，镜于水，见面之容，镜于人，则知吉与凶。”这里的以人为镜包含了类似的意思，即以史为鉴，把握当下发展方向。

② 冯友兰：《中国哲学史》上册，华东师范大学出版社，2000年，第55~57页。

文化传统的意义。

其次，孟子对墨子的相关批评也有不少借鉴。墨子说儒家崇信《诗》《书》的言说，不过是“数人之齿，而以为富”（《公孟》）；孟子提出“尽信《书》，则不如无《书》。吾于《武成》，取二三策而已矣”（《尽心下》），认为对于传统典籍的记载要有所选择、辨别，这与墨子选择“古之善者而述之”颇为一致；墨子对儒者的“君子循而不作”反驳道，难道“羿作弓，伃作甲，奚仲作车，巧垂作舟”（《非儒下》）是小人不是君子吗？孟子称述尧、舜、禹是物质文明和精神文明的创造者，《滕文公下》对此描述道，从“尧之时”到舜、禹驱赶禽兽、治平洪水，到“后稷教民稼穑”，再到圣人“教以人伦”，这就把墨子视创造为君子的品格提升为尧、舜、禹等圣人的品格。孟子同时还肯定民间创造的“今之乐”，齐宣王说自己“非能好先王之乐也，直好世俗之乐耳”，孟子认为“今之乐犹古之乐也”（《梁惠王下》）。即民间创作的世俗音乐与先王创作的典雅音乐，同样是有价值的，这与孔子“恶郑声之乱雅乐”（《阳货》），即赞美先王之雅乐而否定民间创作之“新声”颇为不同，表明以述为作并不是以对先王之述而否定当今之作，而是对墨子“今之善者则作之”的某种认同。墨子对儒者巫马子强调：“誉先王”并非颂扬亡灵之“槁骨”，而是“誉天下之所以生也”（《耕柱》）。即先王的教导有益于人们的现实生存；孟子阐扬“先圣之道”同样着眼于“佑启我后人”（《滕文公下》）的现实意义，把周公塑造成与时俱进的以述为作的典范：“周公思兼三王，以施四事。其有不合者，仰而思之，夜以继日；幸而得之，坐以待旦。”（《离娄下》）周公“思兼三王”之“述”是为了将其转化为适合当下之“作”；孟子认为孔子也是如此，因而是“圣之时者也”“集大成者”（《万章下》）。显然，孟子这些对于墨子批评的吸取，加强了孔子以述为作之“作”的色彩。

最后，孟子在以述为作上的努力对构成儒家思想整个系统具有两大作用：第一、开启道统论的端绪。《滕文公下》说，“尧、舜即没，圣人之道衰”“孔子之道不著”，作为“圣人之徒”必须“承三圣”“息邪说”“放淫辞”以“闲先王之道”。孟子把以述为作与传承尧、舜、周公、孔子的先王之道以及排拒其他学说相联系，使其具有了卫道的意味，是构建道统论的开端。韩愈以后视孟子为道统的承上启下者，实是有见于此。第二、确立解说经典的方法。“仲尼祖述尧舜”（《中庸》），尧、舜也是墨子称述的古之善者的主要代表，《韩非子·显学》说：“孔子、墨子俱道尧、舜，而取舍不同，皆自谓真尧、舜。”他们对尧、舜的赞誉，都以记载两者言行的《诗》《书》等典籍为依据，而“取舍不同”意味着对典籍的解说不同①，从《耕柱》篇可见，墨家专门有解说典籍的“说书者”②。因此，孟子拒杨墨，就需要解决在以述为作中如何解读经典的问题。孟子在论及《诗》的解读时，提出了两个原则：“以意逆志”（《万章上》）和“知人论世”（《万章下》），前者要求善于用自己的思想推知作者的宗旨，不要拘泥于表面文字③，后者要求对作者的具体境遇进行历史还原，呈现作者的真实本意。儒家的以述为作在后来表现为经学的注疏，“六经注我”和“我注六经”则是交织于其中的两种方法，而它们在孟子的“以意逆志”和“知人论世”里已初显端倪。显然，上述两个方面是对孔子以述为作的发展，对构成儒家整个系统具有不可忽视的意义。

---

① 罗根泽的《诸子系年》指出，《墨子》所引《诗》《书》与儒家修饰润色并传至后世的《诗》《书》悬殊不小：《墨子》引《书》29 则，其中文字或篇名不见于今传《尚书》的计 26 则，有异者 3 则；《墨子》引《诗》10 则，其中不见于今本《诗经》者 4 则，文字、次序有异者 5 则，全同者仅 1 则。造成这样的取舍，显然与当初有着不同解读有关。

② 《墨子·节葬下》说，当时有二人均称“祖述尧舜禹汤文武之道”，但“言即相非，行即相反”，于是，人们“皆疑惑乎二子者言也”。由此可以想见“说书者”的重要职责，通过他们解说典籍来消除这类疑惑。

③ 《孟子·告子下》认为，对于《诗》的理解不能“固”，即固执死板。

这里以先秦古今之辨为中心，论证作为孔孟之间思想环节的墨子。庞朴曾有大作《孔孟之间——郭店楚简中的儒家心性说》，由儒家本身的内部衍化勾勒从孔子到孟子的思想环节，本文试图从孟子通过回应来自外部的墨子对孔子的批评，揭示孔孟之间的思想环节，把这内外两方面结合起来，似乎可以更好地阐释孔孟之间的儒学嬗变。在先秦的天人之辨、名实之辨、君子小人之辨中，亦可梳理出墨子是孔孟之间思想环节的线索，这将在日后另行撰文。

（原载《文史哲》2021 年第 4 期）

仁且智：孟子和荀子对孔子儒学的发展

在有关孟子和荀子的研究中，比较注意两者之异，其实，他们之异是从不同方面继承发展了孔子创立的儒学。孟子和荀子认为仁智统一是孔子儒学的核心："仁且智，夫子既圣矣。"（《孟子·公孙丑上》，本文以下引《孟子》只注篇名。）"孔子仁知且不蔽。"（《荀子·解蔽》，本文以下引《荀子》只注篇名。）孔子"仁且智"的哲学内涵是人道原则与理性原则的结合。对此冯契已有比较充分的论述。[①] 孟子和荀子是从不同角度推进了孔子为儒学奠定的人道原则和理性原则。

一

孟子围绕仁来发展孔子的儒学。他宣称孔子之仁即人道："仁也者，人也。合而言之，道也。"（《尽心下》）并且把推行仁爱的人道原则的范围，由孔子的人类自身扩大到宇宙万物："亲亲而仁民，仁民而爱物。"（《尽心上》）更重要的是，如果说孔子阐述比较多的是儒学人道原则本身，那么孟子则是以性善论为儒学人道原则奠定理论基础。他主要从以下两个方面发展了孔子的人道原则：

首先，阐明了主体贯彻仁爱人道原则何以可能的根据。孔子说："性相近也，习相远也。"（《论语·阳货》，本文以下引《论语》只注篇名。）但没有深入阐述相近之性是什么以及每个主体能够施行仁爱的原因何在。孟子提出性善论正是有见于此："天下之言性也，则故而已

---

① 参见冯契：《中国古代哲学的逻辑发展》，上海人民出版社，1983 年。

矣。”（《离娄下》）认为性善论回答了仁爱能够在所有人中普遍推行的原因。这个回答蕴含着“圣人与我同类”（《告子上》）“人皆可以为尧、舜”（《告子下》），即道德面前人人平等的思想，由此孟子用“德”“义”与“位”“爵”相颉颃。这就在回答仁爱何以能够作为普遍的人道原则贯彻于每个主体的同时，也把儒学人道原则与道德人格的树立联系在一起。

其次，阐明了按照仁爱人道原则建立良好政治何以可能的根据。孟子的性善论认为，内在的“恻隐之心”是实现王道仁政的基础。孟子把孔子推己及人的爱人如己精神应用于政治，认为君主是否能与民同忧乐，是百姓能否安居乐业的关键，这就使“民为贵，社稷次之，君为轻”（《尽心下》）的民本主义价值观成为儒学人道原则的重要方面。综合上述两个方面，孟子循着由内（内在的善端）而外（外在的社会政治秩序）的路径，拓展和深化了孔子奠定的儒学人道原则。

孟子也维护和发展了孔子之“知”，即理性原则。孔子说：“未知，焉得仁？”（《公冶长》）认为道德之“仁”应出于理性自觉之“知”。对此孟子作了更深入的论证。就心性与天道的关系而言，孟子说：“尽其心者，知其性也；知其性，则知天矣。存其心，养其性，所以事天也。”（《尽心上》）充分发挥内在的理性作用，就能体察到具有善端的本性，由此就认识了外在的天道；保持内在的理性的清明，涵养善性，由此就能顺应外在的天道。就知与行的关系而言，孟子说：“人之所以异于禽兽者几希？庶民去之，君子存之，舜明于庶物，察于人伦，由仁义行，非行仁义也。”（《离娄下》）人与禽兽之不同，在于前者能通过内在的理性而明察庶物和人伦，于是在外在的行为上就能自觉地“由仁义行”，而不是自发地“行仁义”。由心性而天道、由明察而行之，孟子由内而外地强化了孔子所主张的道德行为出于理性自觉的传统。同时，孟子也为孔子的理性原则增添了新的亮点，这就是他自己说的：“我知言，我善养吾浩然之气。”（《公孙丑上》）

“养浩然之气”主要是指修身养性的方法。这是对孔子“修己”之说的发展。所谓养气，就是培养以意志为内涵的精神力量。与孔子一样，孟子突出意志的“专心致志”（《告子上》），即专一的品格。并进一步指出这表现在两个方面：一是行为选择的唯一性，即使在生命和道义之间，也必须选择后者①；二是日常修养的持久性②，即使在“苦其心志，劳其筋骨，饿其体肤，空乏其身，行拂乱其所为”（《告子下》）的艰苦环境下，仍然毫不松懈。具有如此意志力量的浩然之气“集义所生者，非义袭而取之也”（《公孙丑上》），即是基于对道德规范（义）的理性思考，而不是偶然自发所获得的。③ 内在的浩然之气外显于人格形象，就是“富贵不能淫，贫贱不能移，威武不能屈”的“大丈夫”（《滕文公下》）。这是内圣人格的雏形。孟子的养浩然之气，把明察人伦的理性自觉与苦其心志的意志磨炼相统一，从修养方法上由内而外地发展了孔子的理性原则，对培养民族正气起到了积极作用。

“知言”主要是指解读典籍的方法。孟子“言必称尧、舜”（《滕文公上》），试图以先圣前贤的言行回护孔子的仁义之道。因而如何解读记载先圣前贤言行的典籍成为重要的问题。“知言”正是对此的回答。孟子认为首先要排拒妨碍人们正确理解这些典籍的“诐辞”“淫辞”“邪辞”“遁辞”（《公孙丑上》）；同时，“知言”树立了正确解读典籍的两条原则：“故说《诗》者，不以文害辞，不以辞害志，以意逆志，是为得之”（《万章上》）；“颂其诗，读其书，不知其人，可乎？是以论其世也，是尚友也”（《万章下》）。前者的本质，是强调要善于

---

① 《孟子·告子上》：“生亦我所欲也，义亦我所欲也；二者不可得兼，舍生而取义者也。”

② 《孟子·公孙丑上》指出，“养浩然之气”，必须“心勿忘，勿助长也”。

③ 朱熹《四书章句集注》将“非义袭而取之也”解释为“非由只行一事偶合于义，便可掩袭于外而得之也”（中华书局，1983 年，第 232 页）。这符合孟子强调“由仁义行”而反对“行仁义”的主张。

以理性推知作者的宗旨，而不要拘泥于表面词句和个别章节。后者的本质，是用理性对作者的具体境遇进行历史的还原。显然，儒学的“六经注我”和“我注六经”在这两条原则中已初见端倪。无论是“知言”的或破或立，都表现了孟子由内而外的思维特点。破“诐辞”等是不让它们“生于其心”（《公孙丑上》），即从内在理性不受蒙蔽开始，进而考察外在的言辞；立“以意逆志”和“知人论世”，前者是由内在的“意”和“志”到外在的文辞，后者由内在的为古人设身处地之同情心到外在的具体环境。① 孟子把孔子局限于“知人”的“知言”② 发展为诠释典籍的方法，深化和完善了孔子的理性原则。

二

荀子着眼于礼来发展孔子的儒学。他将礼作为人道的最高原则：“礼者，人道之极也。”（《礼论》）并赋予其人道领域的普遍性：“人无礼则不生，事无礼则不成，国家无礼则不宁。”（《修身》）这是以“明于天人之分”（《天论》），即天（自然界）和人各有不同的职分为依据的：自然形成、自然运行是前者的职分，建立以礼义为基础的群体社会是后者的职分。荀子从人与自然的区别来突出人道原则，与孔孟的思路一脉相承。但他以性恶论论证礼义的必要性，认为“人之性恶，其善者伪也”。人性有着与动物的自然本能相差无几的欲望，如果顺从人性，必然产生与动物间类似的争夺、厮杀，因此需要用礼义整治人性，化性起伪。于是，人便有了不同于自然万物的价值：“水火有气而无生，草木有生而无知，禽兽有知而无义，人有气、有生、有知，亦

① 章学诚《文史通义 · 文德》以“知古人之身处”来解释知人论世，而为古人“设身”则出自“己所不欲，勿施于人”的恕道。

② 《论语 · 尧曰》：“不知言，无以知人也。”

且有义，故最为天下贵也。”（《王制》）荀子强调道德意识（义）使人具有超越自然对象的最高价值，这与孔孟是一致的。但荀子礼法并重，两者相连①，这和孔孟的不重刑政颇为不同。荀子摄法入礼，强化了礼的外在制约性。因而以礼为人道之极，是由外（外在的礼）而内（内在的人性之恶）发挥孔子的人道原则。这有别于孟子的由内而外，由此荀子的人道原则蕴含了孟子未曾有的思想，这主要有以下两方面：

首先，拓展了主体的能动作用。荀子说：“天地者，生之始也；礼义者，治之始也。”（《王制》）礼是人道之极，把天地与礼义相对应，意味着礼治以顺应和运用天地规律为重要内容：“天行有常，不为尧存，不为桀亡。应之以治则吉，应之以乱则凶。”这突出了人类具有按照自然规律控制自然的能动性，即“制天命而用之”（《天论》）。这种能动性的重要表现是利用自然物做工具来扩大自由领域：“假舆马者，非利足也，而致千里；假舟楫者，非能水也，而绝江河。君子生非异也，善假于物也。”（《劝学》）② 孔子强调努力好学来培养德性，因而“为仁由己”（《颜渊》）；但同时又讲“畏天命”。墨子认为这是自相矛盾：“教人学而执有命，是犹命人葆而去其冠也。”（《墨子·公孟》）孟子为了化解这一矛盾，指出仁义礼智是“求则得之，舍则失之，是求有益于得也，求在我者也”；而声色货利是“求之有道，得之有命，是求无益于得也，求在外者也”（《尽心上》）。意即德性的养成取决于主体的不懈追求而与天命无关，而在此之外的领域则要由天命主宰。荀子同样强调人皆能为圣人，关键在于是否发挥了主观能动性，“涂之人百姓，积善而尽谓之圣人。彼求之而后得，为之而后成”（《儒效》），这和孟子“求在我者”的意思相差无几。但荀子把主体的能动

---

① 《荀子》：“礼义者，治之始也。”（《王制》）“法者，治之端也。”（《君道》）

② 柳宗元《封建论》：“荀卿有言：必将假物以为用者也。”（《柳河东集》上册，上海人民出版社，1974 年，第 44 页。）

性，从道德领域拓展到天道观上的“制天命而用之”和“假物以为用”，使儒学的人道原则获得了更为宽广的天人之际的意义。

其次，丰富了群体的价值意义。荀子认为“制天命而用之”是以礼义的“明分使群”（《富国》）为前提的：人“力不若牛，走不若马，而牛马为用，何也？曰：人能群，彼不能群也。人何以能群？曰：分。分何以能行？曰：义。故义以分则和，和则一，一则多力，多力则强，强则胜物。”（《王制》）意谓礼义把每个个体分为不同等级，并予以相应的名分，由此避免了利益纷争，使社会成为和谐的整体，凝聚成支配自然的力量，从而个人才有得以生存的可能，“人之生，不能无群”（《富国》）。这是以礼为人道之极的另一重要方面，即高度肯定群体的价值。肯定群体价值是儒学的基本立场。孔孟都强调，个体修身的意义在于承担对群体的责任，以此将群体置于个体之上。荀子的“明分使群”，从人与动物的本质区别阐发了群体作为个体存在之前提的价值，无疑比孔孟有着更深刻的社会历史内涵。荀子的“明分使群”还以礼义作为群体中不同等级流动的准则：“虽王公士大夫之子孙也，不能属于礼义，则归之庶人；虽庶人之子孙也，积文学，正身行，能属于礼义，则归之卿相士大夫。”（《王制》）这意味着群体对于个体的价值还在于，群体为个体提供了按同一准则变更社会地位的公正性。可见，荀子以为秩序和公正的统一是群体的价值之所在，这不仅丰富了儒学对群体价值意义的认识，同时也在怎样构建合理的社会组织方面丰富了儒学的人道原则。

上述两个方面都体现了荀子由外而内发展儒学人道原则的特征。前一方面是通过把握外在的自然天道而展示主体内在的能动性，后一方面是通过确立外在的礼义规范而彰显群体内在的价值。由此树立的人格形象是集制宰自然（制天命而用之）和治国经世（以礼义明分使群）于一身的。儒学的外王人格奠基于此。

荀子同样发展了孔子之“知”，即理性原则。他将获得感性见闻的耳目之官称为“天官”，将进行理性思维的心之官称为“天君”；但他既没有像墨子那样完全信赖耳目之官，也没有像孟子那样一味推崇心之官，而是指出，心之官的理性思维要以耳目之官的感性经验为依据，比较正确地阐明了感性和理性的关系。不过，荀子没有离开孔孟所强调的“道德行为出于理性自觉”的基本立场，认为“化性起伪”就是通过学习教育，对于礼义有了理性自觉，由此积善成德，“学至乎《礼》而止矣。夫是之谓道德之极”（《劝学》）。这体现了以礼为人道之极的人道原则与学习而达至道德之极的理性原则的统一。“化性起伪”离不开意志的作用，荀子注意到了意志的双重品格，即自愿与专一：“心容其择也，无禁必自见；其物也杂博，其情之至也，不贰。”（《解蔽》）这相比孔孟突出意志的专一更为全面。但荀子仍然和孔孟一样，以为意志要由理性来把握，“志意修，德行厚，知虑明，是荣之由中出者也，夫是之谓义荣”（《正论》）。合乎道德的“义荣”，其意志、德行都出于“知虑明”的理性。但是，荀子强调道德行为出于理性自觉是以对外在礼义的认知来矫正内在本性的过程，“今人之性，固无礼义，故强学而求有之也；性不知礼义，故思虑而求之也”（《性恶》）。这和孟子上述的由内而外的路径很不一样。它使得荀子在孟子之后，对儒学理性原则提供了以下两点贡献：

首先，把知识理性与伦理理性相区分。荀子说：“心不可以不知道。”（《解蔽》）理性思维必须把握“道”（规律、本质）。从“明于天人之分”出发，“以心知道”无疑是把天道和人道分别作为思维的对象。视礼为人道之极，是荀子以人道为思维对象而得出的基本观点；而人道以伦理道德为内涵，“道也者何也？曰礼让忠信是也”（《强国》），因此对人道的思维以伦理理性为主。荀子说：“天有常道。”（《天论》）“制天命而用之”是以天道为思维对象而得出的基本观点。而天道的内涵是自然万物的运行变化，“天地合而万物生，阴阳接而变化起”，但“天能生物，不能辨物也”（《礼论》），因此对天道的思维以“辨物”为主，即“求可以知物之理”（《解蔽》）。这样的“知”无疑是指向知识理性的。荀子以“制名以指实”（《正名》）为核心的正名论，论述了如何获得关于实在万物的认知，以及如何表达这些认知的认识论和逻辑学问题，达到了先秦哲学的高峰。孟子将天道和人道都赋予“诚”的伦理属性，认识天道和人道都是对这种伦理属性的认识：“诚者，天之道也；思诚者，人之道也。”（《离娄上》）荀子将天道和人道分别作为思维对象，也就是把知识理性和伦理理性作了区分，发展了孔子比较忽视的知识理性，扭转了孟子以伦理理性涵盖知识理性的偏向。荀子和孟子都有“智”和“知天”的论述。荀子说：“所以知之在人者谓之知，知有所合谓之智。”（《正名》）智（理性智慧）是在认识能力与外在事物接触后形成的。而孟子把“智”归结为遵循事亲、从兄的伦理准则：“仁之实，事亲是也；义之实，从兄是也；智之实，知斯二者弗去是也。”（《离娄上》）荀子还说：“如是，则知其所为，知其所不为矣，则天地官而万物役矣。其行曲治，其养曲适，其生不伤，夫是之谓知天。”（《天论》）“知天”就是依据天地万物的规律，把握哪些是人可以有所为和不能有所为的，使得各方面的行为都合乎自然天道；孟子的“知天”则如前所述，是内在心性的伦理外推。两相比较，可以更清楚地看到，荀子对于孟子混淆知识理性和伦理理性的纠偏。从上述可见，荀子由外（接触外在事物）而内（求得内在事物之理）地伸张了孔子的理性原则，使得儒学的理性原则趋于健全。

其次，把道德自觉与法律惩戒、艺术感化相结合。《荀子》首篇《劝学》旨在劝说人们由理性作引导，从而自觉向善而无过：“君子博学而日参省乎己，则知明而行无过矣。”但是由理性自觉而趋善并不适用于社会上大多数人，“由士以上则必以礼乐节之，众庶百姓则必以法数制之”（《富国》）。这其中蕴含着值得肯定的观点：要使社会普遍向善，必须把道德自觉与法律惩戒相结合，“明礼义以化之，起法正以治之，重刑罚以禁之，使天下皆出于治，合于善也”（《性恶》）；“不教而诛，则刑繁而邪不胜；教而不诛，则奸民不惩”（《富国》）。这既不同于孔孟偏重道德自觉而轻视法律手段的“以德服人”（《公孙丑上》），也不同于法家“无教化，去仁爱，专任刑法”（《汉书·艺文志》）的反人道。所以，“教”与“诛”的结合是从一个侧面反映了理性原则与人道原则的结合。荀子认为，要使社会普遍向善，还必须重视艺术的感化力：“乐者，圣人之所乐也，而可以善民心，其感人深，其移风易俗。”（《乐论》）艺术不仅可以有效地提升民众的道德素养，“夫声乐之入人也深，其化人也速”（《乐论》），还可以使整个社会的风气得以改善。因此，荀子强调“美善相乐”（《乐论》），即道德自觉与艺术感化相结合。孔子要求“文之以礼乐”（《宪问》），注意到艺术审美对于道德教育的作用，但孟子着重于道德教育的理性自觉，而较少关注艺术的感化作用。荀子的“美善相乐”弥补了孟子的缺憾，发挥了孔子的思想。荀子认为，艺术之所以有这样使人向善的感化作用，是因为艺术表达了人的情欲，“乐则必发于声音，形于动静，而人之道，声音、动静、性术之变尽是矣”（《乐论》）。就是说，肯定艺术的感化作用是基于尊重人的情欲的人道原则。所以“美善相乐”也从一个侧面反映了理性原则和人道原则的结合。无论是“教”“诛”结合还是“美善相乐”，都是由外（外在的法律、音乐）而内（使内在的本性趋向善）来体现理性原则与人道原则的结合。然而，将这两者的结合延伸到法律、艺术领域，是荀子对儒学的贡献。

三

孟子和荀子对孔子学说的如上推进，是在百家争鸣中实现的。他们都注意吸取诸子的思想，扬弃了孔子学说的某些缺失，使其人道原则和理性原则相结合的基本特征更加完备和成熟。

孟子视墨子和杨朱为儒家最主要的论敌，着力予以批驳："杨氏为我，是无君也；墨氏兼爱，是无父也。无父无君，是禽兽也。"（《滕文公下》）但是孟子由仁而扩至仁政，要求对社会成员普遍施以仁爱，实际上是摄入了"兼爱"的因素，弱化了墨子批评孔子的"爱有差等"的宗法性；孟子的民贵君轻或多或少地吸收了杨朱以个体置于君臣纲常至上的"无君"成分，冲淡了孔子仁礼相关联的等级性。可以说，杨、墨对儒学的批评，是孟子为儒家人道原则添加了民本主义因素的重要思想资源。《墨子 · 公孟》批评儒学的论证缺乏逻辑性，既"不知类"又不能"辨故"。孟子注意到了这一点，在论说中大量运用了墨子首先提出的"类""故"等逻辑范畴，把逻辑论证融进了儒学的理性原则。墨家、法家以基于感性欲求的功利主义否定孔子"罕言利"的道德理性主义。墨子把功利主义作为道德行为（仁义或兼爱）的基础，以认识利害关系作为实行兼爱之方，完全不同于孔子出于理性判断（能近取譬）的仁之方。法家认为人莫不"自为"，即都为自己的利益打算，因而道德教化是没有作用的，这与孔子的重义轻利是相背离的。孟子反对墨家和法家的功利主义，但是他的"无恒产者无恒心"（《滕文公上》），把道德的理性自觉（恒心）置于一定的物质利益之上，使儒学的理性原则没有走向完全排斥感性欲求的极端，这无疑是吸取墨家、法家的结果。

道家用自然原则抨击孔子的克己复礼，认为这将导致自然本真之人格走向虚伪矫饰的异化。《老子》说："上礼为之而莫之应，则攘臂而扔之。"礼由人制定出来，但得不到大家的响应，只好撸起袖子、伸出胳膊去强拽别人，于是"夫礼者，忠信之薄而乱之首"，忠信淡薄意味着复礼只是表面文章而已。因此，《庄子 · 知北游》在解释《老子》这段话时说："礼相伪也。"《庄子 · 盗跖》指斥孔子讲究礼义，乃"矫言伪行"的"巧伪人"，矛头所向正是礼义"强反其情性""不能说其志意"的强制性。孟子有见于道家对于孔子之仁义悖于自然的谴责，强调仁义作为出于理性自觉的道德行为，是天赋善性的自然展开，如同大禹的顺水之性，“禹之行水也，行其所无事也。如智者亦行其所无事，则智亦大矣”（《离娄下》）。道德的理性自觉作为顺着仁义本性而不加以穿凿的“大智”，意味着和自然的交融。

荀子分析诸子的所见与所蔽，实际上是为了在发展儒学中取其见而去其蔽。他说法家迷信刑法和权势，拒斥儒家的崇尚贤德和理性，即“蔽于法而不知贤”“蔽于势而不知知”（《解蔽》）。但是，他看到了此蔽中的合理之处：尖锐揭露了孔孟没有意识到法律制约人之恶的情欲的有效性和道德教化在这方面的有限性。正是吸取了这样的见解，他提出了前文所述的“教”“诛”结合。这样既剔除了法家严刑峻法的残酷寡恩，又免去了孟子过分夸张自觉向善的迂远疏阔，展现了儒学人道原则和理性原则相结合的合理性。荀子指出，庄子以天道自然摈弃儒家人道原则，“蔽于天而不知人”（《解蔽》）。不过，他也认识到此蔽中的合理之处：强调尊重自然法则，反对孟子的尽心养性而知天，无限夸大人的理性能动作用。因此，其“制天命而用之”，一方面要求认识“天行有常”的自然法则，弥补了孔孟较少关注自然知识的缺陷；另一方面要求利用自然法则来役使天地万物，否定了庄子任其自然而否定人为的宿命论。荀子还指出，墨家只关注实际功用而否弃儒家的礼乐文饰，是“蔽于用而不知文”（《解蔽》）。然而他也洞察了此蔽中的合理之处：从满足人们实际感性欲求的角度，来认识礼义的功用。其“明分使群”显然吸取了这样的见解，从化解物质利益与人们欲望之间矛盾的实际功用来说明礼义的起源。这意味着礼作为人道之极，是社会历史的产物。如果说儒学的人道原则在孟子那里取得了天赋善端的支持，那么在荀子那里就有了历史必然性的依据。荀子以为，名家以名称概念的灵活性抹杀了实际事物的差别，“蔽于辞而不知实”（《解蔽》）。同样他也见到了此蔽的合理之处：重视名称概念辨别实际事物同异的问题。由此出发，荀子的“制名以指实”不仅包含了以客观事物为认识对象的认识论，也包含了以名称概念对客观事物“辨同异”的逻辑学。这使得儒学的理性原则不仅仅只有孔孟的伦理理性，而且也放射出知识理性的光辉。

《汉书 · 儒林传》指出：“孟子、孙卿之列咸遵夫子之业而润色之，以学显于当世。”之所以显于当世，是因为孟子和荀子从不同侧面展开和发挥了孔子学说，使儒学形成了以人道与理性为内涵的鲜明特征。以后的儒学也能够从或孟、或荀、或孟荀结合的路径多方面延续和发展这样的特征。这一特征的形成过程也是孟子和荀子吸收诸子思想的过程，这是儒学在百家争鸣中取得了理论优势的重要原因。但是他们以其他诸子为邪说、淫辞，表现出独断论的倾向。这种理论优势和独断论倾向一起为汉代的尊崇儒术作了铺垫。

（原载孟凡贵主编：《孟子与当代文化建设》，安徽人民出版社，2013 年）

“类称”与“特例”的统一：先秦诸子的求道之思

一、引言

中国哲学作为现代学科自“五四”时期诞生起，就存在着发生学上的纠结：用来自西方的“哲学”诠释中国传统的思想内容，这样的“哲学”还具有中华民族特性吗？如果否认中国传统思想具有与西方“哲学”相通的理论内涵，中国传统思想将无法在世界哲学的智慧长河中显示价值。为了解开这个纠结，张岱年曾指出，应当“将哲学看作一个类称”，是包含了西方哲学、中国哲学等“特例”的“总名”。① 以哲学为“类称”的前提是，哲学作为“类”的共同属性和本质规定是什么？这实际上就是何谓哲学的问题，对此尽管有不同回答，但在以下两点上是有共识的：一是探讨宇宙人生的普遍性原理，二是探讨人类最根本的价值理想问题。作为西方哲学典型代表的康德集中展示了这一点。他以思考头上的星空和心中的道德律表现了前一方面，而“三大批判”的论著则表现了后一方面。中国传统思想则把这两个方面归之于对“道”的求索。熟稔传统儒学的日本明治维新时期的哲学家西周，在首先把 philosophy 翻译为“哲学”时，正是这样以“道”来阐释何谓哲学：“论明天道、人道，兼立教之方法，称ヒロソヒ——译名哲学。”“东土谓之儒，西洲谓之斐卤苏比（philosophy 的音译——引

---

① 张岱年：《中国哲学大纲・序论》，中国社会科学出版社，1982 年，第 2 页。

者注)，皆明天道而立人极，其实一也。"[①] 这里的天道和人道指向的是宇宙人生普遍原理，而立教和立人极指向的是确立最高的价值原则。先秦诸子之"道"正是如此。《庄子 · 天下》篇，把诸子作为"道术将为天下裂"的产物，所谓的"道术"，既是对天下万事万物之"宗"(根源)、"精"(精微)、"真"(本质)，即宇宙人生本原的探究，又与重建"内圣外王之道"的价值理想相联系。就是说，诸子都试图从不同方面把握宇宙人生的根本性、普遍性之"道"，从不同价值取向彰明内圣外王的价值之"道"。这意味着，哲学作为"类称"来说，中国哲学与西方哲学具有共同的理论内涵；就两者作为"特例"而言，它们的理论内涵则各具特性。哲学所谓的认识宇宙人生普遍性原理和追求真善美价值理想，展开为一些具体的问题。康德把自己的哲学思辨聚焦于如下四个问题：我能知道什么？我应当做什么？我能期望什么？人是什么？[②] 作为中国哲学根基的先秦诸子同样探讨了这些问题。这借用孔子的话语，就是"闻道""遵道""志于道"和"成人之道"，它们构成了先秦诸子的求道之思，由此奠定了中国哲学的基本倾向。这里略以康德为参照，论述先秦诸子的求道之思，体现了"类称"和"特例"的统一。

二、"闻道"与"我能知道什么"

康德的第一个问题，是对人的认识活动的思索，如他说的纯数学和纯自然科学何以可能，即普遍必然的科学知识何以可能等。这在西

---

① 转引自王家骅：《儒家思想与日本的现代化》，浙江人民出版社，1995 年，第 40~43 页。

② 前三个问题在《纯粹理性批判》中提出，第四个问题在《逻辑学讲义》中提出。

方哲学是认识论或知识论问题。先秦诸子将认识论与伦理学结合在一起，与康德的认识论和自然科学紧密相关有所不同。孔子主张以学与思而“闻道”，作为最早的教育家，考察知识如何形成无疑是题中之义。对此他提出了很多影响深远的观点。如《论语》首章的“学而时习之，不亦说乎”（《论语·学而》，本文下引只注篇名）。认为完整的认识过程离不开认识（学）和实践（习）的相互作用；同时在这相互作用中，体会到由成就君子而获得的人生愉悦；因而此章最后说“人不知而不愠，不亦君子乎”。这表明孔子既从阐发认识的过程来考察认识论问题，又将此与认识主体的德性培育相联系，显示出认识论和伦理学的结合。此后的孟子、荀子同样如此。孟子提出：“尽其心者，知其性也；知其性，则知天矣。”（《孟子·尽心上》，本文下引只注篇名。）而“心之官则思，思则得之，不思则不得也”（《告子上》）。就是说，认识性与天道，必须尽心，即充分发挥理性思维的作用。而尽心的过程则是对天赋的道德“良知”予以自觉反思的过程，“学问之道无他，求其放心而已矣”（同上）。因此，“学问之道”是尽心即理性思维过程和求其放心即道德自觉过程相融合之道。荀子否定有天赋“良知”，但他也很重视心的理性思维作用，称心为统帅耳目感官的“天君”（《荀子·天论》，本文下引只注篇名）。但是，“凡万物异则莫不相为蔽，此心术之公患也”（《解蔽》）。事物存在着矛盾的两个方面，而“心术”的通病是只见一面而不见另一面；要去除这样的“公患”，就需要重视认识主体之“心”的道德修养，“以仁心说，以学心听，以公心辨”（《正名》）。可见，认识论和伦理学在荀子那里也有着内在联系。

先秦其他诸子的“闻道”之思，同样体现了认识论与伦理学的内在联系。墨子说：“天下之所以察知有与无之道者，必以众之耳目之实，知有与亡，为仪者也。”（《墨子·明鬼下》，本文下引只注篇名。）以众人耳目的感觉经验，作为判断事物是否真实存在的认识之道。墨家以“利”为善（义），以“害”为恶（不义），而利与害则诉诸喜悦和厌恶的直接感觉，“得是而喜，则是利也”“得是而恶，则是害也”（《经说上》）。可见，墨家重视感觉经验具有认识论和伦理学的双重意义。老子也说“闻道”（《老子 · 41 章》，本文下引只注章数）之词，然而“道常无名”（《32 章》）。作为万物普遍原理的“道”，不是名言、概念所能把握的；要认识“道”，必须洗涤心灵这面镜子，使其毫无污染的瑕疵，“涤除玄览，能无疵乎”（《10 章》），这是回归婴儿纯净初心般的厚德，“含德之厚，比于赤子”（《55 章》）。显然，“道常无名”也是认识论和伦理学的结合。法家集大成者韩非指出：“缘道理以从事。”（《韩非子 · 解老》，本文下引只注篇名。）要求认识一般规律（道）和特殊规律（理）；而其法家思想正是“道理之言”（《难势》）。言此道理则涉及道德品性，如苦乐与利益的关系，“法之为道，前苦而长利；仁之为道，偷乐而后穷”（《六反》）；如私情与公正的关系，“明主之道，必明于公私之分，明法制，去私恩”（《饰邪》）。名家公孙龙的“白马非马”，讨论“名”与“实”，即名称、概念如何反映客观实在的认识论问题，但这关联君臣伦理。“名实无当”会使得“君臣争而两明”，即君臣相争而各自显明势力；“两明而道丧”（《公孙龙子 · 通变论》），即认识名实关系之“道”陷于沦丧。

三、“遵道”与“我应当做什么”

康德的第二个问题，主要涉及伦理道德领域，即道德律令对人们行为的规范性以及这种规范的根据等，这在西方属于伦理学或道德哲学。康德的伦理学以不依赖于经验的“实践理性”为基础，以强调意志自由为核心。与此有所不同，先秦诸子将伦理学与政治哲学相结合，凸显了伦理道德与治国理政的紧密联系。孔子对于应当做什么的回答是“遵道而行”（《中庸》），即以道作为行为规范；而礼是体现道的具体规范，因而一旦礼崩乐坏，就会“天下无道”（《季氏》）。所以，他强调“克己复礼曰仁”(《颜渊》)。要成为仁德之人，就必须遵照礼，因为礼具体规定了可以做和不可以做的；循礼而行的过程就是“克己”，即个人进行道德修养的过程。礼也是施政行为的规范。孔子说：“为国以礼。”(《先进》)深得孔子学说精髓的有子，发挥老师的思想，说：“礼之用，和为贵。先王之道，斯为美，小大由之。”(《学而》)认为先代君王完美的治国之道，就是无论大事小事都依礼办理，体现了以和为贵的精神。孔子用礼来规范个人和国家的行为，奠定了礼仪之邦以及把个人修身和齐家治国平天下贯通的基础；关切治国理政的经验世界，体现了伦理学与政治哲学的结合。这样的结合在孟子和荀子思想中更为紧密。孟子的伦理学以性善论为核心，认为人性本善，即人具有天赋的仁义礼智之善端。这是人们行为的基础，《中庸》称此为“率性而为道”，孟子称此为“由仁义行”(《离娄下》)。然而，这不仅是个体行为的基础，也是施行良好政治的基础，由“人皆有不忍人之心”推出“不忍人之政”，即仁政：“以不忍人之心，行不忍人之政。”(《公孙丑上》)仁政注重道德教化，孟子以为这合乎本善之人性，因而必定深得民心，“善教得民心”(《尽心上》)，得民心便能得天下。可见，孟子的性善论是仁政民本政治哲学的基础。与孟子的性善论相反，荀子的伦理学持性恶论，认为人生而“好利”“好声色”等，必须用礼义法度予以矫正，此即“化性而起伪”。荀子认为以此为基础才能“循道正行”(《尧问》)，形成正确的行为。这样的“循道正行”表现于治国理政就是礼法兼施：“圣人以人之性恶……明礼义以化之，起法正以治之，重刑罚以禁之，使天下皆出于治，合于善也。”(《性恶》)荀子以“性伪合而天下治”(《礼论》)揭示了性恶论与礼法兼施的政治哲学之间的内在联系。

先秦其他诸子的“遵道”亦是如此。墨子也说“遵道”(《天志中》)，但其“道”即兼爱，“兼之为道”(《天志下》)。它以爱人如己为普遍的伦理原则，“天下兼相爱，爱人若爱其身”(《兼爱上》)；实现兼爱的办法是“交相利”，即利益对等互惠，如《诗经》所云“投我以桃，报之以李”；在实践上以“言必信，行必果，使言行之合，犹合符节也”（《兼爱下》）① 来保证投桃报李的实现。兼爱之道是针对天下如何由乱而治所提出的，墨子试图以此改变国与国“相攻”、家与家“相篡”、人与人“相贼”的大乱局，达到社会全面“和调”（《兼爱中》）。因此，从政治哲学上讲，“兼者，圣王之道”（《兼爱下》），即“圣王之法，天下之治道”（《兼爱中》）。“道法自然”（《25 章》）就是老子的“遵道而行”。这被称之“为无为，事无事”（《63 章》），即效法道之自然无为而行事。从伦理学角度而言，“为无为”是“上德不德，是以有德”（《38 章》）。以无意于人为地执着道德规范为最高的道德，即“上德”。从政治哲学角度来说，“为无为，则无不治”（《3 章》），这就是“治大国如烹小鲜”（《60 章》），尽量不要干涉民众，如同烹烧小鱼不要多翻动一样。韩非以法为道。在政治哲学的意义上，他把人们的行为遵循法令比喻为“隐栝之道用也”（《韩非子 · 显学》），就像用隐栝把弯曲的木材矫正笔直。而其能够奏效，则以伦理学上的人性论为根据：以好利恶害为“人情”，即人性；法令正是“因人情”而用赏罚“二柄”使得人们趋利避害。

四、“志于道”与“我能期望什么”

康德的第三个问题，实际是人生理想问题，“期望”即理想。康德以“至善”的道德作为最高的人生理想。但他认为道德与幸福在尘世生活中很难一致，道德与幸福相统一的至善的人生理想只存在于宗教

---

① 孔子说：“言必信，行必果，硁硁然，小人哉。”（《子路》）孟子说：“大人者，言不必信，行不必果，惟义所在。”（《离娄下》）他们与墨子上述观点明显不同。

的彼岸世界。而先秦诸子的人生理想则具有在现实世界中获得道德与幸福一致的向度。孔子说的“志于道”，就是确立人生理想。他又说“志于仁”，把统摄道德之“仁”作为终身追求的人生理想：“君子无终食之间违仁，造次必于是，颠沛必于是。”（《里仁》）无时无刻不执着于仁。人生理想最根本的是直面具有生命意义的生死问题，为了求仁而不惜牺牲生命，“志士仁人无求生以害仁，有杀身以成仁”（《卫灵公》）。之所以不惜生命的代价，因为“志于仁”正是人生之乐。孔子由此赞扬颜回能够长久地“不违仁”，而其他人很难做到，即使“一箪食，一瓢饮，在陋巷，人不堪其忧，回也不改其乐”（《雍也》）。就是说，志仁、成仁的人生理想体现了道德与幸福的现实统一。这同样体现于孟子、荀子的人生理想。孟子以实现王道仁政为人生理想。王道仁政的重要内容是制民以恒产，让百姓“养生丧死无憾，王道之始也”（《梁惠王上》）。由此联系孟子的“居仁由义”（《尽心上》）和“与民由之”（《滕文公下》），可以看到王道仁政的人生理想在义利之辨上是以民众之利为义，因而视百姓的忧乐为忧乐：“古之人与民偕乐，故能乐也。”（《梁惠王上》）“乐以天下，忧以天下。”（《梁惠王下》）这表明在孟子那里对民众的现实关怀，既是人生理想的道德原则，又是人生理想的幸福所在，此即“尊德乐义，则可以嚣嚣矣”（《尽心上》）。荀子的人生理想是“上可以王，下可以霸”（《王霸》），由注重实际功业的霸道发展为以德服人的王道。成就霸道自然要讲究功利，但“利克义者为乱世”（《大略》）。因此，上王下霸的人生理想在义利之辨上是“以义制利”（《正论》）。荀子认为这样才能得到现实的幸福，“先义而后利者荣，先利而后义者辱；荣者常通，辱者常穷；通者常制人，穷者常制于人”（《荣辱》）。这意味着道德与幸福的统一体现于把道德原则（义）作为达到荣通（名誉显贵）的手段。当然，这样的幸福几乎是以实际功利为内涵了。可以说，孔孟和荀子分别从精神超越层面和实际功利层面回答了现实人生中的道德与幸福相统一何以可能。

先秦其他诸子“志于道”的人生理想各有不同，但追求在现实生活中实现道德与幸福一致则是同样的。墨子以兼为道，其“守道”（《修身》）就是笃守兼爱之道的人生理想，他以“兴天下之利，除天下之害”（《尚同中》）为旗帜，试图去除三大“民之巨患”，即“饥者不得食，寒者不得衣，劳者不得息”（《非乐上》）。这样的人生理想源自大禹。墨子称赞大禹“形劳天下”，为天下百姓治水而不辞劳苦；强调墨家必须“以自苦为极”“不能如此，非禹之道也，不足为墨”（《庄子·天下》）。自苦利他的人生理想，墨子既视其为自己的道德追求，“独自苦而为义”（《贵义》），也视其为自己的幸福所在，“爱人利人以得福”（《法仪》）。庄子的人生理想是“游心于物之初”（《田子方》），即“游心”于道，因为道为万物的初始。“游心”于道是要破除世俗所有束缚，使心灵像道那样超越一切而自由自在。《大宗师》中，女偊在回答南伯子癸“道可得学邪”时，说明“游心”于道，首先是“外天下”，即遗忘世事；其次是“外物”，即抛弃各种名利得失的计较；再次是“外生”，即无虑于生死；于是心境“朝彻”，即如朝阳一般明朗洞彻。而被世俗桎梏的人生，精神上昏暗茫然，“人之生也，固若是芒乎？”（《齐物论》）两相对照，“游心”于道的精神自由“得至美而游乎至乐”（《田子方》），是完美至乐的人生理想。这与鄙视世俗利益诱惑的节操相一致。楚威王以厚币、相位礼聘庄子，庄子说：不要玷污了我！我宁愿像条鱼游戏于污泥浊水中“自快”，即自得其乐。韩非以法为道，其人生理想是通过变法改革、鼓励耕战等举措实现富国强兵，以此辅佐诸侯统一大业，取得三王、五帝那样的名望：“是故无事则国富，有事则兵强，此之谓王资。既畜王资，而乘敌国之亹，超五帝，侔三王者，必此法也。”（《五蠹》）面对变法改革的重重阻力，“孤愤”之情郁积于韩非胸中。不过，齐国改革家田成子的故事使其有所排遣。田成子改革终有成效，百姓歌舞庆颂，“今田成氏之德而民之歌舞，民德归之矣”（《外储说右上》）。这意味着韩非坚信自己的人生理想，必将有德于民并获得为百姓拥护的幸福感。

五、“成人之道”与“人是什么”

康德的第四个问题，从“人是目的”出发，注重何谓理想的人。他的回答是每个人在法律保障下达到享受最大自由的理想状态。先秦诸子的回答则是在实现人生理想过程中造就理想人格。孔子的“人是什么”，首先展开于人禽之辨，“鸟兽不可与同群”（《微子》）。“成人之道”① 正是对何谓与鸟兽相区别的理想人格的回答。“成人”作为全面发展的人格典范，是完美无缺的圣人。然而，现实中没有如此圣人，有的是会犯错但勇于改正的君子②，因此在理想人格的层次上，君子逊于圣人。这样的人格设定，一方面是强调君子对于圣人的追求只有进行时，没有完成时，始终持有提升自我的超越性；另一方面是强调圣人由君子拾级而上，具有不脱日用常行的现实性。因此，“君子之道”是在日常生活中成就理想人格，如《中庸》所说：“君子之道，辟如行远必自迩，辟如登高必自卑。”由近及远，由低往高，即从身边事情做起。这就是后来王阳明说的“事上磨炼”（《传习录下》）。由事上磨炼而成就的君子人格，与上述“志于仁”的人生理想相联系，一方面是把仁内化于心，这就是“克己复礼为仁”以及种种“克己”的功夫；另一方面是承担起社会中坚的使命，“仁以为己任”“任重而道远”（《泰伯》）。孔子把这两个方面概括为“修己以安百姓”，以此回答“子路问君子”（《宪问》）。这实际上是对君子人格予以了内圣外王的双重规定。孟子、荀子和孔子一样，认为君子之道须落实于事上磨炼。因此，孟子反对“道在迩而求诸远，事在易而求诸难”（《离娄上》）；

---

① “成人之道”还指二十而冠的成人礼仪，《礼记·冠义》云：“冠而字之，成人之道也。”

② 《论语·述而》：“圣人吾不得而见之矣，得见君子者，斯可矣。”《论语·子张》：“君子之过也，如日月之食焉。过也，人皆见之；更也，人皆仰之。”

荀子则正面表达为“道虽迩，不行不至；事虽小，不为不成”（《修身》）。但两者的事上磨炼偏向不同：前者偏向于内圣，后者偏向于外王。这与他们不同的人生理想有关。孟子王道仁政的人生理想以激发个人内在的恻隐之心为基点，因而君子人格的造就以“存心”，即道德意识的涵养为指向，“君子所以异于人者，以其存心也”（《离娄下》）。荀子的人生理想是由霸而王，他推崇“威动天下”的春秋五霸，表明了极为重视外在的事功。与此相应，君子人格展示了外王的偏向：一是“法后王而一制度”的安邦济世，“百家之说，不及后王，则不听也。夫是之谓君子言有坛宇，行有防表也”（《儒效》）。君子应把以一统天下为目标的“后王之道”（《不苟》）作为言行的标准；二是制宰自然的“君子理天地”（《王制》），这就是“经纬天地而材官万物，制割大理，而宇宙里矣”（《解蔽》）。

先秦其他诸子“成人之道”的理想人格风采各异，但都是自身人生理想的承担者。墨家源于侠，又被荀子称为“役夫之道”（《王霸》），平民和侠士的情怀是墨家理想人格的底色。“侠”与“义”相联系，墨子说：“万事莫贵于义。”（《贵义》）其“义”以“力”为基础。墨子说，禽兽的生存无须依赖耕稼纺织，“今人与此异者也，赖其力者生，不赖其力者不生”（《非乐上》）。人与动物的不同，在于只有依赖自身力量才能生存。因此，人之“贵义”必须“赖力”。这有两个方面：一是谴责“不与其劳，获其实，已非其有所取之故”（《天志下》），即掠取他人所有而归于己的不劳而获为“不义”，偷盗的行为、贵族的奢靡、诸侯间的攻战、人际间的以强侮弱等，均属此列；二是以扶危济弱为“义”，如止楚伐宋①，如提倡“有力者疾以助人，有财

① 《墨子 · 公输》记载，墨子得知楚国准备攻打弱小的宋国，跋涉十日十夜赶往楚国予以阻止，冒着为公输般所杀的危险，指责他助楚攻宋，违背了“义固不杀人”的原则。

者勉以分人”(《尚贤下》)，显然，墨家的贵义赖力是其自苦利人的人生理想的人格反映。道家认为，人应当与以自然为宗旨的道合一，即庄子说的“不离于宗，谓之天人”(《天下》)。这与道合一的过程被称为“见独”(《大宗师》)，即体悟到道之“独”。这从道的独立无待来说，是人生理想上“游心”于道的精神自由，“独与天地精神往来”(《天下》)；从道的独一无二来说，是在人格上以独特个性为最可贵，“独有之人，是谓至贵”(《在宥》)。后者之“独”是前者之“独”的表现，庄子将此称为“自得”“自适”。见独自得的人格展现出道家隐士群体的清高形象，“不为轩冕肆志，不为穷约趋俗”(《缮性》)。法家提出了基于历史进化观点的理想人格。韩非说，历史由“上古”到“中古”“近古”，直至“当今”；如果“今有美尧、舜、汤、武、禹之道于当今之世者，必为新圣笑矣”(《五蠹》)。因为死抱住尧、舜先王之道不放者犹如守株待兔。这是把与时俱进的“新圣”作为理想人格，并以此支撑变法图强的人生理想。韩非深知改革少有胜算，《孤愤》《说难》《和氏》等对此作了冷峻分析，预见自己难逃前辈改革家吴起、商鞅的厄运：“法术之士，虽至死亡，道必不论矣。”(《和氏》)生命和学说俱遭毁灭。然而，“新圣”是“强毅而劲直”的(《孤愤》)，逆行而进，置生死于度外。这与上述的“孤愤”之情相交织，酝酿了改革家慷慨悲歌的人格震撼力和感染力。

从上述康德四个问题与先秦诸子求道之思的简略比较，不难进一步看到，中国传统哲学与西方哲学既有哲学“类称”的共性，又有作为“特例”的个性。同时，先秦诸子的求道之思表现了“道不远人”的重要内涵，即金岳霖所说的：“哲学家与他的哲学合一。”“他的哲学要求他身体力行，他本人是实行他的哲学的工具。按照自己的哲学信念生活，是他的哲学的一部分。”“在他那里，哲学从来不单是一个提供人们理解的观念模式，它同时是哲学家内心的一个信条体系。”金岳霖同时感叹道，西方自近代以来，“哲学家与哲学分离已经改变了哲学价值，使世界失去了绚丽的色彩”。[①] 言下之意，继承发展中国哲学“道不远人”的传统，将使世界哲学的舞台再现失去的绚丽色彩。

（原载《诸子学刊》第19辑，上海古籍出版社，2019年）

① 金岳霖：《中国哲学》，《道、自然与人》，生活·读书·新知三联书店，2005年，第60页。

略论中国古代哲学的地域性传统

现今学术界论及中国古代哲学传统，一般关注较多的是时间性的历史源流，而对空间性的地域特征则挖掘不多，这应该说是中国古代哲学研究的薄弱之处。章太炎在考察中国古代学术传统的成因时说："视天之郁苍苍，立学术者无所因。各因地齐、政俗、材性发舒，而名一家。"① 认为地理环境、政教风俗、人才素质共同导致某一学术传统的形成和演化；但是，由于中国古代社会交通不发达，受到地理环境的制约比较大，因此特别需要重视学术的地域性传统："夫地齐限于不通之世，一术足以概量其国民。"② 中国古代哲学的历史可以证明章太炎的识见是确当之论。

先秦诸子标志着中国古代哲学的诞生和兴起。众多学科的研究已经表明，从春秋至战国，中国大体形成了若干个具有各自特征的文化区域。先秦诸子的形成与这些地域性文化传统有着紧密的关联。前辈学者对此已有关注，如刘师培的《南北学派不同论·南北诸子不同论》、傅斯年的《战国子家叙伦·论战国诸子之地方性》、劳思光的《新编中国哲学史·南北传统与先秦哲学思想》等。虽然他们的看法不完全一样，但都肯定了先秦诸子具有不同的地域性传统。傅斯年认为，鲁国盛行秉承周代的礼乐文化传统，"于是拿诗书礼乐做法宝的儒家出自鲁国，是再自然没有的事情"，孔子的一些弟子将儒学流播他国，但

---

① 章太炎：《訄书·原学》，《中国学术流变》上册，华东师范大学出版社，2003年，第19页。

② 同上，第20页。

"儒学一由鲁国散到别处便马上变样子"，从中"我们清清楚楚地认识出地方环境之限制人"。而阴阳家则是齐国以及燕国文化传统的产物，齐人喜作荒诞不经之论，燕人热衷方士之术，"邹子出于齐，而最得人主景仰于燕，燕齐风气，邹子一身或者是一个表象"，同时齐国的上述文化传统孕育了"骨子里只是阴阳五行，又合着一些放言侈论"的"齐儒学"，而有别于鲁国"儒者的正统"。① 墨子虽是鲁人，但墨家却以宋国为重镇。刘师培指出，这是因为"宋承殷人事鬼之俗，民习于愚"，并且宋地重厚好蓄藏，"故墨子尊天明鬼之说得而中之"，节用薄葬之说由此起。他还说："西秦三晋之地，山岳环列，其民任侠为奸，刁悍少虑，故法家者流，起源于此。"② 关于道家的地域性传统，劳思光的见解是："南方哲学思想之代表，即为老子及庄子之学说。"所谓"南方之文化传统，则混合殷人及祝融民族之文化而成，实是中原之旧文化"，"老子固楚人，庄子宋人，而宋正殷后也"；另外，"南方吴越一带之巫术亦留下某种神秘观念；皆对战国秦汉之思想大有影响"。③ 地域性传统对于研究两汉至隋唐的哲学同样是重要的。汉代哲学以经学的古文、今文之争为背景，而两者之分野则与不同的地域性传统有关。马宗霍的《中国经学史》指出，古文今文"已由字体之异而转为说解之异"，这说解之异即表现了齐学、鲁学的地域性传统之别："汉代传经之儒，不出于齐，则出于鲁。"并引述刘师培的论证指出易学、书学、诗学、春秋学、礼学和论语学均有"齐鲁之分"。④ 其中对中国

① 傅斯年：《战国子家叙伦 · 论战国诸子之地方性》，《中国学术流变》上册，第 139~144 页。

② 刘师培：《南北学派不同论》，《刘师培学术论著》，浙江人民出版社，1998 年，第 135 页。

③ 劳思光：《新编中国哲学史》卷一，广西师范大学出版社，2005 年，第 56 页。

④ 马宗霍：《中国经学史》，商务印书馆，1937 年，第 37~38 页。

古代哲学有重大影响的董仲舒，就有着明显的齐学传统。不仅刘师培，还有其他学者如皮锡瑞、梁启超、顾颉刚、胡适等都对此作过论证。其中皮锡瑞特别强调了汉代哲学讨论的中心——天人问题与齐学的关联，“汉有一种天人之学，而齐学尤盛。《伏传》五行、《齐诗》五际、《公羊》《春秋》多言灾异，皆齐学也。”① 儒学在魏晋南北朝主要表现为新起的玄学和延续汉代经学，而这两者恰是有地域性的，史书称前者为南学，后者为北学。两者的不同如《北史·儒林传序》所说：“南人约简，得其英华；北学深芜，穷其枝叶。”即南学注重发明新趣，偏重义理；北学质朴保守，保持汉代深究细微枝节的章句训诂传统。南学和北学的这种地域性传统影响了其时正兴起的佛教，汤用彤对此说道：“南方的文化思想以魏晋以来的玄学最占优势，北方则仍多承袭汉朝阴阳、谶纬的学问。玄学本比汉代思想超拔进步，所以南方比较新，北方比较旧。佛学当时在南北两方，因受所在地文化环境的影响，也表现同样的情形。北方佛教重行为、修行、坐禅、造像……南方佛教则不如此，着重它的玄理。”② 以后中国佛教的最大派别——禅宗在唐代也形成了“南顿北渐”的地域性传统。道教约与佛教同时跃上中国哲学的舞台。它的产生打上了地域性文化传统的深重烙印。任继愈主编的《中国道教史》指出：“道教的主要源头，与古代荆楚文化、燕齐文化靠得更近一些，道家与神仙家这两大源泉主要存在于此两大文化区域中。具体说到五斗米道，（因演化为天师道，成为道教正宗而具有其特殊地位）则其来源除上述几方面外，还应加上巴蜀文化。汉中、巴蜀一带，很早就好《老子》及仙道，敬重鬼妖，巫风甚盛……五斗米道最初就发生在当地浓厚的鬼神崇拜气氛之中，与当地民俗巫风相

① 皮锡瑞：《经学历史》，中华书局，1959 年，第 106 页。
② 汤用彤：《隋唐佛教之特点》，《汤用彤学术论文集》，中华书局，1983 年，第 6 页。

结合，故称鬼道，又修习老子五千文，亦因有此风气也。”① 道教成熟于魏晋南北朝，与当时佛教在南方和北方受所在地文化传统制约相似，它也形成了具有地域性特征的南方道教（以茅山上清派为代表）和北方道教（以寇谦之新天师道为代表）；前者对经典与教义创新较多，后者重在斋醮奉戒、礼拜功德等宗教实践活动。之后的关中楼观道则有融合两者的特征。道教全真派在宋元兴起后，出现了具有地域性传统的北宗和南宗。前者讲先命后性，后者讲性命双修。

到了宋元明清时期，中国哲学的地域性传统表现得更为突出了。理学和心学的兴起、嬗变是这一时期哲学的主线，而地域性传统则贯穿其间。黄宗羲的《宋元学案》和《明儒学案》最早系统地研究这段哲学史。他主要是以地域性学派为基干来展开叙述的。从中我们可以看到，就理学而言，较大的地域性学派有濂学（湖湘学）、洛学、关学、闽学、蜀学、婺学、河东之学、崇仁之学等；就心学而言，较大的地域性学派有象山之学（江西之学）、江门之学、姚江之学、王门后学七派（浙中王学、江右王学、南中王学、楚中王学、北方王学、粤闽王学、泰州王学）等；而对理学或心学持批判态度的哲学派别，也有不少呈现出地域性，如临川学派（荆公新学）、浙东事功学派（永嘉、永康学派）、东林学派等；还有其他一些较小的地域性学派如槐堂诸儒、甬上四先生、金华朱学、四明朱学、金溪陆学、三原学派等。黄宗羲在《明儒学案・凡例》中说：“凡学有宗旨，是其人之得力处。”② 他对上述地域性学派的宗旨即思想特征作了概括，由此呈现的理学和心学演进的历史图景是：在理学或心学的基调和底色上并立着多元的地域性传统。明清之际哲学的大潮是对广义的宋明理学进行批

① 任继愈：《中国道教史》，上海人民出版社，1990 年，第 16 页。

② 黄宗羲：《明儒学案》，《黄宗羲全集》第 13 册，浙江古籍出版社，2012 年，第 5 页。

判总结，其中最为杰出的是顾炎武、黄宗羲和王夫之。然而他们的哲学都具有鲜明的地域性传统。章学诚的《文史通义·浙东学术》曾指出顾炎武和黄宗羲的"浙西之学"和"浙东之学"的地域性特征："浙东贵专家，浙西尚博雅，各因其习而习也。""顾氏宗朱，而黄氏宗陆。"① 后来钱穆论及"浙东学派与浙西学派"时进一步说："实斋与东原论学异同，溯而上之，即浙东学派与浙西学派之异同。其在清初则为亭林与梨洲；其在南宋，即朱陆之异同也。"② 以哲学来讲，如余英时所说"浙西之学的特色，实斋称之为'博雅'，这是继承了朱子'道问学'的传统"③；而浙东"贵专家"的特征就是章学诚在上述文章中说的"浙东之学，言性命者必究于史"④。关于王夫之哲学的地域性传统，前人有所提及。叶德辉说："湘学肇于鬻熊，成于三闾。宋则濂溪为道学之宗，明则船山抱高蹈之节。"⑤ 梁启超在《儒家哲学》第五章指出："船山是湖南人，他这一派，叫着湖湘学派。在北宋时为周濂溪，在南宋时为张南轩，中间很销沉，至船山而复盛。"⑥ 近年来的王夫之哲学的研究，开始注意到船山与南宋湖湘学代表胡安国、胡宏的学术渊源，如船山继承和发展了胡宏提出而遭朱熹否定的"道器不相离""天理人欲同体而异情"等观点。上述诸说虽然对何谓湖湘学的看法不尽一致，但都肯定王夫之是某种意义上湖湘学在明清之际的代表人物。事实上，在船山的著作里，确有对南宋湖湘学派某些观点的赞同和发展，如反对离物言道、离欲言理等。清代中叶出现了一位重要的哲学家戴震，

---

① 章学诚：《文史通义》，《中国学术流变》下册，第619页。

② 钱穆：《中国近三百年学术史》，中华书局，1986年，第386页。

③ 余英时：《论戴震与章学诚》，生活·读书·新知三联书店，2000年，第350页。

④ 章学诚：《文史通义》，《中国学术流变》下册，第619页。

⑤ 叶德辉：《叶吏部答友人书》，《翼教丛编》，上海书店出版社，2002年，第176页。

⑥ 梁启超：《儒家哲学》，岳麓书社，2010年，第76页。

其时的学术主流是朴学。朴学分为吴、皖两大学派。皖派的特点是由明字义而明理义，戴震作为皖派领军者，皖派的这一地域性学术风格当然体现在他的哲学诠释方法上，《孟子字义疏证》正是如此。

从以上极其简略的叙述中可以看到，地域性传统是中国古代哲学发展的重要方面和内在要素。到了近代中国，随着地理环境对人们交往的限制越来越小，西学成为学术的范导，地域性传统不再贯通于中国近代哲学的历史进程。但是，近代哲学和古代哲学不是断裂的，而是有着连续性的。这种连续性的表现之一就是，古代哲学的地域性传统依然影响着近代哲学对西学的吸取。从鸦片战争到“五四”运动，中国知识群体还不可能完全摆脱原先的地域性学术传统的惯性，往往会不自觉地以本来所接受的地域性传统为参照系，诠释西学或选择西学中与其相通的成分。对中国近代哲学首先产生重大影响的西学是进化论，康有为和章太炎都接受了进化论，但在他们对进化论所作的不同诠释的背后则潜藏着不同的地域性哲学传统。周予同说，康有为和章太炎在辛亥革命以前“把握着思想界的权威”，他们“从事革命之学术思想……出发于中国固有的常州经今文学派和浙东史学派的学术”。① 常州今文学派以春秋公羊学为主干，受这一地域性传统的影响，康有为着力用“公羊三世说”阐发进化论，其《论语注》说：“盖自据乱进为升平，升平进为太平，进化有渐。”“孔子之为《春秋》，张为三世……盖推进化之理而为之。”② 章太炎的《訄书·清儒》指出，“自明末有浙东之学”，其特点之一是重视礼学研究，万斯大、万斯同兄弟“师事余姚黄宗羲，称说《礼经》”，之后“说《礼》者羁縻不绝”。③ 他对进化论的解说就有这样的特点，从而不同于康有

① 周予同：《康有为和章太炎》，《周予同经学史论著选集》，上海人民出版社，1983 年，第 108 页。

② 康有为：《论语注》，中华书局，1984 年，第 28 页。

③ 章太炎：《訄书·清儒》，《中国学术流变》下册，第 597 页。

为。《訄书·尊史》说："世儒或熹言三世，以明进化。察《公羊》所说，则据乱、升平、太平，于一代而已矣。礼俗革变，械器迁讹，诚弗能于一代尽之。"①《訄书·原变》说："竞以器，竞以礼，昔之有用者，皆今之无用者也。民无兽患，则狩苗可以废。社无鬼神，则朱丝、攻鼓可以息。"② 这些都是强调用礼制的变迁说明社会进化。

"五四"时期胡适鼓吹的实用主义是最有影响的哲学之一。他把实用主义概括为"大胆假设，小心求证"，也有着朴学皖派地域性传统的色彩。胡适在《清代学者的治学方法》中说："清代的'朴学'确有'科学'精神。""他们用的方法，总括起来，只是两点：（1）大胆的假设，（2）小心的求证。"强调戴震的"'但宜推求，勿为株守'八个字是清学的真精神"。③ 以后他多次推崇戴震哲学具有这样的科学精神。可以说他对实用主义的理解和选择渗透着戴震皖派的地域性传统。当时的蔡元培和梁启超对此都有所提示。前者说："适之先生生于世传'汉学'的绩溪胡氏，禀有'汉学'遗传性，虽自幼进新式的学校，还能自修'汉学'，至今不辍。又在美国留学的时候，兼治文学、哲学，于西洋哲学史是很有心得的。"④ 后者在《清代学术概论》论朴学时说："绩溪诸胡之后有胡适者，亦用清儒方法治学，有正统派遗风。"⑤ 可见认识中国古代哲学的地域性传统，对于研究中国近代哲学也是重要的。

研究中国古代哲学的地域性传统，无疑需要回答地域性传统何以

---

① 章太炎：《訄书·尊史》，《章太炎全集》第3册，上海人民出版社，1982年，第320页。

② 章太炎：《訄书·原变》，《章太炎全集》第3册，第191页。

③ 胡适：《清代学者的治学方法》，《胡适文存》一集，黄山书社，1996年，第285、298、300页。

④ 蔡元培：《中国古代哲学史大纲·序》，《蔡元培讲读书》，河海大学出版社，2019年，第96页。

⑤ 梁启超：《清代学术概论》，《中国学术流变》下册，第567~568页。

可能的问题。这里从认识论层面作些考察。希尔斯指出，学术传统有明确阐明的部分和未阐明的部分，前者主要是通过概念、范畴、原理等予以言说而延续，后者即“那些弦外之音”“不言而喻的知识”成分，以及“洞见之类不宜应用原理和规则的东西，是不能以明确的语言进行传授的，而要通过内心联想，通过对动作执行者的典型行为的移情来获得”；而“理性的科学传统之所以能有效地进行延传，是因为人们继承和掌握了其未阐明部分。继承者不但继承了明确阐明的部分，而且继承了未阐明部分，由此形成了他们的思想”；对于未阐明部分的传递，他引用波兰尼的观点，认为只能以师徒个人间接触的方式来实现。① 波兰尼说：“一种无法详细言传的技艺不能通过规定流传下去……它只能通过师傅教徒弟这样的示范方式流传下去。这样，技艺的传播范围就只限于个人之间的接触了，我们也就相应地发现手工工艺倾向于流传在封闭的地方传统之中”，其实科学传统中未阐明部分也是如此，因而“当科学中的言述内容在全世界数百所新型大学里成功地授受的时候，科学研究中不可言传的技艺却并未渗透到很多这样的大学中”。② 他们所说的传统的阐明部分和未阐明部分可以称之为名言的传统和研究的传统，由于后者得以有效传递的方式是师徒授受，因此学术传统的延续就限制于一定的空间而形成地域性特征。这样的理论也许能够帮助我们解释中国古代哲学地域性传统何以如此显著，因为中国古代哲学的传递基本上是以私人讲学的师徒授受方式进行的，与手工工艺的流传极为类似，于是以各处的讲学地区（以后就是书院所在地）为中心产生和形成了有地域性传统的哲学。

（原载《文史哲》2005年第1期）

---

① ［美］E. 希尔斯：《论传统》，上海人民出版社，1991年，第18、19、156页。

② ［英］迈克尔·波兰尼：《个人知识：朝向后批判哲学》，贵州人民出版社，2000年，第78~79页。

礼仪家教：构建礼仪之邦的基点

当今社会流行的“家教”，是以给孩子请家庭教师补习文化知识为内涵的。其实，在中国本来的传统中，评价某个人是否有家教，不是指文化知识，而是指道德修养，其外在的表现就是，行为举止是否合乎礼仪，通俗地讲就是懂礼貌或懂礼数。传统家教的名著《颜氏家训》就贯穿着礼仪教育，作者颜之推指出：“吾家风教，素为整密。”① 其礼仪家教十分系统，“晓夕温清，规行矩步，安辞定色，锵锵翼翼，若朝严君焉”②，即早晚实行奉养父母的温清之礼，行走言谈都要合乎礼仪的要求，神色安详，谦恭谨慎。颜之推编撰这本家训，是为了使这样的家教门风得以传承，“整齐门内，提撕子孙”③。中华民族以礼仪之邦著称。孟子说：“天下之本在国，国之本在家，家之本在身。”（《孟子·离娄上》）礼仪家教正是儒家修身的第一课，是构建中华民族礼仪之邦的基点。现在重振礼仪之邦已成为培育践行社会主义核心价值观的重要课题，只有让礼仪回归家教，中华民族礼仪之邦的传统才能得到继承和发扬。

一、礼仪之邦：儒学价值观制度化的产物

中华民族成为礼仪之邦，是儒学价值观制度化的产物。这是礼仪家教作为构建礼仪之邦基点的前提。孔子主张“道之以德，齐之以

---

①② 王利器：《颜氏家训集解》，中华书局，1993 年，第 4 页。

③ 同上，第 621 页。

礼”（《论语·为政》），即以礼治国，这一主张在汉代以后一直主导着中国社会。儒家之礼仪集中表现于“三礼”，即《周礼》《仪礼》《礼记》三部经典，内容包含了政治制度、宗教仪式、法典刑律、道德规范、日常生活准则等。广义的制度是指组织人类共同生活、规范和约束个体行为的一系列规则，儒家之礼仪正可以这样的制度概念予以概括。对于价值观念之“仁”和制度规范之“礼”的关系，孔子认为前者必须通过后者才能得以普遍实现：“克己复礼为仁。一曰克己复礼，天下归仁焉。”（《论语·颜渊》）因此，礼仪的实施就是儒家价值观制度化的落实，礼仪之邦就是在这落实的历史进程中形成的。

显然，礼仪之邦形成的历史起点是儒学价值观成为主流价值观；而这又是通过确立礼仪，即儒学价值观制度化而实现的。儒学价值观成为主流价值观无疑是在汉代。但这并非如人们印象中那样简单：汉武帝采纳了董仲舒“尊崇儒术”的建议，于是儒学三纲五常的价值观就得到了确立。历史的事实是：汉武帝宣告“尊崇儒术”的五十多年以后，在公元前 81 年召开的盐铁会议上，官位仅次于丞相的御史大夫桑弘羊和贤良、文学等儒生展开激辩，前者批驳后者重“仁义”的价值观，并明显地占据了上风。这表明，儒学价值观即使在最高领导层内也没有得到普遍认同。盐铁会议是在汉昭帝时召开的，继汉昭帝之后的汉宣帝还是强调：“汉家自有制度，本以霸王道杂之，奈何纯任德教，用周政乎。”（《汉书·元帝纪》）

历史从西汉演进到东汉，公元 79 年召开了白虎观会议。这距盐铁会议已有 150 多年了。陈寅恪认为，根据这次会议编撰的《白虎通义》，标志着儒家三纲五常的价值观通过制度化而得以确立。他说：“吾中国文化之定义，具于《白虎通》三纲六纪之说。”“夫纲纪本理想抽象之物，然不能不有所依托，以为具体表现之用；其所依托以表现者，实为有形之社会制度。”① 在他看来儒学价值观在汉代以后的有效确立，不在其思想学说之精深（就此而言不如佛道），而在其社会历史过程中的制度化。他在《冯友兰〈中国哲学史〉审查报告三》中说：“儒者在古代本为典章学术所寄托之专家。李斯受荀卿之学，佐成秦治。秦之法制实为儒家一派学说之所附系。《中庸》之‘车同轨，书同文，行同伦’（即太史公所谓‘至始皇乃能并冠带之伦’之‘伦’）为儒家理想之制度，而于秦始皇之身而得以实现之也。汉承秦业，其官制法律亦袭用前朝。遗传至晋以后，法律与礼经并称，儒家《周官》之学说悉采入法典。夫政治社会一切公私行动莫不与法典相关，而法典为儒家学说之具体实现。故两千年来华夏民族所受儒家学说之影响最深最巨者，实在制度法律公私生活之方面；而关于学说思想之方面，或转有不如佛道二教者。”② 所谓“制度法律公私生活之方面”，就是指儒家礼仪对于政治制度、法律制度和生活制度的影响，这说明了儒家价值观依托礼仪而成为了制度化的存在，由此深入地左右了中国社会。同时这也使中国成了礼仪之邦。

汉代儒生认为，儒学要成为主流价值观，必须通过礼仪而制度化，由此奠定了儒学价值观制度化的基础和礼仪之邦的基础。汉初的陆贾、贾谊、公孙弘等提出，汉朝要长治久安，必须吸取秦朝“不施仁义”以致二世而亡的教训；确立儒家仁义价值观则必须依靠礼仪：“道德仁义，非礼不成；教训正俗，非礼不备；分争辨讼，非礼不决。君臣、上下、父子、兄弟，非礼不定；宦学事师，非礼不亲；班朝治军，莅官行法，非礼威严不行；祷祠祭祀，供给鬼神，非礼不诚不庄。”（《新书·礼》）③ 因此，公孙弘制订了朝廷和宗庙的礼仪，他的弟子撰成后

---

① 陈寅恪：《寒柳堂集》，上海古籍出版社，1982 年，第 6 页。

② 冯友兰：《中国哲学史》下册，华东师范大学出版社，2000 年，第 440 页。

③ 值得注意的是，这段话也出现在《礼记·曲礼》中，可见汉儒对于通过礼仪使得儒家价值观制度化的一贯努力。

来被收入《礼记》的《王制》。贾谊草拟了易服色、改正朔等礼仪制度，但未被采纳。在这前后不断有人提出同样的建议，但在浓厚的黄老之学的氛围中均未能实行。不过，由此可见，汉代儒生已经意识到，只有通过礼仪来把儒学价值观制度化，儒学才能成为主流。董仲舒秉承这样的理念，在提出“尊崇儒术”的同时，再次要求制订易服色、改正朔的礼仪制度，得到了汉武帝的赞同。但“是时，上方征讨四夷，锐志武功，不暇留意礼文之事”（《汉书·礼乐志》）。因而制礼的实际工作进展不大。董仲舒之后，一方面王莽建明堂等，“制度甚盛”，把汉儒的制礼推向高潮；另一方面戴德、戴圣等对《仪礼》《礼记》的整理，以及后来刘向、刘歆父子推崇《周礼》，为周公致太平之书等，使得礼仪的制订更具操作性、可行性和权威性。由此我们可以明白，何以直至白虎观会议才标志着儒学价值观作为主流价值观得到了广泛认可，是因为经过汉儒上述持续不断的礼仪建设，它显示了“由单纯的理论体系到制度体系的跨越具有决定性意义”①。在汉代文献中，可以看到不少地方官员通过礼仪建设使儒家价值观因制度化而得到落实的记载。如《后汉书·循吏列传》说，秦彭“以礼训人……每春秋飨射，辄修升降揖让之仪。乃为人设四诫，以定六亲长幼之礼。有遵奉教化者，擢为乡三老”。这也表明了儒学价值观因礼仪得以制度化而影响社会，同时促成了礼仪之邦的形成。

家庭礼仪是礼仪的重要部分。如果说礼仪建设是儒家价值观的制度化，那么礼仪家教则是儒家价值观制度化的落小、落细、落实。所谓落小，是因为礼仪家教以社会的微小细胞——家庭为载体；所谓落细，是因为礼仪家教渗透于日常生活的细节中；所谓落实，是因为礼仪家教落实于家庭成员从出生、成长到死亡的生命的每一个环节。礼

---

① 姜广辉：《中国经学思想史》第二卷，中国社会科学出版社，2003年，第378页。

仪之邦是儒学价值观制度化的产物，而礼仪家教是这一制度化的落小、落细、落实，由此礼仪家教就成了构建礼仪之邦的基点。

二、礼仪家教：文明的养成与化习惯为德性

礼仪家教作为构建礼仪之邦的基点，就其作为个体德性培养的作用而言，主要是文明养成的最初实践；就其作为个体德性培养的过程而言，主要是化习惯为德性的自然而然。

重视礼仪家教对于文明养成的作用，是与中国传统社会以家族为本位的特点分不开的。在以家族为本位的基础上形成的以儒家为主导的传统文化，如著名历史学家钱穆指出的，它有两个西方文化没有的概念，一个是“礼”，一个是“族”。“在西方语言中没有‘礼’的同义词。它是整个中国人世界里一切习俗行为的准则，标志着中国的特殊性。正因为西语中没有‘礼’这个概念，西方只是用风俗之差异来区分文化，似乎文化只是其影响所及地区各种风俗习惯的总和。如果你要了解中国各地的风俗，你就会发现各地的风俗差异很大。……然而，无论在哪儿，‘礼’是一样的。‘礼’是一个家庭的准则，管理着生死婚嫁等一切家务和外事”；“中国文化还有一个西方文化没有的概念，那就是‘族’”。家族的形成是与“礼”所规定的准则从家庭成员延伸到所有亲戚相联系的，“只有‘礼’被遵守时，包括双方家庭所有亲戚的‘家族’才能存在。换言之，当‘礼’被延伸的时候，家族就形成了，‘礼’的适用范围再扩大就成了‘民族’。中国人之所以称为民族就因为‘礼’为全中国人民树立了社会关系的准则”。① 这就是说，由于作为全民族社会关系准则的“礼”，首先是以家庭为原点，然

① ［美］邓尔麟：《钱穆与七房桥世界》，社会科学文献出版社，1995 年，第 7 页。

后扩展到家族和民族，所以，中国传统的家教就把礼仪放到极其重要和突出的位置了。俗话说“国有国法，家有家规”。家规的形成和延续无疑是依赖于家教的，各家的家规会有不同，但它们都是以普遍性的“礼”为依据的。因此，旧时所谓书香门第，在住宅的大门上，往往写着“诗礼传家”四个字，以标榜门风家教。这样的家教传统在孔子那里就已经存在了。《论语 · 季氏》记载，陈亢问孔子的儿子孔鲤：“你是老师的儿子，一定得到老师特别的传授吧？”孔鲤回答道：“父亲对我的教育，其实和大家是一样的。如果说有单独的传授，那只有两次。有一次，他老人家独自站在院中，我从他面前走过。他问我：‘学诗了吗？’我说：‘没有。’他说：‘不学习诗，就不会说出有文采的话。’于是我开始学习诗。不久，他又站在院中，我又从他面前走过，他问我：‘学礼了吗？’我说：‘没有。’他说：‘不学礼，就不能在社会上立足。’于是我又开始学礼。我独自受到父亲的教导，就是这两次。”陈亢听后高兴地说：“我问了一件事，却得到了三件事，我知道了诗、礼的用处，知道了君子要求孩子继承的家风是诗和礼。”以后儒家思想被称作“礼教”，其中的重要含义就是以礼为教，即通过礼制而实现教化的价值。因此，传统社会把礼仪作为家教的基本内容。

在《论语》中，孔子几次强调“不知礼，无以立”，把关于礼仪的家庭教育作为孩子将来立足于社会的根基，是有见于人和动物的区分。人们呱呱坠地时是自然人，也就是说只具有类似动物的本能，要从这样的自然人成长为被社会所认同的人，就必须按照社会通行的行为准则，即礼仪来规范自己。这就是说，家庭礼仪教育是孩子走向文明的第一步。所以，《礼记 · 冠义》说：“凡人之所以为人者，礼义也。”《礼记 · 曲礼》说：“鹦鹉能言，不离飞鸟。猩猩能言，不离禽兽。今人而无礼，虽能言，不亦禽兽之心乎？……是故圣人作，为礼以教人，使人以有礼知自别于禽兽。”认为人与动物的区别不是语言的有无，而是是否有礼。就是说，如果没有礼仪的规范，人只是衣冠禽兽。正是有见于此，传统礼仪的有些规定就是为了抑制人依然保留着的动物习性。如《礼记・曲礼》中的如下规定：“毋抟饭，毋放饭，毋流歠，毋咤食，毋啮骨，毋反鱼肉，毋投与狗骨，毋固获，毋扬饭，饭黍毋以箸，毋嚃羹，毋絮羹，毋刺齿，毋歠醢。”取饭时不要把饭抟成团，不要把手中的余饭放回食器，喝汤时不要倾流不止，上菜时舌头不要在口中作声，不要把骨头啃得有响声，不要把咬过的鱼肉放回食器，不要把肉骨扔给狗，不要专吃最好的食物，不要用手扬去饭的热气，吃黍时不要用错餐具，吃羹时不要连羹中的菜都不嚼就吞下去，不要重调主人已经调好的羹，不要当别人面剔牙，不要重调主人已经调好的肉酱。如此详尽的规定，是为了使人们自觉意识到，即便吃饭，也应该在端饭举筷之际体现出有别于动物的进食习惯。就是说，家庭作为孩子文明养成的最初的摇篮，首先是从养成其合乎礼仪的行为规范开始的。《论语・宪问》记载，有位“阙党童子”常为党正（基层行政单位负责人）传信，孔子见其行为不合乎礼仪，大模大样地与长辈并排同坐、并肩而行，于是断定他只是急于出人头地，成人后无论在学问上还是在品德上都不足为道，“吾见其居于位也，见其与先生并行也，非求益者也，欲速成者也”。这个童子有如此举止，显然是缺少礼仪家教所致。可见，没有礼仪家教对最初文明的养成，孩子很难真正地健康成长。

如上所述，儒家的礼仪建设是为了将其价值观念制度化，因而礼仪教育的目的在于涵养个体的德性。礼仪家教的重要性，在于使礼仪涵养德性的过程成为化习惯为自然的过程，而不是空洞生硬的说教。

《礼记・乐记》说：“德辉动于内，而民莫不承听；理发诸外，而民莫不承顺。”道德的光辉从内心萌动，礼的准则表现在仪表上，民众就不会不听从。这是告诉我们，外在的礼仪教育是为了培养内在的德性。礼仪家教也是如此。人们常常把中国称作“礼仪之邦”，这固然是不错的。但是，我们还要进一步说，中国更是“礼义之邦”。这是因为中国传统文明不只是讲究形式上的礼仪，更注重的是“礼”以及与之相联系的“义”，就是说，更强调礼所依据和蕴含的道德之义理，因为这是礼之所以成立的伦理基础。所以，《礼记 · 仲尼燕居》说：“礼也者，理也。”《礼记 · 乐记》说：“礼也者，理之不可易者也。”前述汉儒编撰的《礼记》就是专门论述礼仪之义理。其首篇取名《曲礼》，意谓礼仪蕴含着迂回曲折的义理，需要认真思考领会。后来《礼记》在“三礼”中的地位越来越高，这意味着儒家越来越看重礼仪之义理。其实，孔子早就强调重视礼仪不能停留于玉帛这些举行礼仪时使用的器具：“礼云礼云，玉帛云乎哉？”（《论语 · 先进》）但是，“礼义”又是和“礼仪”相联系的：只有从礼仪着手，才能让礼之义理在行动的体验中入耳入脑。儒家的《仪礼》和《礼记》正体现了礼仪和礼义的结合，前者是讲如何做，后者是讲为何要这样做。

礼仪家教正体现了这两者的统一，因为它从培养礼仪的行为习惯入手，达到把礼义内化为德性的目的。道德规范是当然之则，道德教育是要人们懂得这些当然之则的义理，即为何应当如此。但是这对于儿童来说显然是不太容易明白的。而从行为准则，尤其是家庭生活的行为准则入手，对于儿童来说，比较容易达到遵守道德规范的目的。因为在起居、就餐等家庭生活琐事中，每天按照礼仪来规范自己，久而久之就成了习惯，由习惯而成自然，遵守这些习惯仿佛成了他的第二天性，如孔子所说：“少成若天性，习惯如自然。”① 于是，就能“从心所欲不逾矩”，举手投足似乎并不刻意而为，却合乎礼仪，由此这些礼仪蕴含的道德规范就内化为了人们的德性。如《礼记 · 曲礼》说：“邻有丧，舂不相；里有殡，不巷歌。”古人舂米，喜欢唱送杵的号子，当邻里有丧殡之事时，应该默舂，不在巷中歌唱。如此家礼包

---

① 王利器：《颜氏家训集解》，第 4 页。

含着同情他人的同哀之心。宋代朱熹的《家礼》《童蒙须知》、明代屠羲时的《童子礼》，对衣着、盥洗、洒扫、行走、语言、视听、饮食等行礼之法都有详细的规定，以此作为家庭礼仪教育的内容。如：“凡著衣服，必先提整衿领，结两衽纽带，不可令有阙落。”[①] “凡走，两手笼于袖内，缓步徐行，举足不可太阔，毋得左右摇摆，致动衣裾。”[②] 这里表现的是约束自我的道德自律精神。再如，“凡子弟，须要早起晏眠”“凡对父母长上朋友，必称名；凡称呼长上，不可以字”“凡侍长上出行，必居路之右，住必居左”。[③] 这都表达了尊敬长辈的道德品质。因此，无论是富贵还是贫贱的家庭，如果有效地进行了礼仪教育，就能培养他们良好的品德，“富贵而知好礼，则不骄不淫；贫贱而知好礼，则志不慑”（《礼记·曲礼》）。

由于儒家的礼仪教育是通过养成习惯来培育德性，因而就十分注意生活习俗与礼仪的关系。人们常常把“礼”“俗”连在一起，这是有一定道理的。因为礼既源于俗，又是对俗的变易。《说文解字》云：“俗，习也。”[④] 俗，就是生活习惯。人们在特定的自然环境、社会环境中生活，久而久之，形成了各自的风俗。《礼记·王制》就对东、西、南、北四方的生活风俗作了描述。周公制作礼乐，就是要通过移风易俗来提升社会的文明程度。不过，儒家的移风易俗不是简单地把原来的风俗彻底破除，而是主张“因俗制礼”，即尽量利用原有的风俗形式和其中的合理部分，灌注新的精神，加以整理、提升，从而使人们在本来熟悉的习俗中受到教化。很多家庭礼仪也是这样的。比如冠礼，在远古氏族社会，曾流行过“成丁礼”。氏族中的未成年人享受氏族对他们的抚育，不用参加生产劳动和战争，但在他们达到成人的年

① 朱熹：《童蒙须知》，陈宏谋：《五种遗归》，线装书局，2015 年，第 5 页。
② 屠羲时：《屠提学童子礼》，陈宏谋：《五种遗归》，第 68 页。
③ 朱熹：《童蒙须知》，陈宏谋：《五种遗归》，第 7 页。
④ 许慎：《说文解字》，中华书局，2020 年，第 256 页。

龄后，氏族要用一些方法来测定他们是否具备了生产、战争的技能，以确定他们是否能够成为氏族的正式成员。在社会发展的过程中，这样的“成丁礼”在很多地区消失了，而儒家看到了它的合理性，将它加工改造成冠礼。举行冠礼，不仅意味着生理上进入成年人的阶段，而且意味着应当具备承担与成年人社会责任相一致的道德品行。《礼记·冠义》说：“成人之者，将责成人礼焉也。责成人礼焉者，将责为人子、为人弟、为人臣、为人少者之礼行焉。将责四者之行于人，其礼可不重与？”可见，将原来的成丁礼变易为冠礼，是赋予了这样的提示作用：行冠礼者，从此要践履为人子、为人弟、为人臣、为人少者的德行，担当起自己的社会角色。

三、让礼仪回归家教

自“五四”以来，传统礼仪在家教中逐渐退出。这有着很多原因，如传统礼仪的形式化和繁复化，与现代社会生活节奏不相适应；还有对于传统礼教的封建性的批判，导致人们完全把传统礼仪当作糟粕予以抛弃。同时，由于西方礼仪随着西方文明涌入中国而广泛流行，改行西方礼仪成为“时尚”，还由于西方文明近代以来在全球占据主导地位，学习西方礼仪也成了中国与世界“接轨”的重要方面。于是，人们对于传统礼仪越来越生疏，甚至完全遗忘了。下面的故事可以印证这一点。1925 年，正在北京女子师范大学授课的鲁迅收到该校学生许广平的信，鲁迅在回信中称其为“广平兄”，许广平疑惑不解，在接着的去信中问道：“先生之意何居？弟子真是无从知道。不曰‘同学’，不曰‘弟’而曰‘兄’，莫非也就是游戏么？”① 其实鲁迅并没有与其

① 鲁迅：《两地书》，《鲁迅全集》第 11 卷，人民文学出版社，1981 年，第 17 页。

开称兄道弟的玩笑，“兄”在传统书信礼仪中，和“同学”“弟”一样，也是老师对学生辈的普通称呼。当时距离推翻清朝只有 14 年，距离“五四”新文化运动至多也只有十年光景，许广平已经完全不知道这一传统师生礼仪的称呼了。现在人们对仍在使用的传统礼仪称呼的无知，更是比比皆是。如常常有人在正式场合向他人介绍自己妻子时说：“这是我的夫人。”依据《礼记·曲礼》，天子的妃子称为“后”，诸侯、大夫、士、庶人的配偶分别称为“夫人”“孺人”“妇人”“妻”。后来人们把他人的配偶称为“夫人”，是沿袭先秦礼仪而来的尊称，因而称自己的妻子为“夫人”，是自大的表现，完全违背了传统礼仪尊重他人的精神。可见，由于传统礼仪不再成为家庭日常教育和学校教育的组成部分，中国作为“礼仪之邦”已经出现了名存实亡的危机。

克服这一危机首先要继承礼仪家教的传统，让礼仪回归家教。当年朱熹面对中国传统礼仪遭受佛教巨大冲击时感叹道：“呜呼！礼废久矣。士大夫幼而未尝习于身，是以长而无以行于家。长而无以行于家，是以进而无以议于朝廷，施于郡县；退而无以教于闾里，传之子孙。”① 因此，他专著《家礼》，要求礼仪成为人们年幼时家教的必修课。今天让礼仪回归家教，并非只回归“三礼”，也包括汉、唐、宋、明、清等时期的家庭礼仪。从《礼乐志》的记载来看，传统礼仪有两大发展趋势：一是形式日益烦琐复杂；二是服从皇权和特权的等级性日益明显。这两大趋势交织在一起，即形式的繁复是为了彰显皇权和特权的等级性。这也反映在家庭礼仪中，从《红楼梦》《儒林外史》等有关描写中，我们对此是不难感受到的。那么，今天应当如何让礼仪回归家教呢？

---

① 朱熹：《跋三家礼范》，《朱子全书》第 24 册，上海古籍出版社、安徽教育出版社，第 2010 年，第 2920 页。

首先要将传统礼仪中蕴含的合理思想提炼出来。传统礼仪中有不少值得挖掘的至今仍有价值的思想，如反对把践行礼仪当作外在的形式，而要以内在的德性修养灵魂，上述的“德辉动于内”而“礼发诸外”的观点就表现了这一点。还有“礼，与其奢也，宁俭”（《论语·八佾》），即将节俭作为礼仪的根本要求。据《仪礼·士昏礼》，即使是作为“礼之本”的婚礼，虽然隆重，但也是相当简朴，不仅夫妇成婚的菜肴仅有数品，而且没有庆贺和举乐的仪式。再如强调礼仪“节”和“文”的观点，即礼和人的情感是相称的，对情感、欲望起着节制和文饰美化的双重作用，如《礼记·坊记》所说：“礼者，因人之情而为之节文。”《中庸》也说，礼的作用在于，使喜怒哀乐之情“发而皆中节，谓之和”。《荀子·礼论》对于礼的解释是：“称情而立文，因以饰群。”儒家讲“礼让”，就是注意到了礼的节制作用。孔子说：“不能以礼让为国，如礼何？”（《论语·里仁》）北宋学者邢昺的《论语注疏》对此解释道：“礼节民心，让则不争。”人们之间的欲望、利益是有矛盾的，这就需要由礼仪予以节制，从而使得人们的行为起到促进人际关系和谐的作用。孔融让梨就是一个典范，这也是传统家教在进行礼仪教育时，经常讲述的故事。儒家礼乐并举，是为了使礼成为美化的艺术形式，从《论语》等古代文献中可以看到，儒家的一些礼仪是以歌舞、颂诗为载体的，于是人们在艺术的陶冶下认同了礼仪所表现的伦理关系。这些珍贵的遗产应当在今天礼仪家教中发扬光大。

其次，可以借鉴司马光、朱熹等对传统礼仪简化、改革的经验，将礼仪纳入学校教育中。隋唐以来，佛、道两教盛行，乡风民俗多为其所化。司马光、朱熹等意识到，如果听之任之，儒家传统的礼义之教很可能不复存在。司马光首先编撰了规范家庭礼仪的《书仪》和《家范》，对繁复的传统礼仪进行了大刀阔斧地删减，以《仪礼》为本，选择冠、婚、丧、祭四礼作为家庭基本礼仪，同时参酌宋代习俗予以变化。朱熹的《家礼》则在此基础上，进一步使其适用于普通百姓的家庭，“虽贫且贱，亦得以具其大节，略其繁文，而不失其本意也”①。由此受到广泛的欢迎，成为进行礼仪家教的教材。我们应当吸取他们的做法，选择与日常生活紧密相关的家庭礼仪，融入一些传统色彩，使礼仪家教在与时俱进中得到延续。还可以借鉴宋、明、清的韵语化蒙学读物，编写朗朗上口的有关礼仪家教的读本在中小学推广。

再次，把礼仪家教与树立家训、培育家风结合起来，使礼仪家教更加凝练，也更加个性化。在中国传统中，礼仪家教和家训、家风往往是合二为一的，著名的《颜氏家训》《袁氏世范》《朱子家训》《弟子规》，还有上述司马光的《书仪》《家范》、朱熹的《家礼》等，既是礼仪家教的教材，也是家训、家风的体现。如司马光的《家范》不仅讲述了很多家庭礼仪，而且也宣示了家训：“以义方训其子，以礼法齐其家。”② 这是因为，家训、家风的实质就是对礼仪家教提出的行为规范以及所体现的价值观念予以提炼，使其更加凝练生动。同时礼仪家教与家训、家风相结合，使得礼仪家教彰显出各家各户的个性，这有助于激发家庭的礼仪自觉，也使得礼仪家教不是千篇一律而更为丰富。事实上，现在很多地方正在开展的“好家训”“好家风”活动，就是和礼仪家教紧密联系在一起的。

第四，家庭和社区联手，在举办与青少年相关的活动中，融入传统的礼仪，礼仪家教的有效性往往和社区的道德熏陶有关，“孟母三迁”讲的就是这个道理。这方面韩国的经验是很丰富的。至今，韩国大约有 234 所乡校，与中国传统的民间乡校、社学相类似。这些乡校每逢假期为 7~14 岁的少年开设忠孝礼仪体验课程，学生穿着传统韩服上课，学习传统的生活礼节；也为成年人举行传统成年礼仪和传统婚

① 朱熹：《跋三家礼范》，《朱子全书》第 24 册，第 2920 页。

② 司马光：《温公家范》，天津古籍出版社，2016 年，第 31 页。

礼，还举办耆老宴并表彰孝行者和善行者。总之，“乡校通过各种中小规模的课程和传统仪式，为当地居民提供实践传统儒家礼节的标准，使得一般韩国人能够体会到儒教的生活方式与儒教的价值观念”①。显然，这样的体验课程会加深人们对传统礼仪的理解。射箭在韩国青少年中非常普及，这就和这些乡校把射箭和传统射礼的教育相结合有关。《礼记 · 射义》说：“发而不中，则不怨胜己者，反求诸己而已矣。”这就在射箭的活动中，使青少年体悟射礼中蕴含的君子式的竞争以及坦然面对失败的哲理。

中国正在大力推进城市化进程，这就更加需要让礼仪回归家教。因为城市化进程不是简单的造城、扩城，也不仅仅是经济的升级更新。它在本质上是社会文明程度提升的过程。城市化进程，从人口流动来说，是越来越多的家庭进入了城市。因此，随着城市化进程的加速，城市的家庭教育与城市文明建设相适应，就成为一个需要正视的问题。城市化进程，就人际关系来说，是越来越多的互不认识的陌生人汇聚在一起，陌生人之间应当以怎样的文明方式进行交往，也成为城市文明建设的重要问题。中国传统社会崇尚礼义，注重以文明交往的礼仪来养成和体现良好的道德品性，而礼仪教育首先是从家庭教育开始的。这里蕴含着道德建设的传统智慧：在家庭的日常生活中，以温情和亲情来塑造道德人格；在以礼仪培养习惯的过程中，使道德行为成为自然而然的行为。就此而言，让礼仪回归家教，就是让道德回归生活、回归自然。这样的智慧应当成为“礼仪之邦”的传统在当代中国复兴的源头活水。

（原载《衡水学院学报》2015 年第 2 期）

---

① 金惠林：《韩国儒家文化的保护及弘扬》，《社会科学报》2007 年 4 月 26 日。

中国古代阴阳之道辩证思维的历史发展

中国古代哲学具有辩证思维的传统，已为人们所公认。《易传·系辞上》的“一阴一阳之谓道”，说出了这个传统的精髓。《周易》由“经”和“传”组成，前者是六十四卦象，后者是对前者的阐释。《周易》之“象”既有客观性，又有主观性：“圣人有以见天下之赜，而拟诸其形容，象其物宜，是故谓之象。”（《易传·系辞上》）所谓“象其物宜”，从把握天下众多事物的角度而言，“象”是对客观对象的反映；从对天下之物予以模拟抽象的角度而言，“象”是主观思维的产物。《易传》对卦象的解释和阐发，揭示了“象”既是对客观对象的反映，也是抽象思维的体现。所以，出自《易传》的“一阴一阳之谓道”，既是客观事物变化发展的法则，即程颢所言的“一阴一阳之谓道，自然之道也”①；又是人们进行逻辑思维的法则，王夫之说“一阴一阳之谓道”是“微言以明道”②，即指其用精微的言辞揭示了思维法则。本文从横向和纵向两方面阐述阴阳之道辩证法的历史发展，所谓横向，是说明阴阳之道辩证法与科学、文学等领域的关系；所谓纵向，是梳理阴阳之道辩证法从“相反相成”到“体用不二”，再到“理一分殊”的逻辑进程。

---

① 程颢、程颐：《程氏遗书》卷十二，《二程集》，中华书局，2004 年，第 135 页。

② 王夫之：《周易外传》，《船山全书》第 1 册，岳麓书社，2011 年，第 1002 页。

一、从爱因斯坦的困惑说起

哲学和科学都是用理论思维方式把握世界。中国古代科学技术走在世界的前列，蕴含于其中的思维方式是什么？睿智的爱因斯坦也曾为这个问题而困惑："西方科学的发展是以两个伟大的成就为基础，那就是：希腊哲学家发明形式逻辑体系（在欧几里得几何学中），以及通过系统的实验发现有可能找出因果关系（在文艺复兴时期）。在我看来，中国的贤哲没有走上这两步，那是用不着惊奇的。令人惊奇的倒是这些发现［在中国］全都做出来了。"① 就是说，奠定中国古代科学伟大成就的、不同于西方形式逻辑的思维方式是什么？西方科学的形成、发展与悠久的形式逻辑传统紧密相关。古希腊亚里士多德建立的形式逻辑体系，在欧氏几何学中得到了完美的体现。中世纪欧洲占据支配地位的基督教神学将形式逻辑体系吸收进教义，使之得到进一步的研究。近代科学的兴起，培根的归纳逻辑和笛卡尔的演绎逻辑充当了新的工具和方法论。近代中国深为西方近代科学的先进而震惊，认为科学不发达是中国的历史遗留问题。所以，在科学成为重要价值追求的"五四"时期，"为什么中国没有科学？"是思想界讨论的热门话题，如冯友兰在当时就发表过文章《为什么中国没有科学——对中国哲学的历史及其后果的一种解释》，认为重要的原因之一是墨家在先秦之后的消亡。这几乎是当时的共识。因为墨家的《墨经》建立了不逊色于古希腊的形式逻辑体系，并包含了许多几何学、光学、力学的知识。但先秦之后墨家遭到冷遇。唐代玄奘传入了印度的因明形式逻辑，但对此有兴趣的寥寥无几。然而，李约瑟以皇皇巨著《中国科学技术

---

① ［美］爱因斯坦：《西方科学的基础和中国古代的发明——1953 年给 J. E. 斯威策的信》，《爱因斯坦文集》第 1 卷，商务印书馆，1976 年，第 574 页。

史》证明，中国科学在16世纪之前居于世界领先地位，于是“五四”时期形成的上述解释就难以成立了，爱因斯坦的困惑就摆在了人们的面前。其实，李约瑟在其巨著中给出了走出这个困惑的基本观点：“当希腊人和印度人很早仔细地考虑形式逻辑的时候，中国人则一直倾向于发展辩证逻辑。与此相应，在希腊人和印度人发展机械原子论的时候，中国人则发展了有机宇宙的哲学。”① 认为中国古代科学居于世界高峰的重要原因是擅长辩证思维，把宇宙万物看作互相联系的有机整体。这从哲学与科学关联性的侧面，揭示了中国古代哲学具有悠久的辩证法传统。

原始的阴阳说和五行说是中华民族以哲学方式认识世界和自己的第一页，对立统一的辩证法在此已露端倪。阴阳说的源头是《易经》。它的卦象用两个对立性质的符号（“⚊”和“⚋”）说明自然界和人类社会的种种现象，是对立面的互相联系、互相转化。《泰卦·九三》爻辞曰：“无平不陂，无往不复。”认为平与不平（陂）、往与复既相互对立，又互相转化。就人道而言，这样的转化与人的主观能动性相关，《乾卦·九三》爻辞曰：“君子终日乾乾，夕惕若，厉，无咎。”君子如能整天勤奋工作，晚上又加以反思警惕，虽陷于危境，亦可转危为安。西周末年的太史伯阳父对于地震的解释，进一步显示了用阴阳说认识天道的辩证法：“周将亡矣！夫天地之气，不失其序，若过其序，民乱之也。阳伏而不能出，阴迫而不能烝，于是有地震。今三川实震，是阳失其所而镇阴也。”（《国语·周语上》）认为天地之气有其自然的秩序，如果阳气被阴气压迫而不能蒸腾上升，那么，地震就发生了。这里把气分为阴阳两个矛盾的方面，通过它们的矛盾运动过程去认识自然界固有的秩序，把握其规律；把地震看作是“民乱之”和

① ［英］李约瑟：《中国科学技术史》第三卷，科学出版社，1978年，第337页。

周将亡之征兆固然是迷信，但其中隐含的辩证法是：自然现象和人类行为是相互关联和相互作用的。

如果说伯阳父用阴阳说解释地震是偏重于天道，那么，史墨以《易》卦解释鲁国君臣变故则着意于人道。晋国赵简子问太史史墨：鲁国卿大夫季氏驱逐鲁昭公，为何民众和各国诸侯没有责难季氏？史墨答曰：“物生有两、有三、有五、有陪贰。故天有三辰，地有五行，体有左右，各有妃耦，王有公，诸侯有卿，皆有贰也。……社稷无常奉，君臣无常位，自古以然。故《诗》曰：‘高岸为谷，深谷为陵。’三后之姓，于今为庶，王所知也。在《易》卦，雷乘《乾》曰大壮，天之道也。”（《左传 · 昭公三十二年》）以《易》卦的对立面互相转化为根据，指出自然界和社会中的任何事物“皆有贰”，即都存在与之相矛盾的对立面，而事物的发展就是对立面互相转化的过程。史墨由人道的君臣易位而将对立面的转化提升为“天之道”，即普天之下的规律。同时，史墨认为这样的转化与人自身的道德修为相联系：鲁国的君臣易位被人们认可，是因为“鲁君世从其失，季氏世修其勤”，即鲁君世代纵乐安逸，而季氏世代勤恳努力。这同样表现了辩证思维：虽然天道和人道具有同样的规律，但在这两个领域发生作用的情况却有区别，前者是自然而然的，如深谷山陵之变迁，后者则与人的作为分不开，如鲁国君臣易位与道德修为相关。

五行说的源头是《尚书 · 洪范》。殷商贤人箕子向周武王陈述治国理政的九大法则，即“洪范九畴”，首先就是五行。“五行：一曰水，二曰火，三曰木，四曰金，五曰土。水曰润下，火曰炎上，木曰曲直，金曰从革，土爰稼穑。润下作咸，炎上作苦，曲直作酸，从革作辛，稼穑作甘。”（《尚书 · 洪范》）把自然界的构成归结为五种基本物质元素，五行也与涉及人事的法则，如“五事”“五纪”“五福”、五种“休征”（吉兆）和五种“咎征”（天灾）等存在着有机联系，因此，五行说虽然侧重天道，但也包含人道。这里显露的辩证法是：世界上千差万别的事物统一于这五种元素，但统一性并非单一性，而是包含了多样性；鲧治水的失败在于只用堵塞的单一方法，“汩陈其五行”。关于统一性和多样性的辩证关系，在西周太史史伯把“五行”与“和”的结合中，得到了更为深刻的反映。他说，周朝衰败的原因在于周幽王专断独行，“去和而取同”；而“和实生物，同则不继。以他平他谓之和，故能丰长而物归之；若以同裨同，尽乃弃矣。故先王以土与金木水火杂，以成百物。……声一无听，物一无文，味一无果，物一不讲”（《国语·郑语》）。这里由五行生成百物而进一步区分了“和”与“同”：“和”是把多样性事物糅合在一起，使之彼此相济，达到和谐状态，这不仅促使万物蓬勃生长，而且还推动万物归之于统一；“同”则是舍弃多样性的绝对同一，这就窒息了事物发展的活力，犹如只有一种声音无法合成音乐，只有一种色素无法构成颜色，只有一种滋味无法形成美味，只有一种意见无法展开讨论。同时，史伯强调五种元素构成万物，而土是最基本的，意味着多样性的统一之所以可能，在于多样性是以某一要素为核心而配合形成的。史伯和史墨类似，从人道出发，将辩证法贯通于天道和人道。

从哲学与其他文化领域的横向联系来看，辩证思维对于科学和文学领域的影响尤为突出。科学也以理论思维的方式把握对象。这里略以医学和数学为例。中医理论奠基之作《黄帝内经》，把阴阳交错和五行相胜作为立论基础。它用五行把人体和自然现象分为与之相应的五类，如五脏、五官、五色、五味、五种情志（喜、怒、悲、恐、思）、五种气候（风、暑、湿、燥、寒）等，各类五行之间（如五脏和五种情志、五种气候）以及各类五行中的每“行”之间（如五脏之间），都有着既互相促进又互相约束的相生相克关系；而五行又归结为阴阳两种属性，它们相互对立又相互转化，“阴阳相错”“重阴必阳，重阳必阴”（《素问·阴阳应象大论》），它们的平衡和谐是人体最佳的健康状态，“察阴阳所在而调之，以平为期”（《素问·至真要大论》）。这是用辩证思维构建了注重事物整体性和平衡性的中医理论体系。数学必须遵循形式逻辑，而中国古代数学亦注重辩证思维。魏晋时期刘徽的《九章算术注》奠定了中国古代数学的理论基础，其序言多次出现“昔在包牺氏，始画八卦”“观阴阳之割裂”等与《周易》有关的话语，表明了《易》学的辩证思维贯穿其中。它的重要贡献是，用极限思想创立了“割圆术”——把圆内接正多边形的边数无限增多，使其周长无限接近圆周长而以圆周长作为它的极限，由此得到计算圆面积的公式（见《九章算术注 · 方田》）。这里体现了有限与无限的对立统一，以及化圆为方，即曲线转化直线的辩证思维。它还用“得失相反”①来说明正负数的含义，认为正与负的区分是相对的，在一个方程中正负可以同时变号，在方程组解法中加法消元和减法消元可以视为统一的方法，这就揭示了正与负、加与减的对立统一。下文还会讲到辩证思维对科学的影响。

哲学用抽象思维，而文学用形象思维，但中国历史上多的是集哲学和文学于一身的人物。传统哲学的辩证思维对文学理论影响深远。意境说是中国传统文艺理论的核心。所谓意境，是通过情景合一来体现艺术理想。这尤为诗词所注重。南朝刘勰的《文心雕龙》，奠定了意境说的基础。它说：“情以物迁，辞以情发。”②感情随景物而变化，言辞依情感而触发，意境在这情景交融中形成。它特别以“隐秀”这组范畴，阐述高远的意境是意在言外：“情在词外曰隐，状溢目前曰秀。”③言词描述摹状的场景“秀”于眼前，寄托场景中的情感“隐”于言词，这样的情感与思想意义相联系，“隐之为体，义生文外”④。

---

① 刘徽：《九章算术注 · 方程》，《算经十书》，中华书局，2021 年，第 225 页。

② 刘勰：《文心雕龙 · 物色》，《中国美学史资料选编》，中华书局，1981 年，第 205 页。

③ 刘勰：《文心雕龙 · 隐秀》，第 204 页。

④ 同上，第 203 页。

因此，情景合一的意境就是言词之“秀”和言外之“隐”对立统一。就具体场景之“秀”而言，是直接、单纯、有限和确定的，而就言外之“隐”来说，其情感和思想意义以及引发读者的想象都是多重的，“隐也者，文外之重旨也”①。这意味它是间接、丰富、无限和不确定的；情景合一的意境就是这种直接和间接、单纯和丰富、有限和无限、确定和不确定的对立统一。《文心雕龙》以《原道》为首篇，把充满辩证法的意境理论作为文艺之道。正是如此的文艺之道孕育出千古流传的唐宋诗词、宋代以后灿烂绚丽的戏曲和小说以及气韵生动的绘画等造型艺术。

先秦墨家提出的“类、故、理”范畴②是“一阴一阳之谓道”的辩证法的思维骨架：阴和阳将所有事物分为两大“类”，阴阳矛盾运动为事物变化发展之“故”（原因），而阴阳对立统一是事物普遍之“理”（道）即规律。阴阳之道辩证法围绕如此的思维骨架而展开从先秦到明清之际的历史进程。以下三节就是对这个进程的论述。

二、先秦：知其然的“察类”与“相反相成”

从认识过程来说，对于具体事物的把握始于“知其然”，即知晓这个事物是什么或不是什么，这必须以“察类”，即对事物进行分类为基础。先秦作为认识“性与天道”的最初阶段，着重在“察类”。这与当时主要哲学论争之一的名实之辩相联系，名实之辨的重要内容是荀子说的“制名以指实”（《荀子·正名》），即名称（概念）如何指称实在对象。这首先需要的是“辨同异”，把握对象的同异关系。“察类”

---

① 刘勰：《文心雕龙·隐秀》，第 203 页。

② 冯契指出：“墨子在中国哲学史上第一个提出了‘类、故、理’三个逻辑范畴。”（《中国古代哲学的逻辑发展》（上），华东师范大学出版社，1997 年，第 115 页。）

正是以此为指向，因为“类”是具有一定共同性质的对象的总体，有相同属性者为同类，反之则为异类。先秦在“察类”“辨同异”的过程中形成了“相反相成”的辩证思维。

先秦的辨同异，最有趣的是名家公孙龙的“白马非马”，其《白马论》的主要论证有两方面：一是“马”只表示形体，而“白马”则表示形体和颜色，因而“白马非马”；二是当人们要马时，各种颜色的马都可以给，而当只要白马时，就不能给予黄马、黑马，因而“白马非马”。前者揭示了类（马）与个体（白马）的差异；后者揭示了同类（马）的不同个体（白马、黄马、黑马）之差异。这样的“白马非马”是同中见异，但把事物的差异绝对化，抹杀了事物的同一性。同为名家的惠施则另执一端，他说：“万物毕同毕异，此之谓大同异。”（《庄子·天下》）认为万物都有共同点（毕同）又都有相异处（毕异）。这是异中见同，但否定了对象之间的内在差别，如说“天与地卑，山与泽平”，天与地、山与泽同样高低。公孙龙和惠施分别从差异性和同一性来讲同中见异和异中见同，构成了同异相反相成的两个侧面。这由此前的同异之辨发展而来。

同异之辨在《易经》和《尚书·洪范》中初显萌芽。《易经》六十四卦是对自然和社会种种现象的归类，每个卦象是一个类概念，如《易传》所说，“其称名也小，其取类也大”（《系辞下》）。《洪范》的五行说如前所述，将自然现象和人事活动区分为五大类。分类以辨同异为依据。《易经》的卦象由阴阳两个互相对立的符号组成，表示相异的对立物有类的同一性。《易经》对立的卦象互相依存和转化，如“泰”与“否”、“损”与“益”等，意味着异类事物亦有同一性。所以《易经》认为，无论是每个类还是类与类之间，都是异中有同。《洪范》没有讨论同异的文字，但上述发挥五行说的史伯区分了“和”与“同”，强调“和实生物”，以为百物的生成是不同性质元素的糅合。这是有见于同中有异，即每类事物中无不掺杂着与其属性相异的元素。

可见，《易经》和史伯的“察类”，分别考察了同异相反相成的一个侧面：异中有同和同中有异。

随着同异之辨在诸子百家争鸣中逐步展开，相反相成的辩证法日益完善。孔子没有明确提出过“类”，但他讲“推己及人”“举一反三”等，重视类比推理，即从不同事物中抽象出共同属性以进行推断，是异中见同。墨子已用“类”的范畴考察同异关系。他指出：不“知类”就会把同类现象误作异类，如把杀一人和杀很多人这两件同为非义之类的事情说成是不同类的；不“察类”就会把看似相似的异类现象误作同类，如把禹、汤、武王讨伐有罪之“诛”和侵略无罪之“攻”混为一谈。这样的“知类”和“察类”完整地揭示出同异相反相成的两个方面，即异中有同和同中有异。不过，这是以“类”具有相对静止稳定状态为基础的。《老子》则从“类”的运动变化的灵活性深化了同异相反相成的辩证法。它说“有无相生”“难易相成”“长短相形”“先后相随”，对立的事物具有互相联系和转化的同一性。它强调普通的名言（概念）只反映“类”在相对稳定状态下的同异：“同”就是和自身同一，如“直者不屈”“生而有”；“异”就是和自身对立，如“曲非全”“枉非直”。因此，要表达有无、难易、长短、先后等对立现象的同一性，必须采用“正言若反”，即同一中包含差异的论断形式，如“大直若屈”“生而不有”“曲则全”“枉则直”等。这种同中有异的“正言若反”揭示了，事物既是 A 又是非 A 的相反相成，显示了“类”变动灵活的一面，但存在着否定不同事物（如直与屈）本质区别的倾向。

孟子反对了这一倾向，强调“类”的本质规定决定了同异的不容混淆。他说：“凡同类者，举相似也。”（《孟子·告子上》）并以麦子为例，认为由于土地、气候、劳动者等条件之“不齐”，所生长的麦子“有不同”，但它们有共同的本质，因而仍是同类。他把一类事物的本质规定称作“性”，批评告子把人和动物同具的食、色等本能视为人性，混淆了两者的本质区别，将“牛之性，犹人之性”，动物和人有不同之“性”，所以“犬马之与我不同类”（《孟子 · 告子上》）。这虽然还是静态地考察同异关系，但以“类”的本质规定来把握异中有同（如在不同条件下生长的麦子）和同中有异（如人与动物），显然比墨子有所前进。庄子则与孟子相背而行，把《老子》否定事物有质的规定性的倾向推到极端，主张相对主义的“万物一齐”。但充分揭示了同异的相对性：“自其异者视之，肝胆楚越也。自其同者视之，万物皆一也。”（《庄子 · 德充符》）认为作为“物”，万物皆同；作为不同个体，万物皆异，因而万物既是同类又是异类。这就涉及“类”的相对性：“类与不类，相与为类，则与彼无以异矣。”（《庄子 · 齐物论》）即在不同的分类标准下，本来非同类的事物可以成为同类（如就有角、无角而言，牛马不同类；就四足兽而言，牛马则同类），因而“察类”对于辨同异是没有意义的。这种化异为同解构了以“类”的确定性来区分同异，但在《老子》的基础上，进一步从动态方面揭示了同异的相对性。

惠施和公孙龙如前所述，对同异的辨析各执一端，或是强调差异性，或是强调同一性，既把此前“察类”的两种对立路径明朗化了，又凸显了各自的合理性和片面性，这就为将两者相统一以确立相反相成的辩证法提供了可能。后期墨家的《墨经》表现了如此趋向。它一方面静态地“察类”，分析了各种同和异，其中最重要的是“类同”（凡有相同属性的个体即为同类）和“不类”（没有此种属性的个体则与之不同类）。据此《墨经》把概念分成三种：“达名”，即最一般的类概念；“类名”，即一类事物的概念；“私名”，即个别事物的名称。这一方面肯定了惠施和公孙龙的合理性：就达名而言，万物毕同，因都可以归于“物”类；就私名而言，万物毕异，因每个个体都不同；就类名而言，它与个体的私名不同，犹如马之于白马；就私名而言，不同个体称谓各异，如白马和黄马。这另一方面又克服了惠施和公孙龙的片面性：强调要“明同异之处”而非抹杀事物的差异；强调类和所属的个体（白马和马）、同类不同个体（白马和黑马）存在着同一性。《墨经》还提出“异类不比”，即性质不同的事物不能作数量上的比较。这是吸取了孟子以“类”的本质规定辨同异的合理因素。《墨经》同时也吸取了老、庄对同异作动态考察的因素，提出“同异交得”，认为异中有同和同中有异是在运动变化中表现出来的，正因为事物的同异在运动中互相联系，所以《墨经》用同和异这两个对立的概念互为对方下定义：“同，异而俱于一也。”（《墨子·经上》）相异的事物在某一点上相同即称为同，这是用异来规定同；而“有其异也，为其同也异”（《墨子·大取》），则是用同来规定异，即相同的事物所包含的差异就称之为异。《墨经》从静态和动态两方面来揭示同异关系，意味着相反相成的辩证法正日趋成熟。

荀子和《易传》是相反相成的辩证法比较成熟的标志。荀子的辨同异自觉地把“静”和“动”相结合。他说：“辨异而不过，推类而不悖。”（《荀子·正名》）认为辨别事物的差异应根据确定的类的种属关系进行推理；还强调名实要有确定的对应关系，即“同则同之，异则异之”（同上），批评了惠施和公孙龙夸大同异相对性或绝对性的错误，是“用实以乱名”和“用名以乱实”（同上）。这些和《墨经》静态地考察同异相一致。他特别发展了《墨经》中“同异交得”即揭示逻辑思维中同异矛盾的思想。他说：“名也者，所以期累实也。辞也者，兼异实之名以论一意也。辩说也者，不异实名以喻动静之道也。”（同上）认为每一概念概括了同类的不同事物，每一判断是不同概念的统一，而推理、论证则是在概念具有确定性的条件下说明现实的“动静之道”，这意味着反映事物同异的思维方式应当是“静”和“动”的统一，即一方面概念要有确定性，同异不得混淆；另一方面概念又必须是灵活的，在同一中包含差异。荀子还提出以分析和综合相结合的方法来全面把握事物的同异。他说：“凡万物异则莫不相为蔽。”（《荀子 · 解蔽》）由于事物存在着差异，因而容易只见其异或同的一面。而要避免这样的片面性则“贵其有辨合”（《荀子 · 性恶》），即把分析和综合相结合：对同类或同一事物的不同方面进行分析，以求认识事物的同中有异（差异性）；对不同类或不同事物或同一事物的不同方面进行综合，以求认识事物的异中有同（同一性）；这样就能全面把握事物的同中之异和异中之同，达到“众异不得相蔽”（《荀子 · 解蔽》）。

《易传》以“类族辨物”（《同人 · 象》），即用“类”分辨事物，认为每一类都是同中有异和异中有同。如《彖传》说：“天地睽而其事同也……万物睽而其事类也。”“睽，君子以同而异。”认为万物都有差异（睽）而又是同类，每类都是同异的对立统一。《序卦传》对于六十四卦排列顺序的解释，揭示了不同类（卦象）之间的互相转化，如屯卦表示“物之始生”，万物初生时蒙昧幼稚，因而以蒙卦相接；万物幼稚时需要抚养，于是续之以需卦。可见，《易传》揭示了类内在的同异以及类之间同异转化的相反相成。同异通过比较而显现，《易传》提出了“比类”的方法，要求从事物的普遍联系中比较它们的同异，这包括取象和运数。《易传》认为卦象作为类概念是和数相联系的，“极其数，遂定天下之象。”（《系辞上》）但取象侧重于定性，运数侧重于定量。它们运用于科学时也有所侧重。历法、音律等侧重运数，即从数量关系上考察事物的同异。如《礼记 · 月令》将十二律与十二月相配，认为音律和历法体现了共同的数量关系，因而这两种似乎风马牛不相及的事物可以归为同类，这是异中见同。同时，十二律和十二月都存在着阴阳的彼此消长，但用以说明它们数量关系的方法则相异，如音律上的“三分损益法”和历法上阴阳的计算，这是同中见异。医学、农学等侧重取象，即从质和性能上比较事物的同异。如《黄帝内经》“别异比类”（《素问 · 示从容论》）以取象，如前所述，把五行和五脏、五官、五种情态、五种气候视为互相联系的，这是异中见同。同时在五行、五脏、五官、五种情态、五种气候等同一系统里，又有相生相克，这是同中见异。可见，“比类”是将相反相成作为把握事物同异的方法。

荀子和《易传》不仅论述了事物以同异的相反相成表现了它们普遍的互相联系，而且使相反相成成为把握事物同异的方法，表明相反相成作为“察类”的法则已经确立。因此，《汉书·艺文志》出现了“相反而相成”这一语词。

三、汉至唐宋：知其所以然的“求故”与“体用不二”

把握事物无疑要在知其然的基础上，进而知其所以然，即探究事物运动的原因，这就是“求故”，即考察“故”的范畴。两汉宇宙论的“或使”“莫为”之争、魏晋至唐宋的“有无（动静）”之辨，都以事物运动的原因作为关注的重点。在这过程中形成了“体用不二”的辩证思维。

两汉的天道观以讨论宇宙论，即宇宙的本源和形成为中心，展开了“或使”“莫为”之争，两者的焦点在于：是否有个外部的实在力量推动宇宙万物的变化运动？“或使说”对此予以肯定，而“莫为说”对此予以否定。董仲舒和王充集中反映了这个争论。董仲舒的天人感应论是神学目的论的“或使说”。他认为自然界的某种祥端或灾异和人间社会治乱良善能够互相感应，之所以能够如此，在于它们是同类，“天亦有喜怒之气、哀乐之心，与人相副。以类合之，天人一也”①；而同类相动是由某个外在动力促使的，“相动无形，则谓之自然。其实

① 董仲舒：《春秋繁露·阴阳义》，《春秋繁露义证》，中华书局，1992 年，第 341 页。

非自然也，有使之然者矣”①。同类感应并非自然发生，而是由天意“使之然者”，即天有意识有目的安排。王充以“莫为说”批判这样的神学目的论，指出天人感应论的“同气共类，动相招致”（《论衡·寒温》），混淆了天道无为和人道有为这两类不同的事物，“夫天道自然也，无为；如谴告人，是有为，非自然也”（《论衡·谴告》）。自然界的变化是无意识的，而用语言谴告是人有意识的活动，把自然界的灾变说成是上天对人间的谴告，是把无为当作了有为。由此王充否定有“或为之”的天意作为外在动力，“天动不欲以生物，而物自生，此则自然也。”“自然之道，非或为之也。”（《论衡·自然》）万物的产生是自然而然的，并非天有意而为之。这样的“莫为说”与其元气论相联系。王充以气为天地万物乃至人类的本源；而气的运动是自然而然的，并非有意识有目的，“施气不欲为物，而物自为，此则无为也。谓天自然无为者何？气也。恬淡无欲，无为无事者也”（《论衡·自然》）。气作为世界的本源，自己存在、自己运动，即“气自变”。从上述可见，董仲舒和王充都从“察类”进入到“求故”，王充的“莫为说”把“气自变”和“物自生”相结合，在世界统一原理和世界发展原理相统一的基础上，明确了天地万物自己运动的观点。两汉哲学以宇宙论为中心，与当时天文学的发展密切相关，“或使”“莫为”之争孕育了东汉伟大的天文学家张衡。他说宇宙万物“情性万殊，旁通感薄，自然相生”（《灵宪》），即事物在情性上千差万别以及互相作用，都是自然而然形成的。从这样的“莫为说”出发，他否定“虚廓生宇宙”的外因论，提出了宇宙无限论：“过此（指天地——引者注）而往者，未之或知也。未之或知者，宇宙之谓也。宇之表无极，宙之端无穷。”（《灵宪》）这揭示了宇宙有限无限相统一的辩证法：人们看到的天地是有限的，而在此之外还有时间空间上无限的宇宙。可以说，两汉哲

---

① 董仲舒：《春秋繁露·同类相动》，第360页。

学宇宙论的“求故”提供了张衡为古代天文学奠定宇宙论基础的思想土壤。这预示着“求故”的进一步深化，即将要考察事物自己运动的源泉。

魏晋玄学展开了“有无（动静）”之辨，王弼的“贵无说”主张“以无为本”，从本体论上论证以虚静的无作为世界第一原理，在这过程中萌发了“体用不二”的思想。他说：“虽贵无以为用，不能舍无以为体。”[①] 认为圣人依靠无的作用，同时也必须依靠无作为本体。这里的“体用不二”无疑有唯心论性质，但指出了本体（道）以自身为原因，天地万物是道的作用和表现，道并非外在的力量，而是内在于万物的原因，它“在方而法方，在圆而法圆，于自然无所违”[②]。这表现了从事物自身内部寻找其运动原因的辩证思维，从而把王充对“故”范畴的考察推进了一步。玄学家向秀、郭象《庄子注》以“独化说”反对“贵无说”的“以无为本”，因而没有像王弼那样从本体论上讲“体用不二”，而是从具体事物来讲“体用不二”。他说：“夫质小者所资不待大，则质大者所用不得小矣。”（《庄子注·逍遥游》）这里的质和用即体和用，认为事物有什么样的质，就有什么样的用，其作用、功能是其质性的自然表现。这也包含了实体以自身为原因的辩证思维因素。但《庄子注》以为“有”即“无”，最终仍然追求虚无的“玄冥之境”。因此，它认为无须再去探究事物自己运动的源泉是什么，“自尔则无所稍问其故”（《庄子注·天运》），所以，“体用不二”辩证思维有待于在进一步考察“故”范畴中展开。列宁指出，认识的辩证发展“应该从认识物质深入到认识（理解）实体”，而“真正的认识原因，就是使我们的认识从现象的外在性深入到实体”。[③]“体用不二”辩证思维的发生正是这样一种深入的表现。

---

①② 王弼：《王弼集校释》，中华书局，1980 年，第 84 页。

③ ［苏］列宁：《哲学笔记》，人民出版社，1974 年，第 167~168 页。

魏晋玄学家“体用不二”的辩证思维在以后朝着两个方向发展：一是“体用不二”被佛教用来论证世界以虚静为本体，走向更彻底的唯心主义；二是“体用不二”被运用于科学领域，范缜和贾思勰以此来阐述形神关系和生物学分类问题。

佛教的基本思想是一切现象并非实有，而是虚幻的假象，唯有心、识、真如等精神本体真实不妄，是万物存在的根据。在对此论证的过程中运用了“体用不二”的辩证思维。例如天台宗慧思认为心和万法（现象）的关系就是“体用不二”。他说：“今云体用不二者，非如揽众尘之别用，成泥团之一体。但以世谛之中，一一事相即是真谛全体，故云体用无二。以是义故，若真谛摄世谛中一切事相得尽，即世谛中一一事相亦摄世谛中一切事相皆尽。”① 就是说，所谓“体用不二”并不是指本体像泥团一样，由千差万别的事物团聚而成；而是说每一事物（现象）都是本体完全的显现，本体即现象界，所以本体包摄一切现象，每一现象也包摄一切现象，本体和现象统一于心，心外则无法。佛教各宗派都广泛地运用“体用不二”来说明理事、性象、寂照、定慧、真俗等理论。恩格斯指出：“辩证的思维”在“较高发展阶段上的人（佛教徒和希腊人）才是可能的”。② 运用“体用不二”正是魏晋至隋唐的中国佛教辩证思维的突出表现。

但是，佛教和玄学最终都以虚静的精神实体为本体，超越于万物和变化之上，实际上割裂了体和用。南北朝时期的范缜和贾思勰克服了这一弊病，他们在科学领域运用“体用不二”辩证思维，把实体理解为“质料因”，“体用不二”即有形质的物质实体和其作用、功能、属性是统一不可分的。范缜的《神灭论》批判佛教的神不灭论，对形

---

① 慧思：《大乘止观法门》，《中国佛教思想资料选编》第 1 册，中华书局，2014 年，第 402 页。

② ［德］恩格斯：《自然辩证法》（节选），《马克思恩格斯选集》第三卷，人民出版社，2012 年，第 924 页。

神关系作了这样的阐述："形者神之质，神者形之用。是则形称其质，神言其用，形之与神，不得相异也。"① 这里的质用统一即"体用不二"。范缜运用"体用不二"辩证思维说明形是质料因的实体，神是质料的自然作用，"用"依存于"质"，因而"形神相即""形神不二"。这样，形与神并非两个外在的东西，如薪（形）火（神）之喻那样，而是"名殊体一"。贾思勰的农学著作《齐民要术》主要用取象方法对生物进行分类。他以生物的本质作为分类根据，把生物的本质归结为"性"和"能"两方面，要求按照性和能来利用它们。如在谈到家畜饲养管理时说："服牛乘马，量其力能；寒温饮饲，适其天性；如不肥充繁息者，未之有也。"这里说的"天性"和"力能"大体相当于范缜说的"质"和"用"。因此，《齐民要术》的取象方法是与"体用不二"辩证思维相联系的。

从玄学到佛学到科学，"体用不二"的辩证思维得到广泛运用。然而，随着"有无（动静）"之辨的深入，逻辑思维要求进一步回答：事物自己运动的原因是什么？唐代的柳宗元、刘禹锡进一步以"体用不二"的辩证思维做出回答：事物自身的内在矛盾是其运动的原因。关于有无问题，柳、刘批评佛教以"虚空"为本体是割裂了体和用。柳宗元指出，佛教以"空"作本体是"能言体而不及用"，使体用二者"离之"。② 刘禹锡进一步指出："空者，形之希微者也，为体也不妨乎物，而为用也恒资乎有，必依于物而后形焉。"③ 认为"空"既不是没有（无），也不是精神实体，而是空间；就其体而言，空间存在着希微的物质，就其用而言，它总是借助于有形的万物表现出来。这显然是发展了范缜、贾思勰把"体用不二"理解为有形质的物质实体和其作用

① 范缜：《神灭论》，《中国佛教思想资料选编》第 1 册，第 314 页。

② 柳宗元：《送琛上人南游序》，《柳河东集》下册，上海人民出版社，1974 年，第 428 页。

③ 刘禹锡：《天论》，《刘禹锡集》，中华书局，1999 年，第 71 页。

不可分离的思想。关于动静问题，柳宗元在回答万物“何本何化”的问题时，认为出自于元气自身的阴阳二气相互作用形成了万物的变化。① 刘禹锡首先在辩证法意义上使用“矛盾”概念来说明物质实体运动的原因。他说：“祸福之胚胎也，其动甚微；倚伏之矛盾也，其理甚明。”② 认为事物包含有自己的对立面，潜伏着否定自己的胚胎，因而“矛盾”是运动的源泉。这是“体用不二”辩证思维的新发展：从把实体看作自己运动的原因进入到把矛盾的对立面当作自己运动的原因。

宋代的张载更明确地把“体用不二”理解为事物自身矛盾的对立统一。关于有无问题，张载以“体用不二”论证气本身是“有无”“虚实”的统一体：“由太虚，有天之名；由气化，有道之名。”③ 意谓就体而言，“太虚即气”，无形无状，可称为天；就用而言，气的运动表现为万物的变化，这是有规律的，可称为道；“体用不二”，它们都“一于气而已”。玄学、佛教以虚无为本体，是“略知体虚空为性，不知本天道为用”④，片面夸大了体之“虚”，而不知一切真实的作用都是实体（气）自己运动的表现，因而“体用殊绝”⑤。关于动静问题，张载也用“体用不二”论证了实体自身运动以矛盾为源泉。他说：“一物两体，气也。一故神（自注：两在故不测），两故化（自注：推行于一）。此天之所以参也。”⑥ 又说：“神，天德；化，天道。德其体，道其用，一于气而已。”⑦ 就是说，气是独立同异的物质实体，就体而言，气是统一的，而又两在于阴阳，神妙莫测，即天德；就用而言，一阴一阳，一阖一辟，变化无穷而又构成统一的过程，即天道。所以，体是一而二，用是二而一，“体用不二”就是内在于事物自身矛盾（阴

---

① 参见柳宗元：《天对》，《柳河东集》上册，第228页。

② 刘禹锡：《因论·儆舟》，《刘禹锡集》，第81页。

③④⑤ 张载：《正蒙·太和》，《张载集》，中华书局，1978年，第9页。

⑥ 张载：《正蒙·参两》，《张载集》，第10页。

⑦ 张载：《正蒙·神化》，《张载集》，第15页。

阳）的对立统一过程。列宁说："要认识世界上一切过程的'自己运动'，自生的发展和蓬勃的生活，就要把这些过程当作对立面的统一来认识。"① 张载在"有无（动静）"之辨中，明确把事物自己运动的过程当作对立面的统一来认识，这意味着"体用不二"作为把握事物运动原因的辩证思维得到了确立。同时，张载反对玄学、佛学的"言不尽意"，指出"变化之理须存乎辞"②，肯定概念、范畴能够把握宇宙变化发展法则。由此来讲，"体用不二"，即以"辞"（判断）来表达变化之理，意味着他比较自觉地以"体用不二"作为考察"故"范畴的辩证思维方式。

四、宋至明清：知其必然和当然的"明理"与"理一分殊"

对于事物的认识，不仅要知其然和知其所以然，还要更进一步地知其必然和当然。所谓"明理"，就是为揭示这必然和当然而考察"理"范畴。这表现在贯穿宋至明清时期的"理气（道器）"之辨的过程中，由此而形成了"理一分殊"的辩证思维。不过，那个时期的哲学家，往往是把必然之则和当然之则混同在一起的。

程颐首先在解释张载《西铭》时，提出"理一分殊"。他说："《西铭》明理一而分殊，墨氏则二本而无分。"③ 认为《西铭》阐发的儒家仁爱之说和墨子无等级差别之兼爱的不同在于：以理一而言，儒家的仁爱是对所有人都适用的普遍道德原则；而以分殊而言，这一原则化为实施于不同对象的具体道德规范则是有差别的。这是在伦理意义上讨论了当然之则的普遍道德原则与具体道德规范的关系。在"理

① ［苏］列宁：《哲学笔记》，第408页。
② 张载：《易说・系辞上》，《张载集》，第198页。
③ 程颐：《答杨时论西铭书》，《二程集》，第609页。

气（道器）”之辨上，二程的“理一分殊”则从天道观的意义上讨论了普遍之理与特殊之理的关系。他们分理（道）和气（器）为形而上和形而下：“离了阴阳更无道，所以阴阳者是道也。阴阳，气也。气是形而下者，道是形而上者。”① 以为形而下的阴阳之气构成具体事物（器）的变化，形而上的道（理）则是阴阳之气和万物变化的所以然者，即决定者。因而精神本体（理一）与由其派生的具体事物（分殊）不可同等看待。然而，二程认为，就分殊言之，每一具体事物各有特殊之理，“一物须有一理”②；就理一言之，每一事物的特殊之理无一例外地受到普遍之理（形而上之理）的制约，因此，“万物皆是一理”③。撇去唯心论的外壳，二程的“理一分殊”蕴含着对普遍之理与特殊之理相互关系的辩证思维：普遍之理和特殊之理处于理的不同层次，两者不可混淆，同时特殊之理又都是普遍之理的表现。但他们为了突出天理的主宰地位，把“理一”的普遍性夸大为“元无少欠，百理具备”和没有“存亡加减”④ 的绝对真理、永恒真理，于是普遍规律之理变成了僵硬的无所不包的教条。

在“理气（道器）”之辨上，张载与二程相对。他强调理（道）依存于气（器）：“由气化，有道之名。”⑤ “理不在人，皆在物。”⑥ 由此他也用“理一分殊”探讨了普遍之理和特殊之理的关系。他说：“阴阳者，天之气也（自注：亦可谓道）……生成复帱，天之道也（自注：亦可谓理）……损益盈虚，天之理也（自注：亦可谓道）……道得之

---

① 程颢、程颐：《程氏遗书》卷十五，《二程集》，第 162 页。
② 程颢、程颐：《程氏遗书》卷十八，《二程集》，第 193 页。
③ 程颢、程颐：《程氏遗书》卷十五，《二程集》，第 157 页。
④ 程颢、程颐：《程氏遗书》卷二，《二程集》，第 31 页。
⑤ 张载：《正蒙 · 太和》，《张载集》，第 9 页。
⑥ 张载：《张子语录》上，《张载集》，第 313 页。

同，理得之异（自注：亦可互见）。”[①] 在这里“道”和“理”都是指物质运动规律，但两者又有区别，前者指自然造化的总原理，后者指具体事物损益盈虚的规律；前者有普遍性，因而称其为“同”，后者各有特殊性，因而称其为“异”。所以，道和理的关系就是“理一分殊”，“阴阳之气，散则万殊，人莫知其一也；合则混然，人不见其殊也。”[②] 普遍规律作为事物的共同本质，这是“理一”；普遍规律表现于具体事物则不尽相同，这是“分殊”。张载“理一分殊”的辩证思维对“理”的把握，不仅克服了二程的唯心论，而且与二程强调把握超越具体事物之上的“理一”不同，注重把握作为具体事物运动变化之气理的分殊。

“理一分殊”作为揭示和把握事物发展规律的辩证思维方式，和当时科学的发展有着联系。宋代是中国古代科学发展的黄金时期，当时最杰出的科学家沈括指出：科学研究要“原其理”[③]，要把握自然界的“天理”[④]，这就是力求揭示和认识自然规律。他又说：“大凡物理有常有变，运气所主者常也，异夫所主者皆变也。”[⑤] 自然界事物的规律（物理）是“常”和“变”的统一，既有在一定阶段内为“运气”所决定的“常”，也有阶段内受其他因素影响而产生的“变”。这实际上表现了“理一分殊”的辩证思维：就“理一”来说，事物有普遍的恒常规律；就“分殊”来说，普遍的恒常规律在不同条件下会发生变化，形成特殊规律。可见，从哲学到科学，“理一分殊”辩证思维在对“理”范畴的考察中初步形成了。

---

① 张载：《张子语录》中，《张载集》，第 324 页。

② 张载：《正蒙・乾称》，《张载集》，第 66 页。

③ 沈括：《梦溪笔谈二四》，《沈括全集》中编，浙江大学出版社，2011 年，第 512 页。

④ 沈括：《梦溪笔谈五》，《沈括全集》中编，第 296 页。

⑤ 沈括：《梦溪笔谈七》，《沈括全集》中编，第 329 页。

随着“理气（道器）”之辨的深入，“理一分殊”的辩证思维进一步展开。南宋朱熹在“理气（道器）”之辨上，一方面继承和发展了二程的理论，以形而上和形而下区分“理（道）”和“气（器）”，把“理”作为形而上的精神实体，万物之本，“理也者，形而上之道也，生物之本也”①；另一方面他也吸取了张载“理”依存于物的思想，认为具体事物由“理”提供形式和“气”提供质料而构成，“气也者，形而下之器也，生物之具也”②。他的“理一分殊”亦吸取了二程和张载的观点。朱熹的“理一分殊”同样有伦理道德的当然之则的意义。他说：“理只是一个，道理则同，其分不同，君臣有君臣之理，父子有父子之理。”③ 同一的普遍道德原则在各个特殊对象上分化为不同的行为规范。这和二程所说的相差无几。朱熹比二程更进一步地以“理一分殊”来论证“理”是万物之本：“盖合而言之，万物统体一太极也；分而言之，一物各具一太极也。”④ 太极即最高的理，作为万物唯一的本体，就是“理一”，万物各有一定之分但又同具太极的整体，就是“分殊”。朱熹将这种“理一”和“分殊”的关系比喻为一月印于万川。这里的“理”是超验的精神本体，但其具有普遍性品格，“同者，理也。”⑤ 但这普遍之理贯穿于具体事物之中，“所谓理一者，贯于分殊之中。”⑥ 而具体事物的特殊之理归根结底又是普遍之理的表现，“天下之理万殊，然其归则一而已矣。”⑦ 这里体现了普遍之理与特殊之理相统一的辩证思维。

朱熹也发挥了张载强调把握“分殊”的思想，认为“理一分殊”

①② 朱熹：《答黄道夫》，《朱子全书》第23册，第2755页。

③ 朱熹：《朱子语类·性理三》，《朱子全书》第14册，第237页。

④ 朱熹：《太极图说解》，《朱子全书》第13册，第74页。

⑤ 朱熹：《朱子语类·理气上》，《朱子全书》第14册，第123页。

⑥ 朱熹：《与郭冲晦》，《朱子全书》第21册，第1639页。

⑦ 朱熹：《答余正甫》，《朱子全书》第23册，第3020页。

是要由考察分殊之“万理”而认识普遍之“一理”。他指出“理一分殊”不仅指万物各有其理，“形而下之器之中便各自有个道理”①。还指整体的道理在各部分也各有其特殊性，“如一所屋，只是一个道理，有厅、有堂；如草木，只是一个道理，有桃、有李；……《西铭》言理一分殊，亦是如此”②。因此他说：“不去理会那万理，只管去理会那一理……只是空想象。”③ 这里包含着从把握特殊之理进而把握普遍之理的辩证思维。

尤为值得重视的是，朱熹的“理一分殊”与“一分为二”相联系。他说：“一便对二，形而上便对形而下，然就一言之，一中又自有对。”④ 认为“一理”并非说其没有对立面，理（形而上）不仅和气（形而下）相对立，而且其自身也包含着对立面。因此，“理一分殊”也就是“一分为二，节节如此，以至于无穷，皆是一生两尔”⑤。这里孕育着把一分为二的对立统一作为普遍之理的辩证思维。朱熹的“理一分殊”由于着重考察“分殊”之理和“一分为二”，因而他的“理一分殊”从方法论来讲，就强调分析，“学问须严密理会，铢分毫析。”⑥ 但站在“分殊”之上的精神本体“理一”则是不可分析的绝对真理。

明代王守仁的心学，在“理气（道器）”之辨上的观点与程朱有所不同。他强调“心即理”“心外无理”，“心”既是万物的本体又与万物无“间隔”。但这里作为本体的“心”不像程朱的“理”那样是寂然不动和超验的，而是动态地内在于万物之中：“天地间活泼泼地无

---

① 朱熹：《朱子语类·中庸一》，《朱子全书》第16册，第2024页。
② 朱熹：《朱子语类·性理三》，《朱子全书》第14册，第240页。
③ 朱熹：《朱子语类·训门人五》，《朱子全书》第18册，第3692页。
④ 朱熹：《朱子语类·程子之书一》，《朱子全书》第17册，第3202页。
⑤ 朱熹：《朱子语类·易三》，《朱子全书》第16册，第2218页。
⑥ 朱熹：《朱子语类·学二》，《朱子全书》第14册，第275页。

非此理，便是吾良知的流行不息。"① 于是，王守仁把"理一分殊"理解为"理一"的展开动态过程。他说："理一而已。"② 认为作为万物本体的心（理）是绝对、唯一的。但这个绝对的"理一"在主体应接事物的过程中展开："此心在物则为理，如此心在事父则为孝，在事君则为忠之类。"③ 普遍道德原则（伦理纲常）通过主体事亲、事君等具体道德行为而得以展现。这样的"理一分殊"和程朱相比较，同样有伦理意义，同样包含着普遍规律通过具体事物的特殊规律而得到体现的辩证思维；所不同的是，程朱的"理一"表现于"分殊"是月印万川式的静态观照，而王守仁的"理一"表现于"分殊"则是在动态过程中展开的。王守仁把这样的"理一分殊"过程比喻为种树：一颗种子抽芽、发干、生枝、长叶，生生不息。这里包含了不能把规律看作预定的"规矩"，必须"因时制宜"予以运用的道理。王守仁的"理一分殊"也把对"理一"的认识看作一个过程。他说："我辈致知，只是各随分限所及，今日良知见在如此，只随今日所知扩充到底；明日良知又有开悟，便从明日所知扩充到底。如此方是精一功夫。"④ 所谓"精一"即把握"理一"；所谓"分限所及"，即一定阶级所达到的认识水平。所以，"理一分殊"即统一的认识过程依次表现为由低级到高级的各个阶段。这里显示出，对普遍规律的认识是从低级阶段到高级阶段的发展过程的辩证思维。由于王守仁把"理一分殊"理解为"理一"的展开过程，因而在方法论上强调"合一"，即综合，强调把过程作为统一体来把握。

可见，从朱熹到王守仁，"理一分殊"辩证思维从不同侧面得到展

---

① 王守仁：《传习录》下，《王阳明全集》上册，上海古籍出版社，2011年，第135页。

② 王守仁：《传习录》中，《王阳明全集》上册，第83页。

③ 王守仁：《传习录》下，《王阳明全集》上册，第133页。

④ 同上，第106页。

开。但他们的“理一分殊”不仅是唯心论的，最终还是形而上学的。朱熹片面夸大“分殊”，以为理与气、道与器、阴与阳等一经分立，其位置便不可更易，否定了矛盾转化，把分析变成了分割。王守仁片面夸大“理一”，以为理与气、道与器、知与行等都统一于心（良知），于是“致良知”把综合变成了取消了矛盾的“合一”。所以，如何在朴素唯物主义基础上确立“理一分殊”的辩证思维的难题还有待解决。

明清之际的王夫之在“理气（道器）”之辨上，继承了张载的思想，一方面批判了朱熹和王守仁，提出：“言心、言性、言天、言理，俱必在气上说。”① 强调物质性的气作为万物之本体；另一方面他指出：“阴阳者气之二体，动静者气之二几。”② 认为气的运动变化是阴阳、动静对立统一的过程，这就在朴素唯物论和朴素辩证法相结合的基础上总结了“理气（道器）”之辨。因此，他一方面指出：“理者，物之固然，事之所以然也。”③ 认为理即事物的必然规律；另一方面以“一阴一阳之谓道”，即对立统一原理来论述之，因而他的“理一分殊”既克服了程朱和王守仁的唯心论，也克服了他们形而上学的片面性。王夫之在阐述“一阴一阳之谓道”时指出，阴阳与道（理）是“二”（对立）和“一”（统一）的关系，“故合二以一者，既分一为二之所固有矣。”④ 阴阳和道是对立统一，既分“一”（道）为“二”（阴阳），又“合二以一”。于是他把“理一分殊”看作“理一（统一）”和“分殊（阴阳）”的对立统一。王夫之依据这样的辩证思维来揭示事物发展的规律。他说：“合者，阴阳之始本一也，而因动静分而为两，迨其成又合阴阳于一也。如男阳也而非无阴，女阴也而亦非无

---

① 王夫之：《读四书大全说》，《船山全书》第6册，第1111页。
② 王夫之：《正蒙注·太和篇》，《船山全书》第12册，第23页。
③ 王夫之：《正蒙注·至当篇》，《船山全书》第12册，第194页。
④ 王夫之：《周易外传》，《船山全书》第1册，第1027页。

阳，以至于草木鱼鸟，无孤阳之物，亦无孤阴之物。”① 认为每一个具体事物，无论是男女还是草木鸟兽，都是阴阳合一的统一体。这就揭示了阴阳对立统一是事物发展的普遍规律。在这里，阴阳对立是“分殊”，阴阳同存于一体是“理一”。王夫之还指出，阴阳对立统一这一事物发展的普遍规律展开于不同的事物时各有其特殊性。他说：“阴阳具于太虚絪缊之中，其一阴一阳，或动或静，相与摩荡，乘其时位以著其功能，五行万物之融结流止、飞潜动植，各自成其条理而不妄，则物有物之道，人有人之道，鬼神有鬼神之道。”② 认为阴阳之气不断地运动，在不同时空中表现其功能，因而阴阳对立统一的规律展开于万物之中就形成了各自的“条理”，即特殊规律。这是把普遍规律和特殊规律的关系归结为对立统一的“理一分殊”：普遍规律不受特殊时空的限制，而特殊规律则有其特定的起作用的范围，就此而言，两者是对立（分殊）的；普遍规律通过特殊规律而得到展现，就此而言，两者是统一（理一）的；而且这样的对立统一是一个“相与摩荡”的动态过程。

可见，王夫之的“理一分殊”既吸取了朱熹和王守仁的合理因素，又克服了他们的弊病。这同样表现在方法论上。王夫之以对立统一原理来理解“理一分殊”，在方法论上要求分析和综合相结合。他说：“《易》曰：一阴一阳之谓道。或曰抟聚而合一之也；或曰分析而各一之也，呜呼！此微言之所以绝也。”③ 认为“分析而各一之”的片面强调分析和“抟聚而合一之”的片面强调综合，都不合乎阴阳对立统一的“微言”。他认为“微言”应当是分析和综合的结合：“分言之则辨

① 王夫之：《正蒙注 · 太和篇》，《船山全书》第 12 册，第 37 页。
② 同上，第 32 页。
③ 王夫之：《周易外传》，《船山全书》第 1 册，第 1002 页。

其异，合体之则会其通。”“合而有辨也。”①如此把握事物发展的规律，就把握阴阳对立统一普遍规律而言，既要分析阴阳这两个对立面，又要将这两个对立面作为统一体而综合；就把握普遍规律和特殊规律的关系而言，既要分析特殊规律，又要将它们的共性加以综合从中把握普遍规律。因此，“理一分殊”的辩证思维在方法论上就是分析和综合相结合。

王夫之在以对立统一原理确立“理一分殊”的同时，也用对立统一原理阐发了“相反相成”和“体用不二”。对于“察类”之辨同异，王夫之说：“凡物，非相类则相反。……或始同而终异，或始异而终同，比类相观，乃知此物所以成彼物之利。”②这里的“比类相观”就是以同中见异、异中见同的“相反相成”辩证思维来把握“类”。在方法论上就是把“取象”和“运数”相统一的“象数相因”③。这是对先秦“相反相成”辩证思维的发展。对于“求故”，即考察事物运动的原因，王夫之说：“《易》之为道，乾坤而已……而天地人物屈伸往来之故尽于此。”④认为事物运动之“故”在于自身的矛盾（乾坤）对立运动。他批评佛学、玄学虽然也讲“体用不二”，但最终都强调“体”的虚静，是“妄立一体而消用以从之”⑤，即不知道一切真实的作用都出于本体。他提出应当“由用以得体”⑥。从作用的实有，即从“物物相依”（事物的全面联系）和“推故致新”（事物的变化日新）来考察实体的运动。这是对汉魏至唐宋的“体用不二”辩证思维的重要发展。王夫之把对立统一原理贯穿于对“类、故、理”范畴的考察之中，集“相反相成”“体用不二”“理一分殊”的辩证思维之大成，

---

① 王夫之：《正蒙注·太和篇》，《船山全书》第 12 册，第 27、38 页。
② 王夫之：《正蒙注·动物篇》，《船山全书》第 12 册，第 106 页。
③ 王夫之：《尚书引义》，《船山全书》第 2 册，第 338 页。
④ 王夫之：《正蒙注·太和篇》，《船山全书》第 12 册，第 24 页。
⑤⑥ 王夫之：《周易外传》，《船山全书》第 1 册，第 862 页。

达到了中国古代辩证思维的高峰。

概而言之，从“察类”的“相反相成”，到“求故”的“体用不二”，再到“明理”的“理一分殊”，表现了中国古代哲学辩证思维从知其然到知其所以然再到知其必然和当然的逻辑发展的轨道。

（本文部分内容曾以《论中国古代哲学辩证思维的逻辑发展》为题，发表于《哲学研究》1992 年第 6 期）

中国传统哲学的致知之道：认知与德性相依不离

张岱年《中国哲学大纲》写成于1937年，该书自序说："近年来，中国哲学史的研究颇盛，且已有卓然的成绩。"这无疑包括冯友兰几年前出版的两册《中国哲学史》。该自序还说："冯芝生先生谓中国哲学虽无形式上的系统，而有实质上的系统，实为不刊之至论。"① 不过，张岱年认为冯友兰把哲学家按照历史顺序逐个阐述的写法，虽能说明每个哲学家的实质系统，但难以揭示整个中国哲学的实质系统。张岱年的《中国哲学大纲》以"中国哲学问题史"的面目出现，正是为了解决这个问题，如其自序所言，在当时"以问题为纲，叙述中国哲学的书，似乎还没有。此书撰作之最初动机，即在弥补这项缺憾。此书内容，主要是将中国哲人所讨论的主要哲学问题选出，而分别叙述其源流发展，以显出中国哲学整个的条理系统，亦可看作一本中国哲学问题史"②。这其中的重要含义是要更好地论证中国哲学和西方哲学是哲学"类称""总名"之下的两个"特例"，即中西哲学讨论的问题是共同的，即《中国哲学大纲》列出的"宇宙论""人生论""致知论"三大部分，但对这些问题的提法、内容的阐述以及回答是有各自特点的。这里以"致知论"代替通常的"认识论"尤其体现了这一点。中国传统哲学没有"认识论"这个词汇。然而，哲学总是要讨论认识世界和认识自己的问题。如何认识世界和认识自己，在中

---

① 张岱年：《中国哲学大纲·序论》，中国社会科学出版社，1982年，第18页。

② 同上，第2页。

国传统哲学里称为“致知之道”。它在理论的形态和内涵上，具有不同于西方认识论的特点，即张岱年所说的“中国思想家总认为致知与修养乃不可分，宇宙真际的探求，与人生至善之达到，是一事之两面”①；“认为致知方法与德行涵养有相依不离的关系，这也是中国哲学的特点之一”②，这就揭示了中国传统哲学致知之道的特点，是认识论和伦理学的结合。本文是对张岱年这个观点的引申和发挥。

一、先秦诸子奠定认识论和伦理学融合的基础

最早出现“格物致知”的是《大学》，它将其作为修身的重要环节，以为人既是认知主体，也是德性主体，认知外物的过程和德性养成的过程是统一的。《大学》中的“格物致知”表现出认识论和伦理学融合的意蕴，并非偶然。因为此前的先秦诸子正是如此。这里以先秦诸子中对中国哲学影响最大的儒、道两家为阐述的重点。

就儒家而言，时人以“仁且智”作为孔子的思想符号。“仁且智”即仁智统一，这无疑是认识论和伦理学的结合。其“知之为知之，不知为不知，是知也”（《论语 · 为政》）就是如此。这里揭示了认识过程中“知”与“不知”的矛盾关系，即自知无知正是知（认识）发生的起点；因为只有意识到对某个对象的无知，才会产生求知的动力，才会提出针对这个对象的问题，以此作为认识的导向。同时，这里也蕴含了不自以为无所不知的德性修养，它表现出“君子泰而不骄”（《论语 · 子路》）的仁德。可见，孔子既从认识活动如何发生来考察认识论问题，又将此与认识主体的德性修养相联系。古希腊哲学中，对于认识的发生问题，柏拉图提出了著名的“美诺诘

---

① 张岱年：《中国哲学大纲 · 序论》，第 7 页。
② 张岱年：《中国哲学大纲》，第 496 页。

难”，一方面，如果主体完全处于无知状态，则不可能提出认知问题；另一方面，如果主体对某个对象已经有所知，便没有再进行认识的必要。这样，无论在无知或有知的条件下，认识活动都不可能发生。柏拉图以此论证“回忆说”，即认识是对先天知识的回忆。与这样的观点相比较，孔子以自知无知来阐述认识的发生，不仅不像柏拉图那样将知与无知予以割裂和对立，还以重视德性修养发挥了认识主体的能动作用。

孟子、荀子继承了这样的致知之道。孟子说：“尽其心者，知其性也；知其性，则知天矣。”（《孟子·尽心上》）而“心之官则思，思则得之，不思则不得也”（《孟子·告子上》）。以为认识性与天道，必须尽心，即充分发挥理性思维的作用。而尽心的过程则是对天赋的道德“良知”予以自觉反思的过程，“学问之道无他，求其放心而已矣”（同上）。因此，“学问之道”是尽心即理性思维过程和求其放心即道德自觉过程相融合之道。荀子否定有天赋“良知”，但也很重视心的理性思维作用，称心为统帅耳目感官的“天君”（《荀子·天论》）。不过，“凡万物异则莫不相为蔽，此心术之公患也”（《荀子·解蔽》）。事物存在着矛盾的两个方面，而“心术”的通病是只见一面而不见另一面；要去除这些“公患”，必须重视认识主体之“心”的道德修养，“以仁心说，以学心听，以公心辨”（《荀子·正名》），从而达到“以道观尽”（《荀子·非相》），即全面认识事物。

道家的认识论以把握道为宗旨，而这与致虚守静的德性修养相联系。老子说“为道日损”，对“道”的把握不同于“为学日益”，需要“损之又损，以至于无为”（《老子·48章》），这个“损”包含着德性修养，即不断减损心灵的污垢，犹如把镜子上的瑕疵完全清洗干净，“涤除玄览，能无疵乎！”（《老子·10章》）老子将之称为“致虚极，守静笃”（《老子·16章》）。这是回归婴儿纯净初心般的厚德，“含德之厚，比于赤子”（《老子·55章》）。以后道家对此予以传承和发展。

《管子》中的《白心》《内业》和《心术》上、下是《老子》之后的重要道家文献①。它们认为"德成而智出，万物果得"，修养成德是认识万物的前提。因此，"不修之此，焉能知彼"，只有修养认识主体（此），才能认识外在对象（彼）；而"修之此，莫能虚矣。虚者，无藏也"。修养成德之"虚"就是使私欲等无处可藏，内心达到平静如水的状态。否则无法进行有效的认识活动，"心有欲者，物过而目不见，声至而耳不闻也"，而"修心静意，道乃可得"。老子的"涤除玄览"表明人可以像明镜那般如实映物的可能性。《管子》四篇将这样的可能性落实于"静因之道"。"因也者，舍己而以物为法者也"，即抛弃主观成见而如实反映外在事物。这是肯定虚静修德与认识客观性之间有着内在的联系。

庄子说："何思何虑则知道？"（《庄子·知北游》）他以"有真人而后有真知"（《庄子·大宗师》）对此作了回答。"真知"是有别于认识具体事物的"知道"之知，"真人"则是理想人格；而虚静既是万物根源之道的体现，又是理想人格之德的最高要求："夫虚静、恬淡、寂漠、无为者，天地之平，而道德之至。"（《庄子·天道》）因此，以"知道"为追求的"真人"当然要以虚静为道德的理想境界。而达此境界的途径是"刳心"（《庄子·天地》），"真人"的"刳心"而"知道"，以去除"机心"为对象："机心存于胸中，则纯白不备；纯白不备，则神生不定；神生不定者，道之所不载也。"（同上）"机心"就是"功利机巧"之心，即出于功利追求的谋划、算计，而洗濯"机心"，具备"纯白"之虚和"神定"之静，才能"载道"，即获得对道的"真知"；同时，庄子将"明白入素，无为复朴，体性抱神"（同上）作为"功利机巧"的对立面。这表明"真人"虚静修德的"刳心"，以回归朴素纯真的本然之性为目标。因此，"真人"的特点是致

① 以下出自这四篇的引文，不一一注明。

虚守静与素朴本然之性的融通为一："素也者，谓其无所与杂也；纯也者，谓其不亏其神也。能体纯素，谓之真人。"（《庄子·刻意》）回归"纯素"本然之性，正是"无所杂"和"不亏神"，即虚而无物和静而无欲的自我净化的最高境界。老子"涤除玄览"的虚静，蕴含着返回镜子之明净本性的意味，庄子对此作了发挥，强调提升自我净化的境界对于理解和把握道的正面意义。

儒、道之外，墨家、法家、名家的致知之道同样是认识论和伦理学的结合。墨子说："天下之所以察知有与无之道者，必以众之耳目之实，知有与亡为仪者也。"（《墨子·明鬼下》）以众人耳目的感觉经验，作为判断事物是否真实存在的认识之道。墨家以"利"为善（义），以"害"为恶（不义），而利与害则诉诸喜悦和厌恶的直接感觉，"得是而喜，则是利也""得是而恶，则是害也"（《墨子·经说上》）。可见，墨家重视感觉经验具有认识论和伦理学的双重意义。法家集大成者韩非指出："缘道理以从事。"（《韩非子·解老》）要求认识一般规律（道）和特殊规律（理）；而其法家思想正是"道理之言"（《韩非子·难势》）。言此道理则涉及道德品性，如苦乐与利益的关系，"法之为道，前苦而长利；仁之为道，偷乐而后穷"（《韩非子·六反》）；如私情与公正的关系，"明主之道，必明于公私之分，明法制，去私恩"（《韩非子·饰邪》）。名家公孙龙的"白马非马"，讨论名与实，即名称、概念如何指称实际事物的认识论问题，但这与君臣伦理相关联。"名实无当"会使得"君臣争而两明"，即君臣相争而各自显明势力；"两明而道丧"（《公孙龙子·通辩论》），即认识名实关系之"道"沦丧。

总之，先秦诸子奠定了传统致知之道的认识论和伦理学两面一体的基础。

二、“尊德性”“道问学”与“转识成智”

先秦以后包括儒道释在内的中国传统哲学的致知之道，始终以认知与德性相依不离为宗旨。

《中庸》把先秦儒家融合认识论和伦理学的致知之道概括为“君子尊德性而道问学”。以后儒学对于认识活动中如何“尊德性而道问学”进行了不少探讨，最著名的是朱熹与陆九渊“鹅湖之会”的争论。他们在江西信州（今上饶）的鹅湖寺里，围绕“为学之方”，论辩“道问学”与“尊德性”。朱熹说：“尊德性，所以存心而极乎道体之大也；道问学，所以致知而尽乎道体之细也。二者修德凝道之大端也。”① 承认两者都以认识道体为目标，但倾向于从“道问学”入手，通过泛观博览和考察外物来涵养内在德性，由“道体之细”走向“道体之大”。而陆九渊则以为“道不外索”②，要“先立乎其大者”，修养本心，“既不知尊德性，焉有所谓道问学？”③ 没有主体的德性修养，读书穷理的“道问学”就没有方向。鹅湖之会没有消除两人的分歧，但他们都把“尊德性”和“道问学”的关系视为认识活动的目的和手段的关系，如后来王阳明所说，“道问学，所以尊德性也”“如今讲习讨论，下许多工夫，无非只是存此心，不失其德性而已”④。理学家把“道问学”和“尊德性”的关系发挥为“致知”（穷理）与“涵养”（居敬）的关系，“涵养须用敬，进学在致知”⑤，认为两者应当相互促

---

① 朱熹：《中庸章句》，《四书章句集注》，第 35 页。
② 陆九渊：《语录下》，《陆九渊集》，中华书局，1980 年，第 63 页。
③ 陆九渊：《语录上》，《陆九渊集》，第 400 页。
④ 王阳明：《传习录》下，《王阳明全集》上册，第 133 页。
⑤ 程颢、程颐：《程氏遗书》卷十八，《二程集》，第 188 页。

进，“能穷理，则居敬工夫日益进；能居敬，则穷理工夫日益密”①。不难看到，从先秦儒学到宋明理学，儒学的致知之道形成了认识活动与德性修养融合为一的传统。

如果说儒家致知之道的德性修养，主要用的是“加法”，即“下许多工夫”的“日益进”“日益密”。那么，道家得“道”的德性修养，则主要用的是“减法”。老子的“损”和“涤除”形象地表达了这一点。《管子》的四篇文章用类似的“减法”语汇描述虚静修德，如“洁其宫”“虚其欲，神将入舍。扫除不洁，神乃留处”。这里的“神”是指得道的神明智慧。庄子的“刳心”即“洗心”。这也与老子“涤除”之“减法”一脉相承。道家的“减法”对宋明理学的“尊德性”和“道问学”产生了重要影响。理学家肯定致知（道问学）与涵养（尊德性）相互促进。不过，他们讲的涵养吸取了道家的致虚守静，朱熹说：“欲穷理，又须养得心地本原虚静明澈。”② 王阳明认为“静处体悟”有益于“致良知”③，就去除对良知的障蔽而言，“吾辈用功只求日减，不求日增”④。就是说，与致知穷理相联系的德性涵养，除了用“加法”，“减法”亦可为辅助。

中国佛教同样把认识活动与德性修行融于一体。它提出的“转识成智”，即把世俗的观念转化为佛教的智慧。佛教认为，源于感官的“六识”（眼、耳、鼻、舌、身、意的认识功能）对于事物的识别，使得人们会执着追求某些合乎自身心愿的事物，得之则喜，失之则悲，由此产生了世俗的对于事物的分别心、执著心，从而带来了无穷烦恼。从世俗观念中解脱出来，离不开道德修行。本来印度佛教的“转识成

---

① 朱熹：《朱子语类·学三》，《朱子全书》第14册，第298页。
② 朱熹：《答彭子寿》，《朱子全书》第25册，第4882页。
③ 王阳明：《传习录》下，《王阳明全集》上册，第115页。
④ 王阳明：《传习录》上，《王阳明全集》上册，第31页。

智”须经历许多层次，禅宗则以自心顿现的简捷的修行方法取代之。在决定惠能与神秀谁能继承禅宗衣钵的比试中，神秀作偈曰：“身是菩提树，心如明镜台，时时勤拂拭，勿使惹尘埃。”① 惠能的偈与此针锋相对：“菩提本无树，明镜亦非台，佛性常清静，何处惹尘埃。”② 由此而胜出。他认为比喻为佛性的菩提树和明镜台，本来就空寂清净而非一物，如果“从自心中，顿见真如本性”③，即顿然开悟到自心即佛性，空寂清净是其本来面目，那么，世俗的尘埃没有了沾染的落脚处，“时时勤拂拭”的烦琐功夫完全是多余的。这是说顿悟自心即空寂清净的佛性，把握了这样的“善知识”即佛道的智慧，就不会对“六识”所呈现的事物起分别心、执著心；这可谓是“自见本性清净，自修、自行，自成佛道”④。神秀的“时时勤拂拭”夹杂有儒家“加法”（时时）和道家“减法”（拂拭）的尾巴。惠能截断这个尾巴，认为佛道的“善知识”就是悟得自心以空寂为本性，因而这无所谓增或减，“若雨大海，不增不减”⑤，好比落进大海的雨水，对大海没有增减可言。这样的非增非减，虽然在刹那间实现，但并非易事。佛教把世俗尘埃比喻为“八风”——利（顺利）、衰（衰落）、毁（毁谤）、誉（赞扬）、讥（讥讽）、称（吹捧）、苦（艰苦）、乐（享乐）。自心空寂的非增非减就要“八风吹不动”。宋代文学家苏轼有很高的禅学造诣，与隔江而居的佛印禅师交往颇深。他写了首赞颂寺庙佛像庄严巍峨的诗：“稽首天中天，毫光照大千。八风吹不动，端坐紫金莲。”让人转交给佛印。佛印看出其中隐含着苏轼的自负，就在这首诗上批了两个字“放屁”，叫人送还给他。苏轼不服，立马过江找佛印论辩。佛印说：

---

① 慧能：《坛经·行由品》，《坛经》，中华书局，2013 年，第 12 页。
② 同上，第 23 页。
③ 慧能：《坛经·般若品》，《坛经》，第 56 页。
④ 慧能：《坛经·坐禅品》，《坛经》，第 95 页。
⑤ 慧能：《坛经·般若品》，《坛经》，第 51 页。

"你不是'八风吹不动'吗？何以被一屁打过江来了呢？"苏轼恍然醒悟。[①] 禅宗的"转识成智"揭示了认识活动中的重要矛盾：既要以感官识别事物，又要超越由此带来的迷惘。它以自心顿现来解决这个矛盾，意味着廓清感官的认识迷雾，需要有"八风吹不动"的道德定力。禅宗以"不增不减"的顿悟来实现由世俗观念到佛道"善知识"的"转识成智"，不仅揭示了认识过程中突变性的飞跃，还把这样的"转识成智"与道德修养紧密地联系在一起。

三、"见闻之知""德性之知"的区分与"大其心"的自觉

宋代之后，儒、道、释合流。因此，宋代提炼出了明确显示认识论和伦理学融合为一的标志性概念——德性之知。这成为宋明至清初致知之道的重要内容。宋明理学特别把"德性之知"与"大其心"相联系，自觉地以融合认识活动和德性修养作为致知之道的理论形态，王夫之进一步把"大其心"看作是从无知到知（见闻之知）、从知识到智慧（德性之知）的过程。

张载说："见闻之知，乃物交而知，非德性所知。"[②] 认为见闻之知和德性所知是两种不同层次的认识成果，也是两种不同形态的认识论。就认识成果的层次而言，见闻之知是感官对具体事物的认识。但认知范围极其有限，无法从整体上把握天下万物，"今盈天地之间皆物也，如只据己之闻见，所接几何，安能尽天下之物？"[③] 而德性所知则与此不同，"圣人尽性，不以见闻梏其心""大其心，则能体天下之

---

① 参见姚南强：《禅与唐宋作家》，江西人民出版社，1998年，第112~113页。

② 张载：《正蒙·大心》，《张载集》，第24页。

③ 张载：《张子语录》下，《张载集》，第333页。

物”①。就是说，“德性所知”是“大其心”，即以突破见闻桎梏而把握天地万物普遍性原理为内容的，而这以“尽性”，即德性涵养为基础。区分两种认识成果的层次，意在强调以“德性所知”为认识活动的目标，并将德性涵养纳入认识过程。就认识论的形态而言，“若只以闻见为心，但恐小却心”②。见闻之知的认识形态为“小却心”，是把认识活动限定于感官交物的狭义认识论，“世人之心，止于闻见之狭”③；而德性所知的认识形态为“大其心”，是把认识宇宙普遍原理和自我德性修养统一于认识活动的广义认识论。区分“小却心”和“大其心”两种形态，表现了追求后者的自觉意识。张载借用老子“为学”“为道”之分，揭示“见闻之知”与“德性所知”上述两方面的区别：“闻见之善者，谓之学则可，谓之道则不可。”④ 张载特别把“德性之知”与“大其心”相联系，体现了对传统致知之道以融合认识活动和德性修养作为自身形态的理论自觉。但是，他强调“德性所知，不萌于见闻”⑤，以为“德性所知”不必依赖感觉经验，则表现出先验论的倾向。

以后程颐、朱熹、王阳明等对德性之知的观点，在价值取向上大体上与张载相似。王廷相则对德性之知提出批评：“世之儒者乃曰：‘思虑见闻为有知，不足为知之至。’别出德性之知为无知，以为大知，嗟乎！其禅乎！不思甚矣。殊不知思与见闻，必由吾心之神，此内外相须之自然也。德性之知，其不为幽闭之孩提者几希矣。”⑥ 认为并没

---

① 张载：《正蒙 · 大心》，《张载集》，第 24 页。

② 张载：《张子语录》下，《张载集》，第 333 页。

③ 张载：《正蒙 · 大心》，《张载集》，第 24 页。

④ 张载：《经学理窟 · 义理》，《张载集》，第 273 页。

⑤ 张载：《正蒙 · 大心》，《张载集》，第 24 页。

⑥ 王廷相：《雅述 · 上篇》，《王廷相集》第 3 册，中华书局，2009 年，第 836 页。

有超乎思虑见闻的德性之知，把超乎思虑见闻的德性之知作为“大知”是陷入了禅学，导致犹如“幽闭之孩提”般蒙昧无知。就其对张载的德性之知的先验论的批评而言，这是正确的；但由此否定了张载的德性之知体现了“为道”，即追求超越知识层面的智慧的深刻见解。王夫之对王廷相在理气之辨、知行之辨上的观点都有继承和发展；与此相联系，他虽然依然认为德性之知不依赖于见闻之知，但有见于王廷相对德性之知的先验论倾向的批评，他在肯定德性之知超乎闻见之知的同时，又指出前者要以后者为凭借，“超乎闻见，而闻见皆资以备道也。”① 这就对德性之知的先验论作了某种限制。不过，他不同意王廷相对区分见闻之知和德性之知的否定。他说：“见闻所得，未必非道之一曲。”② 认为见闻之知反映了道的某个侧面，这意味着见闻之知表现了认识过程中从无知到知。但是，它作为“道之一曲”具有很大局限性，无法把握包含物、我的道之全体。因此，王夫之赞同张载以“大其心”突破见闻之知而走向“知道”之境，“致知之道……大其心以体物体身而已。”③ “知道而后外能尽物，内能成身。”④ 而这样的“知道”之境就是德性之知，“德性之知，循理而反其原。廓然于天地万物大始之理，乃吾所得于天，而即所得以自喻者也。”⑤ “德性诚有而自喻，如暗中自指其口鼻，不待镜而悉。”⑥ 德性之知是如在暗中指鼻的“自喻”，即德性的自证中，体认了天地万物的本原和普遍之理，天道在我身上化为血肉，在我心中凝为德性。这意味着德性之知是关于天道以及与天道合一之德性的整体而又自得

① 王夫之：《正蒙注·乾称篇》，《船山全书》第12册，第365页。
② 王夫之：《正蒙注·大心篇》，《船山全书》第12册，第149页。
③ 同上，第156页
④ 同上，第149页。
⑤ 同上，第144页。
⑥ 同上，第145页。

的智慧。就是说，王夫之把张载关于见闻之知和德性之知的两种认识成果和认识论形态的区分，进一步发展为把整个认识过程看作从无知到知、从知识到智慧的运动。这对于传统哲学的致知之道具有一定的总结意义。

从“知之为知之”到“德性之知”的致知之道，是不断提升融合认识活动和德性修养以及将此作为自身形态的理论自觉的历史过程，贯穿其中的宗旨是：认识活动不仅以思维的光亮映照世界，更以德性的修养成就自己。于是，它所展现的天地人物是充满道德情怀的乾坤世界，张载《西铭》对此表达最为典型：“乾称父，坤称母；予兹藐焉，乃混然中处。故天地之塞，吾其体；天地之帅，吾其性。民吾同胞，物吾与也。”① 天地乾坤是万物之父母，而人处在其中，天地之气充塞我的身体，天地之性统帅我的德性，因此人类是我同胞，万物是我朋友。由充满道德情怀的世界而激荡起对于世界的宏大的道德担当，张载以下四句名言对此的表达也最为典型：“为天地立心，为生民立命，为往圣继绝学，为万世开太平。”张载集德性之知和民胞物与、“横渠四句”于一身，充分反映了致知之道在认识世界的同时，更注重以崇高而磅礴的道德力量改变世界。

这样的“大其心”的德性之知，对于认识中国传统哲学的价值具有不可忽视的意义。把哲学划分为认识论（知识论）、伦理学等部分，源自西方哲学。在西方，由于近代实证科学的兴起和推动，哲学热衷于对知识的起源、性质、对象、范围以及主体的认识能力、认识方法等问题的研究，由此发生了“认识论的转向”。这样的认识论按照康德的说法，可以归结为两个问题：感觉能否给予客观实在？普遍必然的科学知识何以可能？20 世纪以来的西方实证主义将认识论局限于这两个问题，形成了“狭义认识论”。受此影响，20 世纪 20 年代以来，中

① 张载：《正蒙 · 乾称》，《张载集》，第 62 页。

国哲学界有种流行的见解：中国哲学重做人，西方哲学重求知；因而中国传统哲学的认识论不发达。① 如果我们把哲学史看作人类认识史的精华，那么，认识论不发达的中国传统哲学在世界哲学史上就无足轻重了。依据上述关于中国传统致知之道的梳理，可以看到，贯穿于中国传统哲学的是认知活动和德性修养相结合的“广义认识论”。这不仅表现了不同于西方哲学的民族特点，而且为超越西方实证主义的“狭义认识论”提供了思想智慧。

（本文曾以《见闻之知、德性之知与中国传统致知之道的嬗变》为题，收入吴震主编《宋明理学新视野》下册，商务印书馆，2021 年）

① 以下两位学者的说法都有此倾向：冯友兰认为，西方哲学之知识论（方法论），在中国思想史的子学时代，尚讨论及之；宋明而后，无研究之者；张东荪的《知识与文化》则说：“中国哲学无认识论。”

第二辑　西学初渐

论明清之际"由数达理"的思维方法

——从一个侧面看明清之际思想的性质

明清之际的思想，横亘在传统和近代的交界处。因此，讨论明清之际思想的性质，是研究中国的思想文化如何从传统迈向近代的重要课题。本文摄取了明清之际思想的一个侧面——"由数达理"的思维方法的产生、形成和夭折，由此来具体地剖析明清之际思想的性质。

一、曙光·晚霞·胚胎

近年来，关于明清之际思想的性质的讨论，主要有两种相异的观点：萧萐父先生认为明清之际是"中国的哲学启蒙"，其性质与西方的文艺复兴相类，是近代的"曙光"；而包遵信则认为"明清之际思潮是以儒学为主体的传统文化的自我调整"，谈不上"启蒙文化"，只是日落西山时天空中的"一抹晚霞"。[①] 这两种观点的根本分歧，在于如何判断明清之际思想中的近代因素。

为了判断明清之际思想中的近代因素，"曙光说"和"晚霞说"都注意到明清之际西学东渐对于中国传统思想的影响。明清之际由西方传教士输入的西学，对中国思想文化影响最大的是西方的科技。这

---

① 这两种观点的代表作，是萧萐父的《中国哲学启蒙的坎坷道路》（《中国社会科学》1983 年第 1 期）和包遵信的《晚霞与曙光——论明清之际的社会思潮》（《湖北社会科学》1988 年第 6 期）。本文引用这两种观点的说法，均出自上述两文。

是公论，也是“曙光说”和“晚霞说”都同意的。所不同的是，“曙光说”认为，西方的科技使中国传统思想的面貌发生了很大的变异，因而具有启蒙性质；而“晚霞说”则认为，西方的科技并未导致中国传统思想的变异。“曙光说”指出，明清之际的自然科学研究热潮和中西科学文化的早期交流，使这一时期启蒙哲学的理论创造从内容到方法都具有新的特色，启蒙学者的治学方法，突破汉宋，别开新途，日益孕育着近代思维方法。徐光启、方以智、梅文鼎等人学贯中西，开始了铸造自己“新工具”之事业，就是我们“自己的弗兰西斯 · 培根”。“晚霞说”却指出，当时传入中国的西方文化，并没能推动中国传统文化的变异。徐光启、李之藻算是最有远见卓识的人士了，他们从西方自然科学中看到了传统科学的一些弊端，可是他们的思想犹如黑暗苍穹中的流星，那一掠而过的闪光还没等许多人看见就已消逝得无影无踪。

“曙光说”和“晚霞说”关于明清之际思想的性质的判断，都有偏颇之处：“曙光说”对于这个时期的近代思想因素有所夸张；“晚霞说”则基本上忽视了这个时期近代思想因素的意义。这在关于中国传统思想在东渐之西学影响下发生的变异度的估计上，得到了充分的反映。然而这两种观点的偏颇之处又是和它们的合理成分相联系的：“曙光说”充分地肯定了明清之际思想的近代意义；“晚霞说”较多地分析了明清之际思想与传统思想规范的联系。

对于明清之际思想中的近代因素的确切判断，我认为应当这样说：它是近代思想的胚胎。所谓“胚胎”，就是说明清之际的思想表现出从传统过渡到近代的某种动向，因而它与代表新时代文化类型崛起的西方文艺复兴不相类，也与完全在中国传统的故道里运行有区别。我认为这个判断吸取了“曙光说”和“晚霞说”的合理成分而又克服了它们的偏颇之处。

“胚胎说”对于明清之际思想性质的判断，具体有三层意思：第一，明清之际的思想，在对中国传统思想文化进行的批判总结中，提出了某些有近代意义的命题，但并不具有在形态上更新传统文化的明确意识，这犹如依附在旧母体里的新生胎儿。第二，明清之际思想的近代因素并没有直接导致近代思想的揭幕，而是在传统文化的压迫下夭折，这好比是胚胎没有发育为婴儿。第三，明清之际思想的近代因素虽被窒息，但它们仍然是近代思想的潜在养料，近代思想家常常从这里受到某种启迪。

明清之际中国传统思想在西方科技冲击下发生的变异，正可以印证上述的"胚胎说"。与当时传入的西方科技相比较，徐光启等人意识到了中国科学的停滞、落后，认为西方科技之精华，在于"由数达理"的形式逻辑思维方法。他竭力提倡这种思维方法，之后的很多科学家(几乎都是儒学之士)都开始接受这一中国传统文化中所缺乏的思维方法，在明清之际的二百余年里形成了重视这一思维方法的思潮。就其向中国人提供了一种发展近代科学所需要的新的思维方法而言，它对于中国传统文化的变异，是穿越了物质表层而渗透到了精神的深层。也正是这样的变异，表现了明清之际"由数达理"思维方法的近代意义。但是，这样的变异，又没有强大到足以动摇中国传统的最高的思维方法——经学方法。因此，具有近代意义的思维方法最后成了经学考据的工具，同化于经学之中。然而同中有异，明清之际兴盛起来的经学由于注入了"由数达理"的逻辑方法，因而就蕴藏着与以前的经学所不同的近代科学因素。这种近代科学的因素对于近代中国人认识和把握近代科学方法又提供了基础。

下面对于上述的说法作进一步的展开。

二、"由数达理"思维方法的产生

西方传教士输入的科技，在中国思想界引起了强烈反响："新奇的欧洲科学知识震惊了整个中国哲学界。"① 在震惊之余，徐光启最早从思维方法上比较中西科学，把两者的差距归结于是否具有"由数达理"的形式逻辑的思维方法。

徐光启指出，西方科学以数学作为基础："格物穷理之中，又复旁出一种象数之学。象数之学，大者为历法、为律吕；至其他有形有质之物，有度有数之事，无不赖以为用，用之无不尽巧极妙者。"②就是说，西方科学是由把握事物的数量关系来发现自然界的客观规律。此即由"数"达"理"的思维方法。《几何原本》集中表现了这种形式逻辑的思维方法。所以徐光启说："《几何原本》者，度数之宗。"③他认为西方科学的发展，是由于西方注重形式逻辑思维方法的训练。他在《〈几何原本〉杂议》中说："闻西国古有大学，师门生常数百千人，来学者先问能通此书，乃听入。何故？欲其心思细密而已。"④

反观中国的数学，徐光启认为其缺陷是没有建立在形式逻辑公理系统的基础上。他认为中国数学和西方数学相比较，差异不在"法"（对经验数据的运算方法）而在"义"（对数学原理的逻辑论证）。他说："泰西子之译测量诸法……与《周髀》《九章》之勾股测望，异乎？不异也。不异，何贵焉？亦贵其义也。"⑤ 而其"义"是以《几何原本》的演绎逻辑为基础的，所以，他说《几何原本》"能传其义也"。徐光启指出，由于中国数学忽略"义"，因而许多与其有关的科学就不能如西方那样，揭示出事物的"所以然之故"和"确然不易之

---

① ［意］利玛窦，［法］金尼阁：《利玛窦中国札记》，中华书局，2010 年，第 347 页。

② 徐光启：《〈泰西水法〉序》，《徐光启全集》第 5 册，上海古籍出版社，2010 年，第 290 页。

③ 徐光启：《刻〈几何原本〉序》，《徐光启全集》第 4 册，第 4 页。

④ 徐光启：《〈几何原本〉杂议》，《徐光启全集》第 4 册，第 12 页。

⑤ 徐光启：《题〈测量法义〉》，《徐光启全集》第 5 册，第 5 页。

理”。他说：“二仪七政，参差往复，各有所以然之故。”何承天、祖冲之、郭守敬等虽然“推为精妙”，但是“能言其所为故者，则断自西泰子之入中国始”①。又说：“西洋利玛窦，与之讲论天地原始，……一一从其所以然处，指示确然不易之理，较我中国往籍，多所未闻。”②

显然，徐光启把“由数达理”的形式逻辑思维方法视作西方科学优越于中国传统科学的根本之所在。所以，他试图以倡导这种思维方法来改变中国科学停滞不前的局面。徐光启特别推崇集中表现了形式逻辑思维方法的《几何原本》，将其比喻为绣鸳鸯的“金针”。他说：“昔人云‘鸳鸯绣出从君看，不把金针度与人’，吾辈言几何之学，政与此异。因反其语曰‘金针度去从君用，不把鸳鸯绣与人’，……其要欲使人人真能自绣鸳鸯而已。”徐光启很清楚地指出，《几何原本》之所以是“金针”，就在于它提供了训练人“心思缜密”的形式逻辑方法：“欲脱之不可得，欲驳之不可得，欲减之不可得，欲前后更置之不可得。”他认为，掌握了这样的思维方法，就可以使人绣出“开州冶铁”之类实用科学的“鸳鸯”。他说：“能通几何之学，缜密甚矣！故率天下之人而归于实用者，是或其所由之道也。”③

徐光启所注目的思维方法，正是中国传统文化所缺乏的。哲学和科学是理论思维的两种主要方式，中国古代的哲学和科学，都将形式逻辑的思维方法冷落在一边。利玛窦曾经说：“中国所熟习的唯一高深的哲理科学就是道德哲学，……他们没有逻辑规则的概念，因而处理伦理学的某些教诫时毫不考虑这一课题各个分支相互的内在联系。”④李约瑟指出：“当希腊人和印度人很早就仔细地考虑形式逻辑的时候，

---

① 徐光启：《〈简平仪说〉序》，《徐光启全集》第5册，第189页。

② 徐光启：《修改历法请访用汤若望罗雅谷疏》，《徐光启全集》第9册，第169页。

③ 徐光启：《〈几何原本〉杂议》，《徐光启全集》第4册，第12~13页。

④ ［意］利玛窦，［法］金尼阁：《利玛窦中国札记》，第31页。

中国人则一直倾向于发展辩证逻辑。"[①] 因此，"中国数学的主流是朝着代数学的方向发展的。在中国从未发展过理论几何学，即与数量无关，而纯粹依靠公理和公设作为讨论的基础来进行证明的几何学。"[②] 先秦的《墨经》曾建立了可以与亚里士多德形式逻辑相媲美的形式逻辑体系，"墨家思想所遵循的路线如果继续发展下去，可能已经产生欧几里得式的几何体系了。"[③] 先秦以后，墨家成了绝学，因而形式逻辑思维方法的"幼芽没有得到发展是中国文化的特征之一"[④]。

中国文化的这一特征，对于近代科学革命来说则是缺点。科学的发展不仅同生产和社会的进步息息相关，而且与思维方法也有着紧密的联系。爱因斯坦说："西方科学的发展是以两个伟大的成就为基础，那就是：希腊哲学家发明形式逻辑体系（在欧几里得几何学中），以及通过系统的实验发现有可能找出因果关系（在文艺复兴时期）。"[⑤] 近代科学革命的曙光首先在哥白尼的天文学和伽利略的机械力学里升起，为这些科学理论起奠基作用的圆锥曲线研究，实际上是欧几里得几何理论体系的直接延伸。这说明近代科学的诞生特别需要借助形式逻辑的思维方法。

徐光启通过中西科学的比较，意识到形式逻辑思维方法的重要性，它是具有走向近代化的意义的。他首先认识到中国文化的特点——缺乏形式逻辑思维方法的传统，并且把这个特点与科学的发展相联系，企图通过变异这样的传统来促进中国科学的长足进步。中国近代的思

---

① ［英］李约瑟：《中国科学技术史》第 3 卷，科学出版社，1978 年，第 337 页。

② 同上，第 202 页。

③ 同上，第 212 页。

④ 同上，第 202 页。

⑤ ［美］爱因斯坦：《西方科学的基础和中国古代的发明——1953 年给 J. E. 斯威策的信》，《爱因斯坦文集》第 1 卷，第 574 页。

想家在日后对于形式逻辑思维方法的呼唤，无不为了发展近代科学的理性精神。从严复、章太炎到胡适，再到冯友兰、金岳霖，他们推动中国传统思维方法迈向近代化的重要方面，就是学习西方擅长形式逻辑的优点，从而改变了中国传统文化忽视形式逻辑的弱点。徐光启可以说是这些近代思想家的前驱。从他首先把握了发展近代科学所需要的思维方法来说，他捧在手中的“金针”可以和培根锻造的“新工具”站在同一历史地位上。

但是，徐光启确实又不是培根。培根以他的“新工具”成了西方科学革命的发动者之一，而徐光启并没有在中国大地上导演出科学革命的话剧。所以，他提倡“由数达理”思维方法的近代意义只能是潜在的。

三、“由数达理”思维方法的形成

徐光启提倡的“由数达理”思维方法，是以传教士的传播做媒介的。然而李约瑟指出：“激起传播也许可以被定义为‘受一种外国文化中的先例的启发而产生的新的模式’。”① “由数达理”思维方法被明清之际的科学家所认同，正可以看作上述定义的例证。

徐光启同时期的及以后的科学家，都重视徐光启从西学中识得的“金针”。李之藻提出了“缘数寻理”的思维方法。他说：“西学不徒论其数而已，又能论其所以然之理。”② 西方科学能道出所以然之理，在于严密的逻辑推理，“彼中先圣后圣，所论天地万物之理，探原穷委，步步推明，由有形入无形，由因性达超性，大抵有惑必开，无微

① ［英］李约瑟：《中国科学技术史》第1卷，科学出版社，1975年，第563页。

② 李之藻：《请译西洋历法等书疏》，《明清间耶稣会士译著提要》，中华书局，1989年，第190页。

不破”，而这是中国“千古以来所未有者”。① 因此，他强调学习西方建立在形式逻辑基础上的“缘数寻理”，指出：“数于艺犹土于五行，无处不寓；耳目所接，已然之迹，非数莫纪。闻见所不及，六合而外，千万世而前而后，必然之验，非数莫推；……缘数寻理，载在《几何》，本本元元，具存《实义》诸书。”② 显然，这和徐光启说的“由数达理”完全一致。

继徐光启之后主持修历的李天经，把西方形式逻辑比喻为照亮人们探求事物之“理”的道路的太阳。他指出，人们要求认识事物的“理”，而“研理者，非设法推之论之”；所谓“推论之法，《名理探》是也”。所以，他赞同“比《名理探》于太阳焉”，如同众星赖太阳之光而生明，“《名理探》在众学中，亦施其光焰，令无舛迷，众学赖之以归真实，此其为用固不重且大哉！”他认为中国科学要有大发展，则应像西方“格致”学那样，以形式逻辑的“名理”作“大原本”。③

最早研究西方机械力学的王徵，也是呼唤人们去注意“远西奇器”背后的“由数达理”的思维方法。他说：“此道虽属力艺之小技，然必先考度数之学而后可。盖凡器用之微，须先有度有数。因度而生测量，因数而生计算，因测量计算而有比例，因比例而后可以穷物之理，理得而后法可立也。”④

清初的王锡阐在思维方法上比较了中西天文学。他说中国“古人立一法必有一理，详于法而不著其理”，因而“天地始终之故，七政运行之本，非上智莫能穷其理，然亦只能言其大要而已”。⑤ 与此相反，

---

① 李之藻：《译〈寰有诠〉序》，《明清间耶稣会士译著提要》，第148页。
② 李之藻：《〈同文算指〉序》，《明清间耶稣会士译著提要》，第200~201页。
③ 李天经：《〈名理探〉序》，《明清间耶稣会士译著提要》，第193~194页。
④ 王徵：《〈远西奇器图说〉序》，《明清间耶稣会士译著提要》，第227页。
⑤ 阮元：《畴人传》卷三十四，《畴人传汇编》（上），广陵书社，2009年，第388页。

西方天文学的“创法之人，必通乎数之变，而穷乎理之奥，至于法成数具，而理蕴于中，似乎三尺童子，可以运筹而得”①。他的结论和徐光启一样，认为中西科学的根本差距，在于是否用形式逻辑的方法进行严密的数学推导从而求得“理”。因此，他认为中国科学“因西法以求进”的方向就是“因数可以悟理”。②

清初的梅文鼎指出，中西历法的差异在于：“中历所著者，当然之运，而西历所推者，其所以然之源。”③ 西历之所以能推出“所以然之源”，是由于严格依据数学的逻辑推理，因此他说：“《几何原本》为西算之根本。”④

梁启超曾说：“知历学非单纯的技术而必须以数学为基础，将明末学者学历之兴味移到学算方面，自定九始。”⑤ 确实，自梅文鼎以降，戴震、汪莱、李锐、焦循等都注重研究西方数学的“算理”，即形式逻辑的推理方法，他们都强调“不明其旨则易地致惑，深究其理则后起可推”⑥。由于遵循“由数达理”的形式逻辑思维方法，中国科学的某些方面和西方科学已没有很大差别了。如李约瑟所说，在这个时期“中国和欧洲的数学、天文和物理学已经没有显著差异，它们已经完全融合，浑然一体了”⑦。

从上面可以看到，明清之际具有儒学之士社会身份的科学家，在西方科学的影响下，无不把徐光启提出的“由数达理”思维方法纳入

---

① 阮元：《畴人传》卷三十五，《畴人传汇编》（上），第 397 页。

② 阮元：《畴人传》卷三十四，《畴人传汇编》（上），第 388 页。

③ 阮元：《畴人传》卷三十八，《畴人传汇编》（上），第 427 页。

④ 阮元：《畴人传》卷三十七，《畴人传汇编》（上），第 415 页。

⑤ 梁启超：《中国近三百年学术史》，《饮冰室合集》专集七十五，中华书局，1989 年，第 340 页。

⑥ 焦循：《加减乘除释》卷首，清《焦氏丛书》刊本。

⑦ ［英］李约瑟：《世界科学的演变》，《李约瑟文集》，辽宁科学技术出版社，1986 年，第 196 页。

自己的视野，形成了一种新的思维方法。梁启超曾指出了这一点，他说："利玛窦等输入当时所谓西学者于中国，而学问研究方法上，生一种外来的变化。"① 中国传统思维方法发生的这种变化，表现出与西方近代科学家的思维方法的接近。伽利略说，宇宙这部著作是用数学语言写成的，其中的符号就是三角形、圆和其他几何图形。牛顿也指出："近代人摈弃了（中世纪经院哲学的）实体形式和隐秘的质，力图将自然现象诉诸数学定律。"② 更主要的是，这种与西方近代科学家相接近的思维方法，已成为当时科学家乃至广大儒学士人的群体意识。原来，"中土之善于数者，儒家辄訾为小技"③。但到明清之际，这种价值观已有变化。阮元说："天与星辰之高远，非数无以效其灵；地域之广轮，非数无以步其极；世事之纠纷繁赜，非数无以提其要。通天地人之道曰儒，孰谓儒者而可以不知数乎？"④ 这充分表明了"由数达理"的思维方法并非"一掠而过"的"流星"，而是在一定的广度和深度上使中国传统的思维方法发生了变异，这种变异具有导向近代科学的意义。

但是，这种变异并没有发展到如"曙光说"描绘的那种程度，具有了培根"新工具"那样的启蒙性质。而只是局部性的变异。因为这种变异没有如培根的"新工具"那样引起人们在思维方法上的普遍革命，而是遭到人们的漠视。徐光启曾对于《几何原本》译出后的社会反应发出感叹："习者盖寡。"⑤ 因而这种变异最终被传统文化所湮没。

---

① 梁启超：《清代学术概论》，《饮冰室合集》专集三十四，第 21 页。

② ［英］牛顿：《自然哲学之数学原理》，北京大学出版社，2006 年，第 17 页。

③ 阮元：《畴人传汇编》下，第 605 页。

④ 阮元：《里堂学算记叙》，《揅经室集》，中华书局，1993 年，第 681 页。

⑤ 徐光启：《〈几何原本〉杂议》，《徐光启全集》第 4 册，第 13 页。

四、“由数达理”思维方法的夭折

“由数达理”思维方法的夭折，即指它最后的归宿是成为经学考据的工具，丧失了推动传统思维方法走向近代化的意义。范文澜在《中国经学史的演变》中指出：“明末清初西洋天主教徒来中国，天文历算之学，大受中国学者的欢迎，科学方面影响考据学。清朝考据学家黄宗羲、梅文鼎、王锡阐、江永、戴震、焦循、王引之等，都兼长算学。”① 李约瑟也说，中国文化的一个特点即“在历史、语音学和语言学的研究中利用数学比在自然科学中利用得更多；……特别是在 17 世纪更是如此”。② “由数达理”所表现的形式逻辑方法，成了铸造经学鸿篇巨制的“新工具”，这是一个悲剧。

悲剧的发生有众多的原因，这里只从中国传统思维方法的角度来作些分析。李约瑟说：“一种概念传入后，到底会发生什么样的反应，这取决于当地文化的特性。”③ 中国传统思维方法的显著特点，是以经学方法作为最高的思维方法。正是这个特点，窒息了“由数达理”思维方法的近代意义。

在明清之际，经学方法依然主宰着人们的思维运行。不要说正统的理学家和绝大多数以嚼烂儒家经典来进入仕途的知识分子，就是那些奋起批判宋明理学的思想家，也是用注经的方式来表达自己的见解，他们在自己的旗帜上写的是“舍经学而无理学”（顾炎武语）；“六经责我开生面”（王夫之语）。这可谓是叛道而不离经。在这样的文化氛围里，明清之际的科学家本身是儒学之士，他们自然未能摆脱传统的

① 范文澜：《中国经学史的演变》，《范文澜文集》，南开大学出版社，2019 年，第 133 页。

② ［英］李约瑟：《中国科学技术史》第 1 卷，第 76~77 页。

③ 同上，第 565 页。

经学思维方法。徐光启饱读儒家经典，在他的诗文中，称颂唐虞盛世，推崇孔孟之道的词句到处可见。在清初所谓“经学复盛时代”，自王锡阐、梅文鼎直至戴震、焦循无不被崇经复古的气焰所淹没，无一不以经学家的面目来兼治西洋科学（主要是历算学）。梁启超曾描述了这一事实：“我国科学最昌明者，惟天文算法，至清而尤盛。凡治经者多兼通之。”① 也就是说，科学只是他们作为经学大师的“第二职业”。因此，“由数达理”的思维方法附属于经学方法也是理所当然的。

在文化学的意义上，近代科学对于西方文化具有双重价值：知识价值和社会价值。作为知识，近代科学的价值在于提供了对自然界的实证理论，但科学不只是孤立的知识系统，同时还是社会的文化；因而在社会价值上，近代科学表现出否定基督教经院哲学的无上权威的思想功能。伽利略、培根、笛卡儿等提出的科学思维方法正具有这样的双重价值。然而，作为对于社会有普遍意义的思想启蒙而言，他们的科学思维方法主要在于其社会价值。显然，“由数达理”思维方法从西方传入中国，在明清之际，它对于中国传统思维方法的变异，只具有知识价值而不具有社会价值。明清之际的科学家以至学术界，只是将“由数达理”的形式逻辑方法看作是发展科学所需要的，是研究学问的方法，而没有以此来取代迷信盲从的经学方法。所以梁启超说：“清代学派之运动，乃‘研究法的运动’，非‘主义的运动’也。”②

明清之际的科学家意识到中国发展科学需要提倡“由数达理”的思维方法，因为这种思维方法是中国传统文化中所缺乏的，这是在知识价值上对这种思维方法的近代意义有所认识。然而在当时的文化背景里，如果不实现这种思维方法否定经学方法的权威的社会价值，那么它在知识价值上的近代意义就不能显现出来，而只能是潜在的。以

---

① 梁启超：《清代学术概论》，《饮冰室合集》专集三十四，第 8 页。
② 同上，第 31 页。

后中国近代思想史的事实证明了这一点。西方以近代科学为基础的逻辑方法，在近代重新传入中国，近代思想家首先用其打破经学方法的权威，后使它的知识价值的近代意义显示出来。

经学方法作为最高的思维方法，表现在文化价值观上，就是把儒家文化视作最优越的文化。在明清之际，“西学”已作为与“中学”相对应的名词出现，这意味着西学已显示出某种优越性，因而也被认同为是另一种文化体系。然而中西学之间的优劣，还没有发展到近代以长矛对比洋枪那么悬殊。所以，西方传教士东来还要假称仰慕儒家文化，当时的中国以儒学为主导的思想界（包括科学家）也信以为真，称之“向化远来”。儒家经典是最高的文化的价值观并未受到根本性的动摇。因此，明清之际科学家从西学中吸取“由数达理”的思维方法，只能是局限在以儒家文化消融外来文化的范围内，只能将其作为从属于经学方法之下的研究学问的运思工具。其实，当时的中国科学家以“格致”这一经学词汇指称西方科学，就已经预示“由数达理”的思维方法日后将成为经学附庸的命运。

“由数达理”的思维方法被同化于经学方法之下，截断了其推动传统思维方法走向近代化的通道。但是，这也使其在知识价值上的近代意义潜藏其中，这不仅使传统经学的面貌发生了变异，而且为中国人在近代重新认识西方科学思维方法保存了思想资料。因此，中国近代的思想家在否定经学方法的同时，又将其暗含着的这一具有近代意义的思想资料重新发掘出来，使之与西方近代科学思维方法相沟通。这方面最突出的代表就是胡适，他的“大胆假设，小心求证”的方法论之所以能产生较为深远的历史影响，其中的原因之一，就在于他的方法论是将这两者相结合的产物①。因此，从历史发展的角度来看，“由

① 参见拙作：《论严复和胡适的中西哲学结合》，《华东师范大学学报》1987年第6期。

数达理”思维方法尽管在明清之际夭折，但其在知识价值上的近代意义是不能视而不见的。

本文的管见，希望得到学术界同仁的批评、指教。

（原载《哲学研究》1989 年第 7 期）

明清之际中西文化比较中的三对矛盾

从明末万历年间至清代乾隆年间（16 世纪下半叶到 18 世纪上半叶），随西方传教士而来的西学，主要是天主教教义和科技知识。1553 年葡萄牙人借口租占澳门，西方传教士接踵而来，澳门成为传教士集聚地。利玛窦和罗明坚在 1583 年成为首批进入中国内地的西方传教士，此前他们就在澳门学习中文做准备工作。利玛窦进入中国内地，拉开了西学流播中国二百多年的序幕。西学流播引发了中西文化的比较，揭示蕴含其中的内在矛盾，对于今天不同文明的交流互鉴不无启发意义。

明清之际西学在中国得以流播，并非偶然。当时王学和实学这两大并行的思潮，为其提供了本土的思想接引，由此西学成为勾画后理学思想世界新蓝图的资源，内化于明清之际的中国思想史。对此我已有论文作了阐述。① 西学内化于中国思想史的过程，伴随着中西文化的比较。在明清之际西学流播的过程中，“西学”成为与“中学”相对应的名词而流行于世，《四库全书总目提要》里有“西学”类，正反映了这一点。因此，这就开始了第一次将中学和西学作为两种文化类型的比较。明清之际士人学者的中西文化比较，可以归纳为三方面的内容：一、认识同异，即分辨两者同异之所在；二、评价优劣，即讨论两者的价值意义；三、结合中西，即寻求两者的结合点。事物的矛盾运动蕴含于事物的具体内容之中。与上述三方面内容相对应的，存

---

① 参见拙作：《明清之际西学流播与中国本土思想的接应》，《南京大学学报》（哲学·人文科学·社会科学版）2009 年第 6 期。

在这样三对矛盾：一、时代性与民族性；二、工具价值与内在价值；三、“中国化”与不“失真”。中西文化比较的三方面内容相互联系，对同异的认识会影响到对优劣的评价，对优劣的评价也会影响到两者的结合，反之亦然。因而在实际过程里，这三方面内容往往纠缠在一起。所以，三对矛盾也常常交织在一起。为了便于说明问题，下面结合三方面的内容，对这三对矛盾略作分析。

一、认识同异：时代性与民族性的矛盾

明清之际，士人儒者面对中西文化的首次相遇①，最初的反应就是考察两者同异。这样的考察具有时代性和民族性两个维度。时代性与民族性是所有文化的最基本的属性。任何文化都是某个（些）民族在一定历史时期中创造的。所以，文化的形式和内容一方面随着时代的变化而变化；另一方面又有着只属于某民族而其他民族所没有的东西。前者即文化的时代性，后者即文化的民族性。于是，认识中西文化的同异，就是从时代性和民族性来看两者的“一样”与“不一样”。对此近代常用“古今中西”来表达，“古今”之分即时代性差异，“中西”之别即民族性差异。

利玛窦把西方科技知识称为“格物穷理”，对此中国士人予以认同并广泛使用。这表明，他们意识到存在着另一种有别于传统儒学的“格致学”。传教士带来的格致学，有相当一部分是西方文艺复兴以来的科技成果，“西方在十七世纪初年及其以前取得的成果，基本上都在明末传入了中国”。② 所以，西洋格致学与中国传统科学有着时代性差

① 此前基督教曾两次传入中国，即唐代“景教”和元代“也里可温教”，但都未成为与“中学”相对应的“西学”，对中国传统文化的影响极为有限。

② 童鹰：《世界近代科学技术发展史》上册，上海人民出版社，1990 年，第 217 页。

异，当然它们也存在民族性的差异。受传统儒学影响的一些科学家敏锐地看到了这一点。李之藻《请译西洋历法等书疏》指出：传教士带来的科技书籍包括了天文历法、水利工程、地理测量、医学、数学、音律等①，并概述了这些领域的中西差异。他说西人“言天文历数，有我中国昔贤谈所未及者”，有望“确然破千古之谬”，这是从古与今的时代落差看待中西科技的差异，因而强调西洋“所制窥天窥日之器，种种精绝，即使郭守敬诸人而在，未或测其皮肤”，也“非《回回历》等书可比”；他也注意到了中西科技各自的民族烙印，就此而言，“遐方书籍，按其义理，与吾中国圣贤可互相发明”，因而从民族性差异来比较两者，如西洋“乐器之书，凡各钟琴笙管，皆别有一种机巧”，再如西洋天文学使用黄道坐标，“各处地方所见黄道，各有高低斜直之异”。② 徐光启从数学入手，指出中西科技的时代性和民族性差异是互相交织在一起的。他说《九章算法·勾股篇》“与今译《测量法义》相较，其法略同，其义全阙，学者不能识其所由。”③ 认为中国数学和西方数学相比，在于有“法”（经验数据的运算方法）无“义”（对数学原理的逻辑论证），而《几何原本》“能传其义也”④。认为“义”以《几何原本》“由数达理”的形式逻辑思维方法为根基。这在中西文化比较史上，第一次揭示了中国传统文化的一个特点，即没有发展形式逻辑思维方法。从徐光启对于中国《九章算术》和西洋《测量法义》的比较中，不难看出他认为这个特点表现了民族性差别，即前者重“法”，后者重“义”。同时，他认为这个特点也是造成中国与西方存在时代落差的弱点：由于忽略“义”，何承天、

① 中国传统科学中，历、律有密切联系，如史书有《历律志》，因而李之藻将音律之书归于科学典籍。

② 李约瑟指出，希腊天文学使用黄道坐标，中国天文学使用赤道坐标。

③ 徐光启：《测量异同绪言》，《徐光启全集》第5册，第43页。

④ 徐光启：《题〈测量法义〉》，《徐光启全集》第5册，第5页。

祖冲之、郭守敬等虽然“推算精妙”，但是“能言其所为故者，则断自西泰子之入中国始”①。因此，他把《几何原本》比喻为绣鸳鸯的“金针”，要求把握贯穿其中的使人“心思缜密”的形式逻辑方法②，这既是出自对中西思维方式民族性差异的认识，也是基于对两者时代性差异的认识。于是，徐光启提出了“欲求超胜，必须会通”③，“超胜”是有见于两者的时代性差异；“会通”是有见于两者的民族性差异。从上述可见，在科技领域，中国科学家对于中西文化民族性和时代性的矛盾作了比较深入的考察。

明清之际所谓的西学包括天主教和科技，李之藻汇编西学著作的《天学初函》就反映了这一点，它分为理器两编，前者为宗教神学著作，后者为科技著作，两者合而为一就是“天学”即西学。但是，明清之际大多数科学家是将两者分离开来，与儒学进行比较。于是，他们肯定西洋“格致学”具有儒学所不及的两大长处，即注重实证和通过数学推导的逻辑论证，但对天主教教义则予以排斥。这里以王锡阐为例。他说“西历善矣”，是与“儒者不知历数，而援虚理以立说”④相对照而言的，因为西历不仅“测候精详”⑤，而且“必通于数之变，而穷于理之奥”⑥。爱因斯坦说，西方近代科学的“基础”建立在“两个伟大成就”上，这就是希腊哲学家在欧几里得几何学中发明的形式逻辑体系和文艺复兴时期产生的实证方法。可见，王锡阐通过上述比较，主张“因西法以求进”⑦，具有走向近代的时代意蕴。但是，他对

① 徐光启：《〈简平仪说〉序》，《徐光启全集》第 5 册，第 189 页。

② 徐光启：《〈几何原本〉杂议》，《徐光启全集》第 4 册，第 13 页。

③ 徐光启：《历书总目表》，《徐光启全集》第 9 册，第 198 页。

④⑤ 王锡阐：《晓庵新法・自序》，《晓庵新法》，商务印书馆，1936 年，第 1 页。

⑥ 阮元：《畴人传汇编》（上），第 397 页。

⑦ 同上，第 388 页。

传教士既讲科学又讲天主教很不以为然："若夫合神之说，乃星命家猥言，明理者所不道，西人自命历宗，何至反为所惑？"① 这实际上是从儒家不语鬼神的立场，揭示了与天主教在价值信仰领域里的民族性差异。因此，如果把西学作为整体，考察其与中国文化的同异，科学家大多数如王锡阐那样，无法把时代性和民族性统一起来。梅文鼎寄赠薛凤祚的一首诗，十分典型地反映了如此情形："窃观欧罗言，度数为专功。思之废寝食，奥义心神通。唯恨栖深山，奇书实罕逢。我欲往从之，所学殊难同。讵忍弃儒先，翻然西说攻。或欲晰学历，论交患不忠。立身天地内，谁能异初衷？晚始得君书，昭昭如发蒙；曾不事耶稣，而能彼术穷。乃知问郯者，不坠古人风。安得相追随，面命开其矇。"认为西学讲"度数"的"奇书"在儒家典籍的"深山"里是"实罕逢"；但从"立身天地"，即安身立命方面来说，天主教与儒学是"殊难同"，因此，对于西学的态度最好是既不信奉天主教，又能把握其科技。陈垣说，梅文鼎"其言可代表当时一般学者心理"②。确实，明清之际很多思想家（有的也是科学家），如王夫之、方以智、戴震、焦循、阮元等，无不如此，其典型表达就是方以智的"详于质测，而拙于言通几"③。他们都对西方科技（质测）予以肯定，而对天主教主导的"通几"则不以为然。这意味着当时思想界在把西学与中学比较时，普遍地为如何既不"讵忍弃儒先"而又"皤然西说攻"而困惑，徘徊在两者的时代性和民族性矛盾中。

① 阮元：《畴人传汇编》（上），第 382 页。

② 陈垣：《从教外典籍看明末清初的天主教》，《陈垣学术论文集》第 1 集，中华书局，1980 年，第 204 页。

③ 方以智：《物理小识·自序》，商务印书馆，1937 年，第 1 页。

二、评价优劣：工具价值和内在价值的矛盾

评价优劣即讨论中西文化的价值。任何类型的文化，作为人们在社会实践基础上的理性创造，都具有双重价值。一方面，它们对于人们达到某个目的（利益）具有实际的功用，这是功利性的工具价值；另一方面，它们是人的本质力量的表现，体现了非功利性的精神追求，具有内在价值。文化的双重价值为评价中西文化的优劣提供了两个价值尺度。明清之际对于中西文化优劣的评价，显露出这两个价值尺度的矛盾运动。

前面提到，中国科学家在对中学和西学进行比较时，大多数把西洋科技和天主教作了区分。不过，最初认同西学的科学家则把这两者看作整体来与儒学作比较，体现了工具价值和内在价值的统一，如徐光启、李之藻、王徵。徐光启说，利玛窦的西学“略有三种：大者修身事天，小者格物穷理，物理之一端，别为象数”①。强调西学是由“大者”“小者”“别为”组成的有机整体，由此与传统儒学相比较，发现“向所叹服者是乃糟粕煨烬，又是乃糟粕煨烬中万分之一耳”②。在他看来，西学不仅有科技的形下之器的“切世用”的工具价值，而且还有天主教的形上之道的“拯人之神”的内在价值，因此，西学的这两者应当“并说之，并传之”。李之藻说传教士的西学“精及性命，博及象纬舆地，旁及勾股算术，有中国儒先累世发明未晰者”③。这里的“精及”“博及”“旁及”，与徐光启的“大者”“小者”“别为”是异曲同工，即将西学视为科技和天主教互相联系的整体，以此与儒学

---

① 徐光启：《刻〈几何原本〉序》，《徐光启全集》第4册，第5页。

② 徐光启：《二十五言跋》，《徐光启全集》第9册，第268页。

③ 李之藻：《畸人十篇序》，《明末清初天主教史文献新编》（上），国家图书馆出版社，2013年，第195页。

进行比较，肯定西学既有科技“有裨世用”[①] 的工具价值，又有“精及性命”的内在价值，将两者综合起来评价西学，就是“博闻而有道术”[②]。王徵说，西学包括了“远西奇器”和“敬天之教”的“西儒义理”，将其比之于中学，这两者都不应“忍拒而不纳”，因为前者“有益于民生日用”，后者可以“资心”[③]。所谓“资心”就是与西儒义理之书的“寻得天命所在”的“种种会心”[④]。这样来评价西学同样是工具价值和内在价值的统一。不过，在徐光启、李之藻、王徵之后，如前所述，大多数科学家乃至一般士人的中西文化比较，都是肯定西方科技而否定天主教。前面指出，这表现在认识同异时徘徊于时代性和民族性的矛盾中，同时这也表现在评价优劣时将工具价值和内在价值相分离。如上述王锡阐，他学习西历的实证精详和通数穷理，为了中国历法的“求进”，这是着眼于工具价值的；而他以为天主教如同“星命家猥言”，是否定了西学的内在价值。这样来评价西学在后来成为了主流，《四库全书总目提要》对于天主教神学著作《寰有诠》的评论反映了这一点：“欧罗巴人天文推算之密，工匠制作之巧，实逾前古。其议论夸诈迂怪，亦为异端之尤。国朝节取其技能，而禁传其学术。”这典型地表现了在评价西学时将工具价值（技能）和内在价值（学术）相分离。如此分离是导致西学东渐中断的内在原因。

工具价值和内在价值的分离也反映在对西方科技的评价上。如前所述，徐光启指出，与中国科技相比，西方科技最有价值的是《几何

---

① 李之藻：《请译西洋历法等书疏》，《明清间耶稣会士译著提要》，第 191 页。

② 李之藻：《畸人十篇序》，《明末清初天主教史文献新编》（上），第 195 页。

③ 王徵：《远西奇器图说录最》，《明清间耶稣会士译著提要》，第 228 页。

④ 王徵：《畏天爱人极论》，《王徵全集》，三秦出版社，2011 年，第 119 页。

原本》“由数达理”的形式逻辑思维方式，将之比喻为“金针”，认为“率天下之人而归于实用者，是或其所由之道也”①。李之藻有类似观点。他说与中学不同，“西学不徒论其数而已，又能论其所以然之理”②。而西方科技由数而理，凭借的是《几何原本》的逻辑推理，“数于艺犹土于五行，无处不寓；耳目所接，已然之迹，非数莫纪。闻见所不及，六合而外，千万世而前而后，必然之验，非数莫推”，而“缘数寻理，载在《几何》”③，由其协助翻译的逻辑学著作《名理探》把形式逻辑看作助人行走的“车马”。徐光启的“金针”和李之藻的“车马”，比喻不同而喻义相同，即表彰形式逻辑作为科学研究的工具价值。不过，李之藻同时认为，通过逻辑推论求得真理的过程，首先是以圣人并非完全把握终极真理为前提，“及其至也，圣人有不知不能焉”，因而这个过程充满不同意见的讨论和辩驳，“一翻新解，一翻讨论；一翻异同，必一翻疑辨，然后真义理从此出焉”④。汉代官方推崇儒学后，儒学成为经学，它由圣人裁定，囊括了全部真理。这在明清之际依然如此，因而《四库全书总目提要 · 经部总叙》曰：“经禀圣裁，垂型万世。”“盖经者非他，即天下之公理而已。”因此，李之藻上述观点实际上揭示了西学逻辑思维方法的另一方面价值，即与经学独断论相异的理性自主的内在价值。就是说，李之藻对于中西科技优劣的评价较好地做到了工具价值和内在价值的结合。

不过，在经学仍然作为最高权威的历史条件下，李之藻上述对于西学形式逻辑思维方法的内在价值的揭示，犹如夜空流星，一闪而过，

---

① 徐光启：《〈几何原本〉杂议》，《徐光启全集》第4册，第12页。

② 李之藻：《请译西洋历法等书疏》，《明清间耶稣会士译著提要》，第190页。

③ 李之藻：《〈同文算指〉序》，《明清间耶稣会士译著提要》，第200~201页。

④ 王徵：《〈代疑编〉序》，《明清间耶稣会士译著提要》，第158页。

毫无影响。明清之际翻译的西方逻辑学著作有两部，一是刻印于崇祯四年的《名理探》，二是进呈于康熙二十二年的《穷理学》。继徐光启之后主持修历的李天经在《〈名理探〉序》里，称西方形式逻辑（名理）是“格物穷理之大原本”，赞同“比《名理探》于太阳”，[①] 即众星赖以发光的工具；《穷理学》译者南怀仁说，只有把形式逻辑（穷理学）作为“义理之启钥”，才能改变中国“习历者惟知其数而不知其理”[②] 的现状。从《名理探》的“太阳”到《穷理学》的“启钥”，始终把徐光启揭示的“由数达理”的形式逻辑思维方法定位于工具价值。这反映了徐光启、李之藻之后的中国科学家的认识。王徵说“远西奇器”的制作“虽属力艺之小技，然必先考度数之学”[③]。呼唤人们注意器技背后的“由数达理”的思维方法。王锡阐如前所述，提出通数而穷理，强调“因数可以悟理”[④]；梅文鼎认为西历能够阐明“中法”缺失的所以然之故，在于依据《几何原本》的逻辑论证方法进行数学推导，即“数者所以合理也，历者所以顺天也”[⑤]。梁启超说：“知历学非单纯的技术而必须以数学为基础，将明末学者学历之兴味移到学算方面，自定九始。”[⑥] 确实，据阮元《畴人传》记载，梅文鼎以降的科学家都把西方数学的形式逻辑推理方法纳入视野，而李之藻对其内在价值的阐发则被弃置一边。因此，在清初“经学复盛时代”，这个方法就成了经学考据的工具，范文澜《中国经学史的演变》指出：

---

① 李天经：《〈名理探〉序》，《明清间耶稣会士译著提要》，第 193~194 页。

② ［比］南怀仁：《进呈〈穷理学〉书奏》，《明清间耶稣会士译著提要》，第 192 页。

③ 王徵：《远西奇器图说录最》，《明清间耶稣会士译著提要》，第 227 页。

④ 阮元：《畴人传汇编》（上），第 388 页。

⑤ 梅文鼎：《堑堵测量》，《稀见清代民国丛书五十种》第 96 册，国家图书馆出版社，2014 年，第 379 页。

⑥ 梁启超：《中国近三百年学术史》，《梁启超论清学史二种》，复旦大学出版社，1985 年，第 486 页。

“明末清初西洋天主教徒来中国，天文历算之学，大受中国学者的欢迎，科学方面影响考据学。清朝考据学家如黄宗羲、梅文鼎、王锡阐、江永、戴震、焦循、王引之等，都兼长算学。”① 李约瑟也说，中国文化的一个特点，即在历史、语音学和语言学中利用数学比在自然科学中利用得更多，特别是在十七世纪更是如此。范文澜以一个“兼”字，形象地点出了“由数达理”逻辑思维方法成了铸造经学鸿篇巨制的新工具。这是纯粹从工具价值评价西方“由数达理”思维方法的必然结果。

三、结合中西：“中国化”和不“失真”的矛盾

如何实现中西文化的结合，是比较中西文化最为核心的问题。因为无论是辨析中西文化的同异，还是评价中西文化的优劣，归根结底是为了将两者相结合，推动中国文化的进步和发展。中西文化结合的本质要求，是将传入中国的西方文化“中国化”。但是，在这中间又存在着西方文化“失真”的可能性。所谓“失真”，就是西方文化的基本精神被中国本土文化忽略或者扭曲。这是因为寻求中西文化结合点以实现两者结合的过程，不仅要以一定的客体为对象，还必须以主体的思想结构为必要条件。主体的思想结构是通过中国传统文化的内化而获得的。它作为主体寻求中西文化结合点的工具，有着先验的、成见的性质；它作为一种观点，成为主体寻求中西文化结合点的根据，以此来规范两者的结合。所以，主体在结合中西文化的过程里，往往不可避免地用中国传统文化来“格义”，即解释、选择和理解西方文化，这就可能导致西方文化在这一过程中被误读，从而失去了自身的基本精神。于是，实现中西文化结合的过程，就存在着既要“中国化”

---

① 范文澜：《中国经学史的演变》，《范文澜文集》，第 133 页。

而又不“失真”的矛盾。纵观明清之际的中西文化结合，凡是比较好地解决了这一矛盾的就比较成功；反之，就不那么成功甚至失败。

明清之际传入的西方文化，无论是科技还是天主教，都存在着“中国化”和不“失真”的矛盾。徐光启在领导修历工作中，对于“西法”和“中历”的关系，主张“欲求超胜，必须会通；会通之前，先须翻译”①。认为中西会通以求超胜是努力的目标，而会通要以翻译为前提，也就是首先搞清西方科技的真实面貌。徐光启在实践中贯彻了这一思想。他修订的《崇祯历》，既采用了计算精确的第谷天体运动体系和几何学计算系统，又没有把集中了中国传统历法优点的《大统历》弃之不顾，所谓西洋天文历法“其术业既精，积验复久，若以《大统》旧法与之会通归一，则事半而功倍矣”②。由于比较好地做到了既“中国化”而又不“失真”，徐光启制订的《崇祯历》是中西结合的创造性成果，被称为“熔西人精算，入大统之型模；正朔闰月，从中不从西，完气整度，从西不从中”③。梁启超指出，徐光启“所谓‘会通以求超胜’，盖有俟于后起，而毅然以此自任者，则王寅旭、梅定九其人也”，而“王、梅流风所被，学者云起”。④ 确实，徐光启之后出现了一系列以会通为主旨的著作，如薛凤祚的《历学会通》、梅文鼎的《中西算学通》、王锡阐《晓庵新法》等。因此，《清史稿·畴人列传》说：“推步之学，由疏渐密。泰西新法，晚明始入中国，至清而中、西荟萃，遂集大成。”⑤ 这反映了在历算学领域较好地回应了“中国化”和“不失真”的一面。

---

① 徐光启：《历书总目表》，《徐光启全集》第 9 册，第 198 页。

② 徐光启：《条议历法修正岁差疏》，《徐光启全集》第 9 册，第 162 页。

③ 阮元：《畴人传汇编》（上），第 476 页。

④ 梁启超：《中国近三百年学术史》，《梁启超论清学史二种》，第 485～486 页。

⑤ 赵尔巽：《清史稿》第 46 册，中华书局，1977 年，第 13933 页。

然而，徐光启贬抑中国传统数学“所立诸法芜陋不堪读”① “虽失《十经》，如弃敝履”②。推崇“西法至为详备”，不仅“可为目前必验之法，又可为二百年不易之法”③。在这褒贬之中，多少显露了看轻“中国化”而迷信西法的偏颇。在徐光启之后的“会通以求超胜”里兴起了“西学东源”说，论证西方科技源自中国，正是为了克服这样的偏颇。如前所述，王锡阐、梅文鼎是“会通以求超胜”的自觉推动者，他们也是首先提倡“西学东源”说最有影响力的科学家。王锡阐认为，从《天问》可以证明“西学原本中学”④。梅文鼎的《历学辨疑》是为了使人“乃知西人所矜为新说者，要皆旧法所固有，而西学所独得者，实可补旧法之疏略”⑤。到戴震的《四库全书总目提要·天文算法类》，以官方权威的面目，从诸多方面来论证“西学东源”说的确证无疑，如《周髀算经提要》说：“其本文之广大精微者，皆足以存古法之意，开西法之源。”他们之所以要这样做，是为了纠正对西法“张皇过甚”而“薄古法不足为观”的倾向。“西学东源”说使西学作为中学之“流”而取得了“中国化”的形式，以此来遏制这种倾向。但它又走向了另一极端，即以“中国化”而模糊、扭曲了西方科技的真相。江永对梅文鼎“以中法牵强附会西学之处，实多纠正”⑥，但他又从“笃信西法”走向“往往并其短而护之”⑦。其后的戴震则又偏执于“中国化”，不仅在内容上认定西学出于中土，而且认为西学的名词

---

① 徐光启：《〈勾股义〉绪言》，《徐光启全集》第5册，第57页。

② 徐光启：《刻〈同文算指〉序》，《徐光启全集》第9册，第284页。

③ 徐光启：《历书总目表》，《徐光启全集》第9册，第198页。

④ 阮元：《畴人传汇编》（上），第393页。

⑤ 万斯同：《石园文集·送梅定九南还序》，《万斯同全集》第8册，宁波出版社，2013年，第271页。

⑥ 钱宝琮：《戴震算学天文著作考》，《钱宝琮科学史论文选集》，科学出版社，1983年，第152页。

⑦ 梁启超：《中国近三百年学术史》，《梁启超论清学史二种》，第488页。

概念也出自中国，只是有所改造罢了："中土测天用勾股，今西人易名三角、八线。"① 而且在文体上对于西学著作也"以古人传记之文体重为编纂，几使读之者疑其为中学所固有"②。这是在一切细节上体现"西学东源"的真实性，其"中国化"可谓非常彻底。于是，中国科学家的"会通"就成了从中国古籍中寻找西学之所出的考证，如阮元所说："以此证彼，若符节之合。"③ 尽管这使得不少中国古代科技著作重见天日，但西方科技的真貌尤其是其近代因素就掩埋在传统的故纸堆里了。

在天主教的问题上，"中国化"与不"失真"的矛盾更尖锐。利玛窦等传教士的"天儒同异"之辨中，如何解决天主教教义既儒学化（中国化）而又不"失真"的问题，始终贯穿其间。利玛窦曾请人把儒家典籍中他认为与天主教契合的章句摘抄下来，在《天主实义》中尽力加以引用，以证明天主教"合儒"，如其第二篇说："吾天主乃古经书所称上帝也。"④ 其第七篇则曰："仁也者，乃爱天主与夫爱人。"⑤ 同时，利玛窦等又以"补儒"的名义将天主教不同于儒学的思想（主要是出世理想和信仰主义）予以渗透，并将其说成是对被汉代以后儒学淹没的"先儒"的重光，孙璋的《性理真诠》更直言不讳地指出，古儒真教即天主教。这不失为较好地处理了"中国化"和不"失真"的矛盾，因此天主教在利玛窦在世时站住了脚，信徒在八十余年间达到近二十五万人，其中不仅有文人学士，而且有大量底层民众，天主

① 戴震：《与是仲明论学书》，《戴震全书》第6册，黄山书社，2010年，第370页。

② 钱宝琮：《戴震算学天文著作考》，《钱宝琮科学史论文选集》，第158页。

③ 阮元：《加减乘除释序》，《续修四库全书》子部第1045册，上海古籍出版社，2002年，第222页。

④ ［意］利玛窦：《天主实义》，《明末清初天主教史文献新编》上册，第78页。

⑤ 同上，第150页。

教第一次对中国人的精神生活产生影响。

然而，“合儒”和“补儒”，都以伸张儒学为旗号，都用儒学的语言来诠释天主教，这就使其有被曲解和误读的危险。正如法国学者谢和耐指出的，利玛窦的《天主实义》“不知不觉地使用了新儒教或佛教词语，这些词语生成的概念同基督教永恒的灵魂的得救和赎罪概念是完全不兼容的”，由于“语言本身会使基督教的启示变形，赋予它相异的内容，中国人的共鸣因而也就与基督教风马牛不相及”。对此反对利玛窦将天主教儒学化的传教士龙华民举出把圣母理解为送子娘娘的例子。这就使得一些传教士“意识到由于急于在天主教与中国人观念之间求同而引起了偏离教旨的危险，开始对这种调和方法加以抨击”。[①] 于是，在利玛窦去世后，引发了旷日持久的“礼仪之争”，即利玛窦允许的祭祖、祭孔、祭天的礼仪是否为异端。这一争论的实质就是：一方坚持天主教必须儒学化（中国化），另一方坚持天主教必须与儒学分清界限（不失真）。赞同“利玛窦规矩”的传教士徐日升、张诚等人上疏康熙说，祭孔是“敬其为人师范，并非祈福佑、聪明、爵位而拜也”；祭祖是“出于爱亲之义”“惟尽孝思之念而已”；祭天“非祭苍苍有形之天，乃祭天地万物根源主宰”。康熙对这样的解释十分满意：“这所写甚好，有合大道，敬天及事君亲、敬师长者，系天下通义，这就是无可改处。”认为天主教依循“利玛窦规矩”就是向儒家纲常名教之“大道”靠拢，天主教只有走这样的儒学化道路才能留存。反对“利玛窦规矩”的传教士坚持，天主教在中国必须和在西方的面貌完全一致，他们指责和讽刺把天主教儒学化是“犹如尼布甲尼撒雕像：金头、银身和泥足……在那些好像称颂我们的上帝及他的天使的片段中，他们仅仅是效鹦鹉学舌，他们好像在光彩夺目的羽毛下长着一对难看的脚

① ［法］J · 谢和耐：《中国文化与基督教的冲撞》，辽宁人民出版社，1989年，第45、46、36页。

的孔雀”。[①] 他们不懂得天主教的儒学化，必然会导致不同于原来西方天主教的变异，而这种变异引发的“失真”是外来文化适应中国的一种发展。其实，正是非驴非马式的尼布甲尼撒雕像使天主教在中国大地广泛流播，如果将其所谓丑陋的脚砍去，光彩夺目的羽毛将片甲不留。事实正是这样。后者的意见逐渐占据上风并得到罗马教廷支持，而清朝统治者则支持前者，最终天主教在中国被禁止。这是“中国化”和不“失真”矛盾对峙的突出反映。

历史是一面镜子。明清之际西学流播告诉我们，与外来文明的交流互鉴，需要在本土形成相应的文化氛围，挖掘、接引外来文明的思想资源，更需要正确解决时代性和民族性、工具价值和内在价值、“中国化”和不“失真”的矛盾。

（原载《南国学术》2019 年第 4 期）

---

① ［法］J·谢和耐：《中国文化与基督教的冲撞》，辽宁人民出版社，1989 年，第 26 页。

明清之际王学对天主教的接引及其意义

从明末万历年间至清代乾隆年间，西方传教士带来的西学，在中国流传了二百多年。当时的西学主要包括天主教神学和科技知识两个方面，作为中国本土思想的王学对天主教的流播起到了接引作用，这对于明清之际重建信仰价值系统是有某种意义的。

一、王学对天主教的接引

“阳明先生之学，有泰州、龙溪而风行天下”①。泰州学派和王畿使王学成为广泛的社会思潮而席卷明末。这为恰在其时来到中国的天主教充当了媒介。

第一，王学的解禁打破了程朱理学对思想的垄断，营造了天主教作为新的信仰价值系统得以输入和传播的文化氛围。明代以程朱理学为信仰价值系统的最高权威，“言不合朱子，率鸣鼓而攻之”②。在这样的文化氛围里，天主教不可能被接纳。万历初期张居正死后，曾被嘉靖皇帝判为“邪说”而遭禁锢五十余年的王学全面解禁，造成了“嘉、隆而后，笃信程朱，不迁异说者，无复几人矣”（《明史·儒林传序》）的局面。作为域外异说的天主教此时传入中国，适逢其会。同时由于王学本身刚从“邪说”翻身，因而对于不同于以往正统儒学的

① 黄宗羲：《明儒学案》，《黄宗羲全集》第 15 册，浙江古籍出版社，2012 年，第 767 页。

② 朱彝尊：《道传录序》，《曝书亭全集》，吉林文史出版社，2009 年，第 413 页。

天主教是比较宽容的。已有论著指出，在利玛窦等最初进入中国的阶段，给予帮助者均是王学或倾向于王学的学者。①

当然，王学能成为天主教的接引者，更在于其“良知准则论”蕴含着反对思想垄断、宽容异说的思想精神。王阳明强调以自家内在的“心”（良知）而不是圣贤经典作为判断是非善恶的准则。王畿和泰州学派将此大加发挥。王畿把自信自家良知和依傍圣贤及经典格套相对立：“世之儒者，以学在读书，学在效先觉之所为，未免依籍见闻，仿循格套，不能自信其心。”② 泰州学派直截了当地指出，圣贤的学说并无神秘性：“百姓日用条理处，即是圣人之条理处。”③ 罗汝芳以摒弃外在权威的束缚为快事：“解缆放船，顺风张棹；则巨浸汪洋，纵横任我，岂不一大快事也哉！”④ 王学的解禁使得如此观念成为社会思潮而大为流行，以程朱为儒家正统的信仰价值系统遭到了破坏，如时人所说，隆、万年间“学脉之瞀乱，于斯为极。不惟诎紫阳，几祧孔孟”⑤。正统儒家学脉的紊乱，意味着原有信仰价值系统已经无法有效控制人心，这必然导致其他新学异说纷纷上台。这就为天主教传播提供了空间。如《明史·意大里亚传》所说，西方传教士“所著书多华人所未道，故一时好异者咸尚之，而士大夫如徐光启、李之藻辈，首好其说，且为润色其文词，故其教骤兴”。徐光启、李之藻、杨廷筠有明末天主教“三柱石”之称。可见，王学盛行动摇了程朱正统儒家信仰价值的权威，形成了另觅新异价值信仰的文化氛围，青睐天主教

---

① 参见朱维铮：《走出中世纪》，复旦大学出版社，2007 年，第 74~79 页。

② 王畿：《书贞俗券序》，《王畿集》，凤凰出版社，2007 年，第 363 页。

③ 王艮：《王心斋先生遗集》，《王心斋全集》，江苏教育出版社，2001 年，第 10 页。

④ 黄宗羲：《明儒学案》，《黄宗羲全集》第 15 册，第 837 页。

⑤ 陆世仪：《高顾两公语录大旨》，《续修四库全书》集部第 1398 册，上海古籍出版社，2002 年，第 446 页。

正是这种文化氛围的产物。徐光启的业师黄体仁、座师焦竑都以王学为宗，后者是泰州学派名士。徐光启深受王学影响，他为焦竑《澹园续集》作序，指出文章有“朝家之文”“大儒之文”“大臣之文”三种，对人的影响也有三种，即“当物者使人油然以思，若润于膏泽；入心者使人惕然以动，若中于肌骨；切用者使人俯拾仰取，若程材于邓林而征宝于春山”，能够融三种文章和三种影响于一身，“兼长备美，读其文而有益于德，利于行，济于事”的，“近世见阳明氏焉，于今见先生”。他认为王学最可取之处是能激发人们越出常规来考虑问题，“平心以求诸六经，终觉紫阳氏为顺守，而彼氏（阳明氏）为逆取”。①所谓“顺守”就是恪守固有的格套，所谓“逆取”就是敢于打破传统的常规。打破常规往往和怀疑精神相联系，后者是前者的先导。徐光启自称“启生平善疑”②，这与王学的“逆取”有密切关系。可以说，徐光启接受和传扬天主教，是经过对以往正统思想的疑虑而做出的破除常规的“逆取”之举。

王学把源自陆象山“东海西海，心同理同”的思想予以发扬，也体现了反对思想垄断、容纳不同学说的精神。王学的解禁使得这一思想成为不同学说并存相通的重要依据，很多人接受天主教就是如此。这里略举几例：李之藻读了西学之书，指出“信哉‘东海西海，心同理同’，所不同者，特语言文字之际”；③冯应京看了利玛窦《交友论》后认为，“益信东海、西海，此心、此理同也”；④杨廷筠认为儒学和从万里之外的天主教相通并不奇怪，因为“象山有言：四海之内，此

---

① 徐光启：《刻〈紫阳朱子全集〉序》，《徐光启全集》第9册，第290~295页。

② 徐光启：《二十五言跋》，《徐光启全集》第9册，第268页。

③ 李之藻：《〈天主实义〉重刻序》，《明末天主教三柱石文笺注》，道风书社，2007年，第142页。

④ 冯应京：《刻〈交友论〉序》，《明清间耶稣会士译著提要》，第271页。

心此理同也，以地拘之非也”。① 从这些话语不难看出，王学解禁使其反对思想垄断、宽容异说的精神得以彰显，从而对天主教产生了接引作用。

第二，王学注意伦理学的自愿原则，为天主教教义的传播架设了思想桥梁。法国耶稣会士裴化行对此有所揭示，他说程朱理学喜欢“扣住字面不放”，类似“热衷于狭隘、强迫别人接受、注释传统礼仪”而反对外来希腊文化影响的法利赛人，而“某些温和学说的影响，例如王阳明的直觉伦理学，仍然使得利玛窦的某些听众有了接受基督信息的思想准备”。②

王学有别于程朱的表现之一，是注意到了被程朱忽视的自愿原则。在伦理学上，自愿原则以为道德行为出于意志自由的选择；自觉原则强调道德行为出于理性的自觉。正统儒学从孔孟到董仲舒直至程朱，认为伦理纲常出于天命、天理，人们只能认识它，自觉地顺应和服从它。王阳明以内在的良知为本体，注重自愿原则。王畿和泰州学派更突出了这一点。王畿说：“不论在此在彼，在好在病，在顺在逆，只从一念灵明，自作主宰，自去自来，不从境上生心……便是真为性命。”③ 德性的自我培养（“真为性命”）由灵明自作主宰而不是对外在之“境”的被迫服从。泰州学派认为德性修养的成功取决于主体的自我选择：“自成自道，自暴自弃。”④ 这样的自我选择表现了意志自由的自主性：“独即意之别名……自做主张，自裁自化，故举而名之曰独。”如此自主性的意志自由不受“见闻才识之能，情感利害之便”⑤的制约。

---

① 杨廷筠：《圣水纪言》，《明末天主教三柱石文笺注》，第 204 页。
② ［法］裴化行：《利玛窦神父传》上册，商务印书馆，1998 年，第 305 页。
③ 王畿：《答周居安》，《王畿集》，第 335 页。
④ 王艮：《王心斋先生遗集》，《王心斋全集》，第 18 页。
⑤ 王栋：《王一庵先生遗集》，《王心斋全集》，第 149 页。

天主教在伦理学上继承了西方哲学注重自愿原则和意志自由的传统，认为人在道德和信仰领域应有出于意志自由的自主选择，人是否服从或信仰上帝，都是自愿选择的结果，唯此上帝的赏善罚恶才有意义。利玛窦说："意者心之发也，金石草木无心则无意……善恶是非之心内之意为定。……故吾发意从理，即为德行君子，天主佑之；吾弱意兽心，即为犯罪小人，天主且弃之矣。"① 善恶是主体意志自由选择的结果。传教士陆安德以寓言对比作了形象的说明：一少年行至歧路，一平坦路有美女，一崎岖路有贤妇，美女和贤妇均请少年登上自己的路程，少年选择了崎岖之路，经历艰险，终享真福。② 这里以美女为诱人作恶之妖魔，以贤妇为劝人为善之福音，何去何从，由你自己做主。

由于王学和天主教都注重自愿原则，因而王学风行就成为天主教传播的思想张力。《四库全书总目提要》在论及毕方济的《灵言蠡勺》时已指出这一点："明之季年，心学盛行，西士慧黠，因摭佛经而变幻之，以投时好。其说骤行，盖由于此，所谓物必腐而后虫生，非尽持论之巧也。"《灵言蠡勺》专言"亚尼玛"即灵魂。在天主教教义中，灵魂不灭与意志自由相联系。汤若望说，人类有了灵魂，才有为善作恶的意志自由，"凡人自专自主，全由灵力"，于是人"能究是非，能辩可否，肯与不肯能决于己"；于是上帝赏善罚恶就加之于不灭的灵魂，"灵之在身，为恶享世福，为善蒙世祸者，往往而有，是生时既未报，报亦未尽，岂应死后遽灭，纵恶而负善乎？"③ 所以，《四库全书总目提要》认为，王学和天主教灵魂不灭说意气相投并非虚言。在传教士论述灵魂的著作中，可以看到不少类似王畿和泰州学派的说法。

---

① ［意］利玛窦：《天主实义》，《利玛窦中文著译集》，第59~60页。

② 参见［意］陆安德：《真福直指 · 自序》，《明清间耶稣会士译著提要》，第51页。

③ ［德］汤若望：《主制群征》，《续修四库全书》子部第1296册，第578页。

兹举两例：艾儒略说“西士”论亚尼玛的主旨在于“醒人佥应认己，固惟有人认己，则知己之灵性有由来，美逾万象，韬含匪小，定罔敢自暴弃”①。巴多明说，成才与成德有所不同，“才之为道，非广博见闻，不能增其学识，非日精月累，不能臻于老成。……惟大德行则不然，不专在乎读圣贤书，受父师训，自用其力也”②。这些说法从内容到语句，都和上述王畿、泰州学派的说法相当吻合。

可以说，由于王学在一定程度上突出了久被正统儒学所忽视的自愿原则，因而它的风行使得其熏染之下的士大夫颇能领悟和接受天主教教义包含的自愿原则。前文引述的裴化行关于王学“直觉伦理学”有助于中国士人接受基督教的说法就道出了这一点。徐光启说，中国历来“帝王之赏罚，圣贤之是非，皆范人于善，禁人于恶，至详极备，然赏罚是非，能及人之外行，不能及人之中情”③，实际上这是批评正统儒学要求人们遵守道德规范只是外在的而不是出自内心的；对于天主教，他则说：“其法能令人为善必真，去恶务尽，盖所言上主生育拯救之恩，赏善罚恶之理，明白真切，足以耸动人心，使其爱信畏惧，发于由衷故也。”④所谓“耸动人心”“发于由衷”是强调出于内心的意愿。杨廷筠说：“天主生人独异于万物，欲令其能自专也。自专者所作善恶由己，可以功罪课之。不能自专者，所作善恶不由己，不得以功罪加之。”⑤ 认为人与万物的根本区别在于为善行恶是否出于“自专”，即自由意志。王徵说：“西学向天主三德，信为之首……言信者

---

① ［意］艾儒略：《性学粗述 · 自序》，《明清间耶稣会士译著提要》，第 159 页。

② ［法］巴多明：《〈德行谱〉序》，《明清间耶稣会士译著提要》，第 36 页。

③④　徐光启：《辨学章疏》，《徐光启全集》第 9 册，第 250 页。

⑤　杨廷筠：《天释明辨》，《明末清初天主教文献汇编》第三卷，北京大学宗教研究所，2003 年，第 126 页。

心之真嗜，非必见之，非必闻之，待见待闻，其信犹浅之者。”① 这清楚地道出，天主教的信仰原则不是以见闻之类的经验知识而是以内心的自愿为基础。瞿式耜以泰州学派的语言来表述对天主教灵魂说的自愿原则的理解：“上曰灵魂，即人魂也……庶上主所以生物之意，在人能物物，不物于物之意，皆洞达无疑，殆如梦者一唤而使知觉乎？咏鸢鱼之诗，先儒尝活泼泼地。读是编而不于官骸知觉外，恍有所存焉，亦难语万物之灵矣。”② “鸢鱼”“活泼泼”等语，是泰州学派常用的，如王艮说：“良知之体，与鸢鱼同一二活泼泼地。”③ 瞿式耜以此说明，上帝赋予的灵魂是自主自愿的，不屈从于外物的意志。

第三，王学大兴讲学会的风气，对天主教的传播提供了组织形式上的借鉴。讲学会在明代中叶以后蓬勃发展，肇始于王阳明的讲学活动，如陆世仪所说：“至正、嘉时，湛甘泉、王阳明诸先生出，而书院生徒乃遍天下，盖讲学于斯为烂漫矣。……迄于隆、万，此时天下几无日不讲学，无人不讲学。”④ 讲学如此盛况，讲学会自然是蔚为大观。明代中晚期的讲学会数目之大，不易统计。就嘉、万时期而言，最重要、最有影响力的讲学会都与王学学者有直接关系的，可以说就是“王学讲会”，他们还组织了各种名称的“会”，如“惜阴会”“青原会”“水西会”等。王学热衷于讲学和组织讲学会，如余英时所说，走的是“觉民得道”的路线，因而王阳明及其后学十分注重通过会约、乡约布教于平民。这样的组织形式被恰在此时传入的天主教借鉴，成为在城乡民间宣教的重要渠道。明清之际在上海、杭州、福建、陕西、

---

① 王徵：《〈代疑编〉序》，《明清间耶稣会士译著提要》，第 158 页。

② 瞿式耜：《〈性学粗述〉序》，《明清间耶稣会士译著提要》，第 157 页。

③ 王艮：《王心斋先生遗集》，《王心斋全集》，第 11 页。

④ 陆世仪：《高顾两公语录大旨》，《续修四库全书》集部第 1398 册，第 446 页。

山西等地形成了不少宣讲天主教的“会”，如“仁会”“兴仁会”“善终会”“苦难会”“天神会”等；也有会约，如王徵写的《仁会约》，韩霖写的《铎书》则是从天主教教义出发的乡约。这对于他们在陕西、山西这样的偏僻地区传布天主教信仰起到了很显著的作用。《铎书》是为在乡约讲会上宣衍明太祖《圣谕六言》而编撰的，这更是直接对王学讲学会的借鉴。在王学学者，如泰州学派的颜山农、罗汝芳及其弟子杨起元等人的讲学会中，不时能够看到对《圣谕六言》的宣示。王学讲学从“觉民得道”出发，因而注重文体通俗，贴近民间，特别是颜山农用了很多便于传唱的歌、词。这也为宣扬天主教所借鉴，如格言类的《二十五言》等，语言浅近；《圣梦歌》押韵顺口；《儒交信》每回前有曲调，模仿章回小说撰写。更重要的是，王学尤其是泰州、龙溪“益启瞿昙之秘而归之师，盖跻阳明而为禅矣”①，即把王学进一步朝着佛教的方向发展，将儒学传统中的神秘体验发展得最为充分，表现出与宗教的神秘体验基本一致的倾向，因此他们的讲学会就有一些宗教的气氛，有的甚至与民间宗教组织类似，如颜山农的“萃和会”②。这为上述天主教的民间会社做了组织样式和宗教体验的准备。

二、接引天主教与明清之际重建信仰价值的新蓝图

明清之际王学对天主教的接引，意味着天主教成为内在于这个时期中国思想的元素，这突出表现在，它成为重建信仰价值系统新蓝图的重要资源。这里涉及如何认识明清之际思想的性质。学界论述中国思想史或哲学史，都把明清之际作为介于宋明理学和近代之间的相对

---

① 黄宗羲：《明儒学案》，《黄宗羲全集》第 15 册，第 767 页。

② 参见陈来：《儒学传统中的神秘主义》《明代的民间儒学与民间宗教》，《中国近世思想史研究》，商务印书馆，2003 年。

独立阶段。那么，这一个独立阶段的性质是什么呢？学界公认，明清之际思想的整体走向是反省宋明理学。然而，对其性质则评价不一，或谓早期启蒙，或谓批判总结，或谓进步思潮。我以为这一走向也许可以表述为：重建后宋明理学时代的思想世界。因为早期启蒙是以出现资本主义萌芽为社会依据的，但明清之际是否具有资本主义萌芽至今尚无定论；而批判总结的过程就是重建的过程，以“重建”为关键词，表达了批判总结的宗旨所在；至于将批判理学视为“进步”，显然不妥当，其实这个时期的思想家对理学和心学亦有肯定，况且“进步”与否仅是政治判断，不能全面概括这一走向的性质。重建后理学时代的思想世界，主要有信仰价值和知识思维两个层面。这里仅仅阐述天主教和“三柱石”重建信仰价值系统新蓝图的关联。所谓新蓝图是指与明清之际三大思想家王夫之、黄宗羲、顾炎武相比较而言的。因此，这里先对这三位的重建后理学信仰价值系统略作申述。

王夫之自题的堂联“六经责我开生面”，是其在反省宋明理学基础上重建信仰价值系统的宗旨。对于宋明理学，他“宗师横渠，修正程朱，反对陆王”；而这是与反对佛教相联系的，“船山宗旨是彻底排除佛老，辟陆王为其近于佛老，修正程朱亦因其有些地方还沾染佛老。只有横渠‘无丝毫沾染’，所以认为圣学正宗”。① 由此重建信仰价值系统，是继承了张载的气本论，“言心言性，言天言理，俱必在气上说”②。因此，在天道观上，用气本论辨析理气（道器）、有无（动静）等问题，以把握“实有”即真实的存在为圣贤学问。他说：“诚，以言其实有尔。”③ 释“诚”为“实有”，而“尽天地只是个诚，尽圣贤学

---

① 嵇文甫：《船山哲学》，《王船山学术论丛》，生活 · 读书 · 新知三联书店，1962 年，第 109、116 页。

② 王夫之：《读四书大全说》，《船山全书》第 6 册，第 1109 页。

③ 王夫之：《张子正蒙注》，《船山全书》第 12 册，第 74 页。

问只是个思诚"①。在人道观上，发扬张载的"知礼成性变化气质之道"②，以成性说反对宋明理学复性说，强调"性日生而日成"③，在继善成性之"继"字上努力，不断地择善弃恶，由此成为圣人，"至于继，而作圣之功蔑以加矣"。④

黄宗羲"以六经为根柢"来重建后理学时代的信仰价值系统。他认为晚明的整个"学问之事"即思想世界处于没有统一根柢的碎片化状态："夫一儒也，裂而为文苑、为儒林、为理学、为心学。"丧失了支撑世道人心的信仰价值功能，"今之言心学者，则无事乎读书穷理；言理学者，其所读之书不过经生之章句，其所穷之理不过字义之从违。薄文苑为词章，惜儒林于皓首，封己守残，摘索不出一卷之内。其规为措注，与纤儿细士不见长短！天崩地解，落然无与吾事，犹且说同道异。自附于所谓道学者，岂非逃之者之愈巧乎？"⑤ 这里的天崩地解不仅指社会变动，更是指信仰价值大厦的轰然倒塌。因此，黄宗羲以重建倒塌的信仰价值系统为使命，认为"儒者之学，经纬天地"。经纬天地之儒学就是对天崩地解的信仰价值世界的重建。这对于宋明理学和佛学的取舍是：认同"圣人之学，心学也"⑥，但又力图弥补其空疏之弊；鄙视巧避现实、沦为"道学之乡愿"⑦ 的程朱派理学家。他所著《破邪论》有不少篇章批判佛教。以如此取舍为基础的信仰价值世界的重建，反映在天道观上，既说"盈天地皆心也"，又说"盈天地间皆气也"，还说"心即理也""心即气也"。这是以气为沟通心与物、

---

① 王夫之：《读四书大全说》，《船山全书》第6册，第996页。
② 吕大临：《横渠先生行状》，《张载集》，中华书局，1978年，第383页。
③ 王夫之：《尚书引义》，《船山全书》第2册，第299页。
④ 王夫之：《周易外传》，《船山全书》第1册，第1008页。
⑤ 黄宗羲：《留别海昌同学序》，《黄宗羲全集》第20册，第561页。
⑥ 黄宗羲：《明儒学案》，《黄宗羲全集》第13册，第188页。
⑦ 黄宗羲：《孟子师说》，《黄宗羲全集》第1册，第154页。

心与理的中介，“我与天地万物一气流通，无有碍隔。故人心之理，即天地万物之理，非二也”①。这是综合心本论、气本论、理本论而重建世界统一原理。心即气表现在人道观上，主要是修正王学末流割裂工夫和本体的弊病，强调“工夫所至，即其本体”②，即事功与道体的统一，“以救空空穷理”而还阳明以“圣人之学”的本色。③

顾炎武对于后理学信仰价值系统的重建，同样以伸张经学、拒斥佛学和反省宋明理学为主旨，他说：“古之所谓理学，经学也。”“今之所谓理学，禅学也，不取之五经，而但资之语录。”④ 认为类似禅学的理学作为信仰价值系统，概而言之，就是“以明心见性之空言，代修己治人之实学”⑤。因此，必须“拨乱反正”⑥，重建修己治人之实学的信仰价值系统。这里的“明心见性之空言”，主要指向陆王心学，也涉及程朱理学。不过，顾炎武以朱熹为信仰价值系统重建的引导者，他肯定“朱子一生效法孔子，进学必在致知，涵养必在主敬，德性在是，问学在是”⑦，认为专言涵养以解释朱熹，是对心学的附会。顾炎武的作为信仰价值系统的修己治人之实学，其天道观以为“盈天地之间者气也”，“气之盛者为神”⑧；而“理”是气之流行的秩序，因此，“心不待传也，流行天地间，贯彻古今而无不同者，理也。理具于吾心而验于事物”。⑨ 这样的天道观是把朱熹“心具众理而应万事”转化为

---

① 黄宗羲：《明儒学案》，《黄宗羲全集》第14册，第556页。

② 黄宗羲：《明儒学案》，《黄宗羲全集》第13册，第3页。

③ 同上，第185页。

④ 顾炎武：《亭林文集》，《顾炎武全集》第21册，上海古籍出版社，2011年，第109页。

⑤ 顾炎武：《日知录》，《顾炎武全集》第18册，第309页。

⑥ 顾炎武：《亭林文集》，《顾炎武全集》第21册，第230页。

⑦ 顾炎武：《日知录》，《顾炎武全集》第19册，第729页。

⑧ 顾炎武：《日知录》，《顾炎武全集》第18册，第78页。

⑨ 顾炎武：《日知录》，《顾炎武全集》第19册，第717~718页。

“验于事物”，即以下学为上达的进路，“由朱子之言以达夫圣人下学之旨”①。在人道观上，修己治人之实学提出“行己有耻”，这不仅要在“辞受”“取与”之间有所不为，而且要有天下兴亡的责任感，“耻匹夫匹妇之不被其泽”“士不先言耻，则为无本之人”。② 行己有耻就是对为人之本的重建。

比照王、黄、顾对信仰价值系统的重建，“三柱石”提供了重建的另一幅蓝图。这就是徐光启说的，以天主教“补儒易佛”。他在听闻利玛窦阐述天主教“大旨”后感慨道：“余向所叹服者，是乃糟粕煨烬。”③ 认为儒学“空有愿治之心，恨无必治之术，于是假释氏是说以辅之”，然而“奈何佛教东来千八百年，而世道人心未能改易，则其言似是而非也”。认为佛教其实是沿袭了老庄思想，夹杂着道教符箓，因而使得善恶之教化流于虚无荒谬，如果“必欲使人尽为善，则诸陪臣所传事天之学，真可以补益王化，左右儒术，救正佛法”。④ 这意味着在“向所叹服”的本土信仰之外，寻求重建信仰价值系统的思想资源。李之藻指出，这就要求突破独尊中华文明而鄙视其他文明为蛮夷的狭隘顽固的传统观念：“惟拘守旧闻，自矜极教，妄谓世无域外之境界，人无超性之名理。局小心量，灵机不活。”⑤ 杨廷筠说得更加明白：“中国自有二氏（引者按：指佛道二教），几与吾儒并立为三，人生耳濡目染，童习白纷，自谓名理已尽于此，此外可无置喙矣。乃有西学，言天而确言主，实补吾儒之传。非仙非佛，超出三教之表。”⑥ 显然，在中国人基本为夷夏传统所蒙蔽的时候，这是前所未有的新视野，也是王、黄、顾不具有的。

---

① 顾炎武：《亭林文集》，《顾炎武全集》第 21 册，第 195 页。
② 同上，第 93 页。
③ 徐光启：《二十五言跋》，《徐光启全集》第 9 册，第 268 页。
④ 徐光启：《辨学章疏》，《徐光启全集》第 9 册，第 250~251 页。
⑤ 李之藻：《〈代疑编〉序》，《明末天主教三柱石文笺注》，第 185~186 页。
⑥ 杨廷筠：《代疑编》，《明末天主教三柱石文笺注》，第 329 页。

所谓“补儒易佛”，也是利玛窦等传教士的天主教“合儒”“补儒”的重要内容。所谓“合儒”，是论证天主教与“先儒”即先秦儒家经籍的思想相一致，如利玛窦引证《诗经》《尚书》《周易》等，证明这些典籍中的“上帝”就是天主教的“天主”；与此同时，则拒斥佛、道，认为天主教的上帝是“实”和“有”，与佛、道的“空”和“无”大相径庭，而与儒学的“有”和“诚”大抵相似。所谓“补儒”有三个方面：其一，汉代以降的“后儒”尤其是宋明理学为佛、道污染，湮灭了“先儒”崇奉天主的真谛，因而必须予以补救，利玛窦说，对于“儒教目前最普遍信奉的学说……我们试图驳斥这种哲学，不仅仅是根据道理（引者按：指天主教教义），而且也根据他们自己古代哲学家的论证，而他们现在的全部哲学都是有负于这些古代哲学家的”①；其二，即便是先儒，也只讲了“率性”（因性）即有形世界的道理，而天主教不仅包括了有形世界的道理，还以“超性之学”论证了有形世界之外的天堂地狱的存在，弥补了儒学的缺失，传教士利类思把神学译著命名为《超性学要》突出地反映了这一点；其三，儒学的修身缺乏上帝监督和明确戒律，因而收效甚微，“贵邦儒者，病正在此，常言明德之修，而不知人意易疲，不能自勉而修，又不知瞻仰天主，以祈慈父之佑，成德者所以鲜见”②。如此的“合儒”“补儒”可以归结为四个“实”：为古经证实、天主实存、天堂地狱实有、修养工夫切实。这就是利玛窦最早系统阐释天主教教义的《天主实义》之“实”的内涵。“三柱石”称西学为“实学”，③ 包含了对如此之“实”

---

① ［意］利玛窦，［法］金尼阁：《利玛窦中国札记》，第 102 页。

② ［意］利玛窦：《天主实义》，《利玛窦中文著译集》，第 82 页。

③ 徐光启说，传教士“实心、实行、实学”（《〈泰西水法〉序》，《徐光启全集》第 5 册，第 290 页）；李之藻说，传教士“真修实学”（《请译西洋历法等书疏》，《明末天主教三柱石文笺注》，第 181 页）；杨廷筠说，“西贤之行皆实行，其学皆实学”（《代疑续编》，《明末天主教三柱石文笺注》，第 311 页）。

的认同，他们构建“易佛补儒”的信仰价值系统，吸取了传教士的“合儒”和“补儒”：以儒家六经诠解上帝，大力辩驳佛教的虚妄，揭示宋明理学作为信仰价值系统的种种缺陷，赞美天主教的修身戒律，肯定天堂地狱之说对于赏善惩恶的意义等。对此很多阐述“三柱石”与天主教关系的论著已有充分阐述，这里不再赘述。

就以六经为据、拒斥佛老和反省宋明理学来说，“三柱石”和王夫之、黄宗羲、顾炎武以及传教士的“合儒”“补儒”是相同的。“三柱石”不同于王、黄、顾的，是引入了天主教，为信仰价值系统的重建提供了另一幅蓝图。“三柱石”的“补儒易佛”也不同于传教士的“合儒”“补儒”，后者意在从“合儒”“补儒”走向“超儒”，即以天主教取代儒学而成为中国人的信仰价值系统。“三柱石”拒绝了“超儒”论。他们的“补儒”是把天主教置于补益儒学的辅助地位，仍然把儒学作为信仰价值系统的主干。这反映在他们以儒家的治国平天下作为终极价值，将天主教作为实现儒家尧舜禹三代理想社会的教化手段。徐光启说，倘若天主教得以广泛宣扬，“使敷宣劝化，窃意数年之后，人心世道，必渐次改观。乃至一德同风，翕然丕变，法立而必行，令出而不犯，中外皆勿欺之臣，比屋成可封之俗，圣躬延无疆之遐福，国祚延永世之太平矣”①。这里的“比屋可封”出自《尚书》，汉儒陆贾《新语·无为》指出：“尧舜之民，可比屋而封；桀纣之民，可比屋而诛者，教化使然也。”李之藻和杨廷筠亦有相似的说法。徐光启的名言“欲求超胜，必须会通；会通之前，先须翻译”②，是“三柱石”汲取包括天主教在内的西学的根本纲领，这就是在理解西学基本精神的基础上，通过中西会通而求得超胜。对于重建信仰价值系统而言，这样的“超胜”是双重的：既“超胜”原有的儒学传统，也“超胜”西

① 徐光启：《辨学章疏》，《徐光启全集》第9册，第251页。

② 徐光启：《历书总目表》，《徐光启全集》第9册，第198页。

来的天主教。为此需要进行中西会通，这表现在他们“补儒”的重要方面是天主教和儒学的会通。

这突出反映在“三柱石”对待宋明理学的态度上。西方传教士为了在信仰价值上用天主教取代儒学，把中国人现实信仰价值系统，即宋明理学当作对立面，基本上予以全盘否定。与此不同，“三柱石”注意以宋明理学诠释天主教教义，于是，“补儒易佛”的信仰价值新蓝图表现出对宋明理学的“接着讲”。传教士拒斥程朱对六经的解说，“三柱石”则多方面以程朱的经说来诠释天主教。徐光启引用程朱对佛学的批评，以证明天主教教义的正当性：“朱子谓轮回之说，止可以愚庸爨婢。”① “先儒谓佛氏知性，不知有天命之性，故言性不言天。”②认为朱熹批评佛教轮回说和只言性不言天，都和天主教教义相吻合。传教士强调“后儒”遮蔽了六经对天主的信仰，而李之藻则指出，《周易》作为“文字祖”，开篇即言“乾元”，又言“帝出乎震”，“紫阳氏解之，以为‘帝者，天之主宰’。”③ 杨廷筠进一步指出，朱熹能做出如此解释，在于把“帝”和“天”统一了起来，“宋儒分别以形体言谓之‘天’，以主宰言谓之‘帝’。至《中庸》则曰：‘郊社之礼，所以祀上帝也。’《易·系辞》：‘帝出乎震。’朱子释之曰：‘帝者，天之主宰。’则已显然。明有一主，而岂西儒倡为之说哉!”④ 认为朱熹的解释表明了对天主的肯定。

“三柱石”还在深层次理论上会通宋明理学与天主教。徐光启以为朱熹理学的“顺守”与阳明心学的“逆取”，对于构建信仰价值系统各有所长，但他们之所长即是他们之所短。阳明“逆取”，注重把德性教化与出于意志自由的自愿相联系，但王学后学由此产生行为狂妄而

---

①② 徐光启：《辟释氏诸妄》，《明末天主教三柱石文笺注》，第133页。

③ 李之藻：《〈天主实义〉重刻序》，《明末天主教三柱石文笺注》，第139页。

④ 杨廷筠：《代疑续编》，《明末天主教三柱石文笺注》，第279页。

无视规范之弊，即“非名教之所能羁络”①；朱熹“顺守”，把德性培养与出于理性自觉的遵守礼教规范相联系，强调理即礼，但存在着以必然之理（礼）束缚内在情意之弊。徐光启把天主教的注重自愿原则与王学相会通，以克服理学忽视自愿之弊；又把天主教的信徒“都要遵依了十戒，从自己身心上实实做出来”②，即要求人人必须切实遵守戒律与理学注重礼教相会通，以避免王学肆意妄为之弊。③ 李之藻特别注意《天主实义》运用的逻辑论证方法：“缘数寻理，载在《几何》，本本元元，具存《实义》诸书。”④ 认为《天主实义》用《几何原本》“缘数寻理”即逻辑推理的方法构建信仰价值体系，是儒学“格物穷理”不具有的；并指出逻辑推理的过程，以圣人并非完全把握终极真理为前提，“及其至也，圣人有不知不能焉”，因而这个过程充满不同意见的讨论和辩驳，“一翻新解，一翻讨论；一翻异同，必一翻疑辨，然后真义理从此出焉。”⑤ 因此，这样的方法归根结底说明了真义理“求诸自心”。这是把逻辑推理方法和王学的良知准则作了会通。杨廷筠认为，中西会通是完善信仰价值之道的必由之路。他说：“道之大者，古今不能尽，固有昔所略，而今则显；昔未有，而今始辟；昔晦蚀，而今大明。”⑥ 中西会通犹如“水火相济”，将使信仰价值之道有新发展。他尤重在心性之学上融合宋明理学与天主教。他提出“人有三种性光”，即“良知良能，谓之本性之光”，还有信奉天主的“超性

---

① 黄宗羲：《明儒学案》，《黄宗羲全集》第15册，第767页。

② 徐光启：《造物主垂象略说》，《徐光启全集》第9册，第384页。

③ 徐光启批评王学“后进之士波荡而从之，即紫阳一脉几欲敝帚相视”，同时推许朱熹之学“实行实功，有体有用”（《刻〈紫阳朱子全集〉序》，《徐光启全集》第9册，第295页），即有此含义。

④ 李之藻：《〈同文算指〉序》，《明清间耶稣会士译著提要》，第200页。

⑤ 王徵：《〈代疑编〉序》，《明清间耶稣会士译著提要》，第158页。

⑥ 杨廷筠：《代疑续编》，《明末天主教三柱石文笺注》，第274页。

之光”和死后升入天堂的“真福之光”。[1] 这里把王学性善论的良知本性和天主教的超性之光、真福之光糅合起来，意在既超越儒学的性善论，又超越带有性恶论含义的天主教原罪说。他在说明宋明理学“仁者以天地万物为一体”和天主教强调人性与物性、此岸与彼岸分别并不矛盾时说：“明儒特醒之曰：是吾一体，分虽殊而理则一，派虽别而源则同。”[2] 这是用理学的“理一分殊”来调和心性学上天主教与宋明理学的矛盾。从兼取程朱和陆王来说，“三柱石”的“补儒易佛”和王、黄、顾有共同之处，这意味着他们与后者一样，试图从宋明理学转化出新的儒学价值系统。就王、黄、顾来说，如此的新价值系统的重要标志是从以四书为中心转到以五经为中心；而对“三柱石”来说，这个新价值系统则表现为儒学化的天主教。王学接引天主教的意义，正在于它是构建这个新价值系统的起点。

（原载《中国心学》第 1 辑，商务印书馆，2021 年）

---

① 杨廷筠：《代疑编》，《明末天主教三柱石文笺注》，第 266 页。
② 同上，第 238 页。

西方世界观念对儒家夷夏传统的首次冲击

明清之际，西方文化首次传入中国，在中国儒生士人中掀起思想波澜。从接受西学的主体来分析，西方传教士带来的世界观念对儒家夷夏传统的冲击，是明清之际西方文化发生影响的重要表现，也是思想基础。

一、夷夏传统在明末的表现

一般说来，古代中国人看待中国和世界的关系，是以儒家的夷夏传统为基础的，这主要有两个方面：一是在地理位置上，中国传统文化孕育于黄河流域的中原地区。所谓“夏”，《说文解字》称：“夏者，中国人也。”这里的“中国”，即中原的意思。以后萌生和演绎成中国，即居于世界的中心区域。处于这个中心四周的部族，依其与这个方位的关系，分别称之为“东夷”“西戎”“南蛮”“北狄”。古代中国常常以“夷”和“夏”对称，这里的“夷”就是泛指四方的部族。这种基于地理位置上的夷夏之分，显然是同“天圆地方”的宇宙理论相联系的。二是在文化上，古代人认为周边的夷、狄、蛮、戎没有声文教化、礼仪典章，处于野蛮状态。《礼记·王制》：“东方曰夷，被发文皮，有不火食者矣。南方曰蛮，雕题交趾，有不火食者矣。西方曰戎，被发衣皮，有不粒食者矣。北方曰狄，衣羽毛穴居，有不粒食者矣。”所以，就有“夷夏之别，在于分野”的说法。这就形成了中国文化是世界上最为优越的观念。

被称为“宋初三先生”之一的石介，是当时颇有学问的人，他写的《中国论》相当典型地表达了古代中国人的夷夏观念。他说："天处乎上，地处乎下，居天地之中者曰中国，居天地之偏者曰四夷。四夷外也，中国内也。天地为之乎内外，所以限也。"① 并且进一步论证道，中国之所以为天下之正中，是因为人们享有儒家"礼乐教化"之类的文明，四夷之所以居天地之偏，是因为他们不曾享有这种文明。他认为这样的夷夏传统是不可变更的，否则"天常乱于上，地理易于下，人道悖于中，则国不为中国矣"②。

应当指出，这种以自己民族为世界中心的意识，不独古代中国有，在其他民族的早期也曾有过。钱锺书说："法显《佛国记》称印度为'中国'，而以中国为边地，古希腊、罗马、亚剌伯人著书，各以本土为世界中心。"③ 问题是，其他民族的这种意识在以后的历史演变过程中逐渐淡化了。西方文化的两大重要源头——古希腊文化和基督教正反映了这一点。

从亚历山大帝国到罗马帝国崛起东侵这段时期（公元前4世纪末至公元前1世纪），历史学家把它叫作希腊化时期，在这个时期，"由于东西知识的融会，哲学家的胸襟眼界都大大地比前开阔了。我们姑且不去细论在这个时期兴起的斯多葛和伊壁鸠鲁两派哲学的内容，但有一点是可以指出的，即这两派哲学家所说的人已经不是属于狭隘的城邦的人，而是属于复载之间的世界的人。他们已经泯除了亚里士多德的希腊人和'蛮人'之间的界限，认为凡是人都可以用理性追求人生的幸福。这种超越种族和国界的对人的看法，无疑是亚历山大帝国以后欧、亚、非诸方交互渗透的历史现实在思想上的反映。"④ 中村元亦指出："在希腊化时代，至少有一部分希腊人认为，其他民族的哲学

①② 石介：《中国论》，《徂徕石先生文集》，中华书局，1984年，第116页。

③ 钱锺书：《管锥篇》第4册，中华书局，1979年，第1556页。

④ 吴于廑：《古代的希腊和罗马》，生活·读书·新知三联书店，2022年，第98页。

思想与希腊哲学具有同样的意义。作为叙利亚王国的使节被派往印度去的希腊人麦加斯梯尼（Megasthenes，约公元前4世纪）曾说过：'事实上，（希腊的）古代人对自然（physis）所说的一切，也由希腊以外的哲学家们说了。亦即，在印度是Brahmana（婆罗门），在叙利亚是Ioudaios（犹太人）。'"① 再看基督教，"犹太教和基督教共有的关于一个神控制所有人类的历史的思想，必须被认为是有价值的，因为在这个宗教的外壳里包含着更强有力的认识的种子，这一认识即是：整个人类都彼此相属。"②

反观中国，夷夏观念在历史的发展过程中不仅没有逐渐淡薄，反而形成了强有力的传统。这是有原因的。首先，在地理环境上，中国是大陆国家，而且幅员辽阔。在举步维艰的古代，人们很难去想象和追求比这更广大的世界。所以冯友兰指出，在中国的地理背景下，"古代中国人认为，他们的国土就是世界，汉语中有两个词语可以翻成'世界'，一个是'天下'，另一个是'四海之内'"③。其次，在中国文化发展的历史过程中，尽管出现过所谓的"夷狄"入主中原，甚至统一中国的情况，但由于这些"夷狄"的文化比较落后，最终的结果是中国文化同化了"夷狄"文化。这就是孟子所讲的"吾闻用夏变夷者，未闻变于夷者也"（《孟子·滕文公上》）。再次，自汉代独尊儒术之后，"严夷夏之防"作为儒家思想的重要内容，被一代又一代地传承下来。第四，以自给自足的小农生产为主体的封建经济，使得古代中国人没有必要像商业航海民族和游牧民族那样，不断地同外部世界打交道，因此老子说："鸡犬之声相闻，民至老死不相往来。"（《老子·

① ［日］中村元：《比较思想论》，浙江人民出版社，1987年，第3页。

② ［德］米契尔·兰德曼：《哲学人类学》，上海译文出版社，1988年，第27页。

③ 冯友兰：《中国哲学简史》，《三松堂全集》第6卷，河南人民出版社，2000年，第17~18页。

80 章》）。

这种根深蒂固的夷夏传统，利玛窦一踏上中国的土地，就强烈地感受到了。他在《中国札记》里多次描述了夷夏传统在当时的表现。他说，“我们通常称呼这个国家为中国（Ciumquo）或中华（Ciumboa），……我听说之所以叫这个名称，是因为中国人认为天圆地方，而中国则位于这块平原的中央”“中国人认为他们辽阔领土的范围实际上是与宇宙接壤的。与他们国家相邻接的少数几个王国——在他们知道有欧洲存在之前就仅知道这几个国家——在他们的估计中几乎是不值一顾的”。① 这种对“世界”的看法在明代人绘制的《舆地全图》上得到了形象的反映。利玛窦对这样的地图评论道：“据说是表示整个世界，但他们的世界仅限于他们的十五个省，在它四周所绘出的海中，他们放置上几座小岛，取的是他们曾听说的各个国家的名字。所有这些岛屿都加在一起还不如最小的中国省大。”②

因此，利玛窦说：“因为他们不知道地球的大小而又夜郎自大，所以中国人认为所有各国中只有中国值得称羡。就国家的伟大、政治制度和学术名气而论，他们不仅把所有别的民族都看成是野蛮人，而且看成是没有理性的动物。他们看来，世上没有其它地方的国王、朝代或者文化是值得夸耀的。”③ 显然，利玛窦注意到了中国人用“夷”来称呼外国人的含意。他说：“中国人把所有外国人都看作没有知识的野蛮人，并且就用这样的词句来称呼他们。他们甚至不屑从外国人的书里学习任何东西，因为他们相信只有他们自己才有真正的科学和知识。如果他们偶尔在他们的著述中有提到外国人的地方，他们也会把他们

---

① ［意］利玛窦，［法］金尼阁：《利玛窦中国札记》，第 6 页。

② 同上，第 179 页。

③ 同上，第 181 页。

当作好像不容置疑地和森林与原野的野兽差不多。甚至他们表示外国人这个词的书面语汇也和用于野兽的一样，他们难得给外国人一个比他们加之于野兽的更尊贵的名称。”①

在这样的夷夏传统的支配下，直至明末，处理与外部世界交往的方式，大体上说，仍跳不出以下两种格局。第一，严夷夏之防，划清与不同文化的种族或国家的界限。利玛窦曾心有余悸地写道：“人们简直难以置信，他们对于派来向皇上致敬或纳贡办理别项事务的邻国使节或使臣怀着多么大的疑惧了。虽然中国可能和派遣使节的邻国自古以来就友好相处，但这并不能使来访的贵臣免于他们在国内全部的行程中被当成俘虏或囚犯一样来对待……他们从来不准见到皇上，他们的外交或其他事务都是与钦定的大臣办理的。全国上下都不得与外国人打交道，除了在特定的时间、特定的地点……凡是未得官方批准而与外国人进行贸易的，都将受到最严厉的刑罚。”② 第二，鄙视任何与自己打交道的民族或国家，把它们当成归化者和朝贡者。对此利玛窦也颇为迷惑不解地写道，外国的使节“带来礼物并希望皇帝赏赐。为了不失伟大君王的尊严，这些赏赐远远超过他收到的礼物的价值……而且他们一登上中国的土地，他们的开支就都由公款报销……他们向皇上进贡什么样的礼物倒似乎是无所谓的……这些蛮夷从老远带来这样一些琐细的东西却使国家为他们路上的开支花费了一大笔钱。好像中国人重视的倒不是这些自称使节的低下地位，而是炫耀他们君主的伟大。”③

可见，当西方传教士在明末来到中国的时候，儒家的夷夏传统仍然像一块厚实的黑布一样蒙蔽着中国人对外部世界的认识。有一

① ［意］利玛窦，［法］金尼阁：《利玛窦中国札记》，第94~95页。

② 同上，第95页。

③ 同上，第413~414页。

个颇为典型的例子：利玛窦进北京城接受万历皇帝的召见，他自称从大西洋来，其时负责接待进京“夷狄”的礼部尚书向皇帝报告说：“《会典》止有西洋琐里国无大西洋，其真伪不可知。”（《明史·意大里亚传》）据考证，所谓“西洋琐里国”，指“西洋”和“琐里”二国；而“西洋”是“对西南海洋之泛称，非专指一国而言”，“琐里”则是“印度科里伦河口 Soli 之地”。① 可见，明代所谓“西洋”，实指南中国海及迤西之印度洋。《明史·婆罗传》：“婆罗，又名文莱，东洋尽处，西洋所自起也。”便说明了这一点。所以，当礼部尚书一听利玛窦来自大西洋，便以为是明代人心目中的“西洋”这一带，然而当他顺着这样的思路查找不到时，就感到不可思议了。对西方国家的地理位置尚且一无所知，对于西方文化的了解就更谈不上了。

十分明显，不动摇夷夏传统，西方传教士的西学东渐并不会引起中国人对西方文化的关注，他们只会被看作是前来进贡和受到中国文化的吸引而投诚归化的“夷狄”而已，他们带来的西方文化也只会被人们不屑一顾地搁置在一边，不加理睬。

二、西方世界观念对夷夏传统的冲击

明末西方传教士来华，是在西方人发现美洲新大陆和完成环球航行之后，此时近代地理学已经诞生了。传教士介绍了近代地理学的某些新知识。以新的世界观念撕开了蒙在中国人眼睛上的黑布，使中国人惊奇地睁大双眼看着展现在面前的世界图景。

1584 年（万历十二年），利玛窦在肇庆刻印了在中国出版的第一

---

① 张维华：《明史欧洲四国传注释》，上海古籍出版社，1982 年，第 141~142 页。

幅世界地图——《山海舆地图》①。以后在1602年（万历三十年）刊行了更完备的《坤舆万国全图》。艾儒略在1623年（天启三年）刊行了在中国出版的第一部介绍世界（尤其是欧洲）情况的书——《职方外纪》。除此之外，还有庞迪我的《海外舆地说》、南怀仁的《坤舆全图》《坤舆图说》和《坤舆外纪》、蒋友仁的《地球图说》等。在这些地理学的图书中，传教士仍然宣传教会神学的地球中心说，《职方外纪》开头第一句便是："天体一大圆也。地则圆中一点，定居中心，永不移动。"② 李之藻概括了传教士所言的"天文历数"，指出他们都是讲"天包地外，地在天中，其体皆圆，皆以三百六十度算之"③。当时一些人士将其作为西方科学予以接受，如杨廷筠讲到世界图像时说："最轻清者为天，天体多重，迥出地外，最重浊者为地心，恰恰正在天中。"④ 但这些图书以西方的世界概念有力地冲击了中国的夷夏传统。这主要表现在以下三方面：

首先，地球为圆形的学说冲击了"中国独居天下之中，东西南北皆夷狄"的偏见。认为地球是圆形的，这在中国和西方的古代都有人谈到过。欧洲16世纪地理大发现的贡献在于，第一次证实了地球是圆形的。艾儒略曾在《职方外纪》中介绍了哥伦布和麦哲伦（书中称为"阁龙"和"墨瓦兰"）的航海事迹，传教士以地理大发现的知识对地圆说作了肯定的说明。1592年（万历二十年）刊行的《无极天主正教真传实录》首先介绍了地圆说。此书的第四章《论地理之事情》指出：

---

① 洪煨莲的《考利玛窦的世界地图》指出，自1584年至1603年，利氏世界地图共翻刻刊行12次。

② ［意］艾儒略著，谢方校释：《职方外纪校释》，中华书局，1996年，第27页。

③ 李之藻：《请译西洋历法等书疏》，《明清间耶稣会士译著提要》，第240页。

④ 杨廷筠：《〈职方外纪〉序》，《明清间耶稣会士译著提要》，第4页。

"乃方圆之理，唐人执以为方，僧独以为圆者，果何一长之见耶。"①"唐人"谓中国之往访者，"僧"为著者自称。对地方和地圆这两种学说作了分辨，从四个方面说明"地形之圆也，而非方也"。利玛窦的地图用经纬线形象地绘出了东西两半球的状况。为此他在说明中讲："原宜作圆球，以其入图不便，不得不易圆为平，反圈为线耳，欲知其形，必须相合，连东西二海为一片可也。"他指出，所谓地球即"上下四旁，皆生齿所居，浑沦一球，原无上下"。② 艾儒略说得更明白："地既圆形，无处非中；所谓东西南北之分，不过就人所居立名，初无定准。"③ 南怀仁进一步指出，所有居住在地球上的人，虽然所处的位置不同，面貌、声音不同，风俗习惯不同，但不能因此而把某一部分人看作和禽兽相类似。他说："航海者每周全地而验之，处处皆有人居，……普天下之人，所公同者，即灵性也。其五伦规矩之繁简，法度之疏密，礼貌之华朴，虽有不同，终无出于理外者。盖所同者其性，而其所不同者则面貌及声音也。盖凡物传类者，如禽兽等容貌多相同，独人不然。"④ 这就告诉人们，中国人和外国人的区别，在于不同的地理位置、风俗习惯及形体等，而不在于"夏"和"夷"。

其次，关于五大洲的知识冲击了"中国即天下"的狭隘观念。《明史・意大里亚传》说，利玛窦的《万国全图》言天下有五大洲："第一曰亚细亚洲，中凡百余国，而中国居其一。第二曰欧罗巴洲，中凡七十余国，而意大里亚居其一。第三曰利未亚洲，亦百余国。第四曰亚墨利加洲，地更大，以境土相连，分为南北两洲。最后得墨瓦腊泥

---

① 方豪：《中西交通史》，上海人民出版社，2008 年，第 788 页。

② 郭子章：《黔草・山海舆地全图序》，《四库全书存目丛书》集部第 155 册，齐鲁书社，1997 年，第 357 页。

③ ［意］艾儒略著，谢方校释：《职方外纪校释》，第 27 页。

④ ［比］南怀仁：《坤舆全图・坤舆图说》，商务印书馆，1937 年，第 61～62 页。

加洲，为第五。而域中大地尽矣。”从此中国人知道地球有五大洲，中国的史志里有了五大洲之名。传教士其他有关世界地理的书更详细地介绍了有关五大洲的知识，尤其是欧洲的情况。艾儒略的《西方答问》分上、下两卷。上卷目录是：国土、路程、海泊、海险、海奇、登岸、土产、制造、国王、西学、官职、服饰、风俗、五伦、法度、谒馈、交易、饮食、医药、人情、济院、宫室、城池、兵备、婚配、续弦、守贞、葬礼、丧服、送葬、祭祖；下卷目录是：地图、历法、交蚀、列宿、年月、岁首、年号、西士、堪舆、术数、风鉴、择日。这就提供了一幅关于欧洲的生动逼真的画面。对于五大洲的了解有助于中国人突破原有的夷夏传统笼罩下的地域视野。《职方外纪》这个书名，正体现了这一点。《周礼·夏官司马》记周官制中有“职方氏”，“掌天下之图，以掌天下之地。辨其邦国、都鄙、四夷、八蛮、七闽、九貉、五戎、六狄之人民与其财用，九谷、六畜之数要。周知其利害，乃辨九州之国，使同贯利”。艾儒略想告诉中国读者，在“四夷、八蛮、七闽、九貉、五戎、六狄”以外，还有许多不向中国朝贡的国家，还有一个广大的世界：“凡系在职方朝贡，附近诸国俱不录，录其绝远，旧未通中国者，故名《职方外纪》。”①

再次，对于西方典章制度、文化教育的介绍冲击了“夏夷之别，在于文野”的陈旧界限。《职方外纪》和《坤舆图说》介绍了欧洲列国的饮食、衣服、宫室，制度、宗教等各方面的情况。《职方外纪》介绍西方的典章制度：“欧罗巴诸国赋税不过十分之一。民皆自输，无征比催科之法。词讼极简。小事里中有德者自与和解；大事乃闻官府。官府听断，不以己意裁决，所凭法律条例，皆从前格物穷理之王所立，至详至当。官府必设三堂：词讼大者先诉第三堂，不服告之第二堂，又不服告之第一堂，终不服则上之国堂。经此堂判后，无不听

① 李之藻：《刻〈职方外纪〉序》，《职方外纪校释》，第6~7页。

于理矣。”① 不难看出，这里所叙述的简直和中国历来理想的“仁政”“王道”相差无几。《职方外纪》对于文化教育方面的情况叙述得尤为详细。它说：“欧罗巴诸国，皆尚文学。国王广设学校。一国一郡有大学、中学，一乡一邑有小学……生徒多者至数万人。其小学曰文科，有四种：一古贤名训，一各国史书，一各种诗文，一文章议论。学者自七八岁学，至十七八岁，学成而本学之师儒试之。优者进于中学，曰理科，有三家：初年学落日伽（Logic，逻辑），译言辨是非之法；二年学费西加（Physics，物理学），译言察性理之道；三年学默达费西加（Metaphysics，形而上学），译言察性以上之学；总名斐洛所费亚（Philosophia，哲学）。学成，而本学师儒又试之，优者进于大学，乃分四科，而听人自择：一曰医科，主疗病疾；一曰治科，主习政事；一曰教科，主守教法；一曰道科，主兴教化，皆学数年而成。学成而师儒又严考阅之，凡试士之师儒群集于上，生徒北面于下，一师问难毕，又轮一师，果能对答如流，然后取中。”② 在这“四科大学之外”，还有“度数之学”（数学）、“算法家”（代数学）、“量法家”（测量学）、“律吕家”（乐理学）、“历法家”（天文学）等。《职方外纪》中还提到专供人们抄写、诵读图书的“官设书院”、专养鳏寡孤独者的“贫院”、专育为父母遗弃的婴儿的“幼院”等。这些介绍无疑使中国人大开眼界，所谓的“夷狄”原来也有着可以和中国相媲美的礼乐教化。

三、夷夏传统的初步松动

在具有近代气息的西方世界观念的冲击下，夷夏传统在明清之际

---

① ［意］艾儒略著，谢方校释：《职方外纪校释》，第72~73页。

② 同上，第69页。

的一些儒生士人的头脑里出现了松动的迹象。这一迹象大致反映在两个方面：

第一方面，是产生了比较广阔的世界观念。

利玛窦以一个欧洲人的眼光，描述了中国人第一次站在世界地图前面时的震撼："在教堂接待室的墙上，挂着一幅用欧洲文字标注的世界全图。有学识的中国人啧啧称羡它……因为知识有限，所以他们把自己的国家夸耀成整个世界，并把它叫做天下……当他们听说中国仅仅是大东方的一部分时，他们认为这种想法和他们的大不一样，简直是不可能的，他们要求能够加以研读，以便作出更好的判断。"① 以后，利玛窦为了传布天主教，迎合中国的夷夏传统，在绘制用中文标注的世界地图时，把地图上的第一条子午线（经过加那利群岛的子午线）的投影转移，将中国的位置绘在图的正中。不过这一修改并不能阻止中国人的目光冲破民族地域的局限而投向广阔的世界。正如传教士陆若汉在《答李荣后书》中所说，利玛窦的"《万国图》以大明为中，便观览也。如以地球论之，国国可以为中。中国见此图，见西人，方知地之大，国之多也"②。

利玛窦也指出，中国人在研究了他的世界地图之后，承认了世界的缩影应当是如此的。他说："当他们头一次看见我们的世界地图时，一些无学识的人讥笑它，拿它开心，但更有教育的人却不一样，特别是当他们研究了相应于南北回归线的纬线、子午线和赤道的位置时。再者，他们得知五大地区的对称，读到很多不同民族的风俗，看到许多地名和他们古代作家所取的名字完全一致，这时候他们承认那张地图确实表示世界的大小和形状。"③ "他们终于开始明白国与国之间所

① ［意］利玛窦，［法］金尼阁：《利玛窦中国札记》，第179~180页。
② 方豪：《中西交通史》，第806页。
③ ［意］利玛窦，［法］金尼阁：《利玛窦中国札记》，第181页。

存在的真正区别”而抛弃了“把外国人都归入一类并且都称之为蛮夷”的“错误看法”。①

比如，李之藻在“他青年时雄心勃勃要对整个中国作一番很好的描述，并绘制十五省的精确地图，这对他就意味着全世界。当他看见利玛窦神父制作的世界地图时，就十分惊叹自己工作的局限”②。他为此而感慨万分：“地如此其大也，而其在天中一粟耳；吾州吾乡，又一粟中之毫末，吾更藐焉中处，而争名竞利于蛮触之角也与哉！”③ 与李之藻差不多同时的著名地理学家徐霞客，在西方的世界观念影响下，向往着从中国一隅走向广大的世界。他说：“昔人志星官舆也，多承袭傅会。江河二经、山川两戒，自纪载来，多囿于中国一隅。”他一心“欲为昆仑海外之游”。④ 比徐霞客晚生约40年的大思想家王夫之十分坦率地承认自己对于中国之外的天下知道得很不够：“吾所知者，中国之天下。”⑤ 并不出名的米嘉穗也有着和这些大科学家、大思想家类似的感受。他在《西方答问》的序中说：“成见作主，旧闻塞胸，凡纪载所不经辄以诡异目之，抑思宇宙大矣，睹记几何？于瀛海中有中国，于中国中有我一身，以吾一身所偶及之见闻，概千百世无穷尽之见闻，不啻井蛙之一窥、萤光之一照也。乃沾沾守其师说，而谓六合内外，尽可不论不议，此岂通论乎？”⑥ 他认为在夷夏传统的成见支配下，中国人对外部世界的认识犹如井底之蛙的一窥，实在可怜得很。李应试也表达了同样的认识：“无论国朝二百余年，即三代以继今之父老，蔑闻欧罗巴何？亦蔑闻地球何？……余系汉内，曼之泾野，产于皇毂，

① ［意］利玛窦，［法］金尼阁：《利玛窦中国札记》，第216页。
② 同上，第432页。
③ 李之藻：《刻〈职方外纪〉序》，《职方外纪校释》，第7页。
④ 徐霞客：《徐霞客游记》，上海古籍出版社，2007年，第1194页。
⑤ 王夫之：《思问录·外篇》，《船山全书》第12册，第467页。
⑥ 米嘉穗：《〈西方答问〉序》，《明清间耶稣会士译著提要》，第235页。

弱冠于楚郢，尝涔辇齐、鲁、赵、韩、卫、魏、吴、越、辽、鲜间，视西方人八万里风波，自渺渺尔！吁嗟乎！齿发不常，攀辕莫及，余之业无异抱罂灌畦。而云岁丰，又乌足以语大地乎哉？"① 这里已有了渴望走向世界的要求。直至雍正年间，这种广阔的世界观念仍有着一定的影响。从1725年（雍正三年）刊刻的《奉使琉球诗》中可以看到这一点，其一《海门歌》曰："少读邹衍裨瀛说，外海环九疑谭天；西洋异人近代入中国，始知五洲万国果若星罗骈。"② 其二《月蚀诗》曰："其国有人利玛窦，前明万历来朝宗；手画全图称万国，大洲有五分其中，环瀛海外更有海，邹衍咫间曾未窥洪蒙。"③

正因为当时有一部分儒生士人已有了比较广阔的世界观念，并产生了开放的要求和走向世界的愿望，他们才会对西方文化作认真的探讨而不是冷漠地"不论不议"。

第二方面，是意识到了西方文化的存在。

利玛窦说，中国人在听了他所讲授的西方的一些科学知识后，尽管他教的东西以中国传统的观点来看，"简直是骇人听闻，是超出他们想象之外的东西"，但是"他们有很多人承认，在此以前他们对于更美好的事物的无知使得他们顽固而骄傲，他们过去在知识问题上的极端盲目曾经很不理智地蒙蔽了他们的眼睛，现在眼睛的确被打开了，看到了生活中更严肃的事物"④，并且"他们对欧洲的教育制度有了更高的评价"⑤。

的确，传教士对于西方文化教育的介绍，使得一部分中国人开始

---

① 李应试：《刻〈两仪玄览图〉序》，转引自方豪：《中国天主教史人物传》上册，中华书局，1988年，第159页。

② 徐葆光：《奉使琉球诗》，《中国稀见史料》第一辑第10册，厦门大学出版社，2007年，第53~54页。

③ 同上，第111页。

④ ［意］利玛窦，［法］金尼阁：《利玛窦中国札记》第483~484页。

⑤ 同上，第181页。

从夷夏传统中摆脱出来去评价西方文化。在贵州翻刻利玛窦《山海舆地全图》的郭子章为利氏图写了序文，驳斥了那些认为利玛窦是“外夷人”故而不该接受其学说的观点。他说：“或曰：利氏外夷人也，其图其说，未必一一与天地券合，而子胡廑廑于兹？郭子曰：不然，郯子能言少皞官名，仲尼闻而学之；既而告人曰：‘天子失官，学在四夷。’介葛卢闻牛鸣而知其为三牺，左氏纪之于传。孔、左何心？而吾辈硬生藩篱，不令利生为今日之郯介耶？”① 这种反对在文化领域里强行设置夷夏之藩篱，要求学习西方文化的思想，也表现在李之藻身上。他说：“学者之病有四：浅学自奢一也，怠惰废学二也，党所固习三也，恶闻胜己四也。怯此四病，而相与驰骋乎域外之观，会通乎天人之际，不负此身，不虚此日。”② 去除夷夏传统所造成的盲目虚骄的文化心理，追求“域外”之西方文化的热情溢于言表。徐光启也有学习西方文化的迫切愿望：“令彼三千年增修渐进之业，我岁月间拱受其成，以光昭我圣明来远之盛。”③ 陆希言甚至提出了中西文化全面交通的主张：“若吾不以为外，而以孔孟之书、周鲁之礼化之，一道同风，而后用其昭事之道，以导吾民，则人知爱敬天主而爱人，是无偷薄之人，举国皆天民矣。用其格物穷理之学，以启发吾国之才俊，则物理可辨，推测可明，精微可尽，大学格物致知之章，可以补其阙失矣；用其勇以制伏不臣，则无思不服，率土皆王臣矣；用其税以充国，则饷额无亏，具有攸赖矣；以如是之地，如是之人，如是之学，如是有功于吾国家者，而又视为外夷，摈为界外，不亦深可慨也夫！”④ 这里

---

① 郭子章：《黔草·山海舆地全图序》，《四库全书存目丛书》集部第155册，第357页。

② 许胥臣：《西学凡引》，《明清间耶稣会士译著提要》，第223~224页。

③ 徐光启：《〈简平仪说〉序》，《徐光启全集》第5册，第190页。

④ 陆希言：《澳门记》，转引自方豪：《中国天主教史人物传》中册，第251~252页。

或多或少已有了向西方寻求真理的萌芽。

值得注意的是，近代中国人用来称呼西方文化的“西学”一词，在明末已出现了。1623 年（天启三年）艾儒略编写欧西大学所授课程纲要，分列六科：文科、理科（包括逻辑学、物理学、形而上学、数学、伦理学）、医科、法科、教科（包括教规、圣典）、道科（神学），名曰《西学凡》。艾儒略用“西学”一词，其用意是很明白的，无非想表示西方有着完备的、系统的文化，可以和“中学”比肩并论。

明清之际的一些中国人接受了“西学”所表现的这一含义。许胥臣说：“凡也者，举其概也。……读其凡，其分有门，其修有所，其旨有归。”① 认为艾儒略对一种有很多门类、层次而又宗旨历然的文化作了概括。他看到了西学的存在，因而委婉地否定了以儒家文化作为世界唯一文化的观念，“近儒超捷高妙之旨，果能试之有效，而推之东海西海而准否耶？”②杨廷筠认为，从《西学凡》可以看出，西方文化并不只是一种讲“象数”的浅薄东西：“或以为浅谭象数，而无当于精奥，抑孰知原原本本，真有当年累世而莫可穷竟者，即如彼国读书次第、取士科条，种种实修实用，欲著一词章功利，欺世盗名，如吾三代以下陋习而无所庸之，以作此养成就，其人才自是不同，教化流行，风俗醇美，无可疑者。”③ 方以智提出，气候决定了西方有与中国差不多发达的文化：“若西方人所处……与中国同纬度者，其人亦无不喜读书，知历理；不同纬度……诸国，忿鸷好杀。”④ 这种说法固然幼稚可笑，却说明了在方以智的经验世界里，只有西方文化可以与中国文明相匹敌。

需要进一步指出的是，当时有一些正统士大夫对西学虽还是冷眼

---

①② 许胥臣：《西学凡引》，《明清间耶稣会士译著提要》，第 223 页。

③ 杨廷筠：《刻〈西学凡〉序》，《明清间耶稣会士译著提要》，第 223 页。

④ 方以智：《物理小识》，第 2 页。

鄙视，却不得不正眼相待了。《四库全书总目提要》对西学的评论正代表了这么一种心理。《四库全书总目提要·西学》对《西学凡》作了这样的评论："所述皆其国建学育才之法，凡分六科……其教授各有次第，大抵从文入理，而理为之纲，文科如中国之小学，理科则如中国之大学。医科、法科、教科者，皆其事业，道科则在彼法中所谓尽性致命之极也，其致力亦以格物穷理为本，以明体达用为功，与儒学次序略似，特所格之物，皆器数之末，而所穷之理，又支离神怪而不可诘，是所以为异学耳。"可见，作为当时古今中外文化知识集大成的《四库全书》，把西学看作是不同于儒家文化的另一种类型的文化，是"异学"却又不可小觑。这种看法在收录《西学凡》的处理办法上得到了充分的显露：作为"异学"，《四库全书》不收入《西学凡》，但因其也是一种"学"，故在《四库全书》里存目，归于子部杂家类。

上述对于《西学凡》的评论，当是写于1772年（乾隆三十七年）开馆纂修《四库全书》之后。明末米嘉穗在上述《〈西方答问〉序》的最后说道："吾儒之学得西学而益明，西学诸书有此册而益备也。学者因其不同以求其同，其于儒学、西学思过半矣。"① 这里将西学与儒学相提并论，认为两者都有同等的价值。从米嘉穗的观感到《四库全书总目提要》的评论说明，自明末以来，无论对西学怎样评价，它已作为一种文化形态被中国的知识思想界所认可。

兰德曼在论及西方近代思想启蒙时说："启蒙运动中的人们带有这样的观点登上了舞台：虽然人类确实分成了有着不同宗教的不同民族，但这些差别只是偶然的；从本质上看，人无论在何时何地都是相同的，在民族和宗教上有特殊性的人的表面现象之下，人们常可以发现普遍的人。"② 因此，明清之际夷夏传统的松动也具有一定的近代

① 米嘉穗：《〈西方答问〉序》，《明清间耶稣会士译著提要》，第229页。
② ［德］米契尔·兰德曼：《哲学人类学》，第29页。

意义。

然而这种近代意义是极为微弱的。在明清之际，只有少数人从夷夏传统中惊醒过来，在这些少数惊醒者的文化心理中，夷夏传统观念仍然占有优势。如竭力为西学辩护的徐光启说，西学并不像卫道者所攻击的那样，是“叛常拂经，邪术左道”；假如果真如此，他也赞成“即行斥逐”。① 在这里徐光启和卫道者的认识水平是相同的，即以儒家文化的价值规范作为判断外来文化的唯一尺度，两者的分歧在于对儒家文化价值规范的理解不同。再如，鲜明地将“天下”与“中国”相对而并称的王夫之，最终还是强调：“天下之大防二：中国、夷狄也；君子、小人也。”②

在绝大多数的沉睡者中，且不论对西学一概排斥的极端顽固者，就明末到乾嘉的一般儒学士子而言，对西方传入的世界观念则抱着信疑参半的态度。《明史·意大里亚传》对于五大洲之说的看法是“其说荒渺莫考，然其国人充斥中土，则其地固有之，不可诬也”。因其“荒渺莫考”，《明史》在写当时和中国发生关系的四个主要欧洲国家（葡萄牙、西班牙、荷兰、意大利）的传时，对它们的地理位置和国内情况都不甚了解。张维华曾列举了明末一些著作中与《明史·意大里亚传》类似的议论，说：“盖明人于欧西地理，始终不明，而于西士所言及其著述，亦始终疑为伪妄。《传》文所言，殊可为明人一般态度之代表。”③《清朝文献通考·四裔考》和《明史》唱同一调子，说：“至意达里亚人所称天下为五大洲，盖沿于战国邹衍裨海之说。”“即彼所称五洲之说，语涉诞诳。”“自利玛窦始为全图，流传中国，厥后庞迪我翻刻西洋地图，衍为图说，艾儒略辑为《职方外纪》，其言未免夸张，

① 徐光启：《辨学章疏》，《徐光启全集》第9册，第252页。

② 王夫之：《读通鉴论》卷十四，《船山全书》第10册，第502页。

③ 张维华：《明史欧洲四国传注释》，第131页。

正庄子所云存而不论者。”① 此种论调可以代表康熙至乾嘉的一般儒学士人的心理。

由此可见，明清之际西方世界观念的影响还是微弱的，对夷夏传统的动摇是初步的，因而对西方文化的认可也是极其有限的。随着清代闭关自守政策的实施，西方世界观念的微弱影响很快就消失了，儒家的夷夏传统仍然支配着国人的头脑。因此，中国近代以“开眼看世界”而揭幕。

（原载《华东师范大学学报》（哲学社会科学版）1990 年第 6 期，个别文字有改动）

---

① 张廷玉等:《清朝文献通考》，浙江古籍出版社，2000 年，第 7469～7470 页。

从“会通以求超胜”到“西学东源”说

——论明清之际科学家对中西科学关系的认识

“近代科学为什么没有在中国的明清之际诞生?”人们对这个问题作过不少的讨论。本文仅从明清之际中国科学家对中西科学关系的认识来分析。西方传教士在明清之际将西方科技知识传入中国，中国当时绝大多数的科学家（他们的社会身份是儒生士人）都注意学习吸取这些科技知识，提出了“会通”中西科学的主张，并付诸实践。因而李约瑟认为“到明朝末年的1644年，中国和欧洲的数学、天文学和物理学已经没有显著差异，它们已经完全融合，浑然一体了”。[①] 但是，明清之际的中西科学“会通”，未能改变中国科学落后于西方的总体状况。相反，中西科学的差距正是在这个时期增大的。造成这种状况的原因有很多。如果从这个时期科学家对中西科学关系的认识来看，原因在于徐光启“会通以求超胜”的思想，自王锡阐、梅文鼎以后，在“西学东源”说的支配下，发生了向中国传统经学复归的蜕变。

一、“会通以求超胜”的思潮

在明清之际科学家的思想里，滚动并贯穿着试图“会通”中西科学从而超过西方科学的潮流。

---

① [英] 李约瑟：《世界科学的演进》，《李约瑟文集》，辽宁科学技术出版社，1986年，第196页。

徐光启首先提出了“会通以求超胜”的思想。他在领导修历工作时，认为对于“西法”和“中历”的关系，应当是“欲求超胜，必须会通；会通之前，先须翻译”①。就是说，“会通”必须以学习和研究西方科学为基础；在这基础上的会通，不是将两者简单地拼凑，而是把两者的长处相结合，达到“超胜”的目的。徐光启在他的科学实践中贯彻了这一思想。他所修订的《崇祯历书》，既采用了具有计算精确的优点的第谷天体运动体系和几何学计算系统，又没有把集中了中国古代历法优点的《大统历》弃之不顾，因而被称为“熔西人精算，入大统之型模；正朔闰月，从中不从西，完气整度，从西不从中”②。他的《测量法义》《测量异同》《勾股义》，是三部中西合璧的数学著作。《四库全书总目提要》说这三部书“皆以明《几何原本》之用也”。在这三部书里，他依据《几何原本》的公理，结合《周髀算经》《九章算术》，“推求异同”，力纠中国古代数学言“法”而不言“义”的弱点，做到了存中国数学之“法”而系之以《几何原本》之“义”；他还对中国“旧篇所有，今译所无”的地方，作了补论；更可贵的是他参照《几何原本》，对于当时传入的西方数学中没有的题目，创造出了与中国古代完全不同的证明方法，《勾股义》中的“勾股容圆”题便是一例。

和徐光启同时期的一些科学家也主张通过“会通”而达到“超胜”的目的。李之藻对中西算法加以比较，认为西算“加减乘除，总亦不殊中土；至于奇零分合，特自玄畅，多昔贤未发之旨，盈缩、勾股、开方、测圆，旧法最难，新法弥捷”③。他编译的《同文算指》就是将中西算法的优点加以融合，正如徐光启在序文中所说：“大率与旧

① 徐光启：《历书总目表》，《徐光启全集》第9册，第198页。

② 阮元：《畴人传汇编》（上），第476页。

③ 李之藻：《〈同文算指〉序》，《明清间耶稣会士译著提要》，第200~201页。

术同者，旧所弗及也；与旧术异者，则旧所未之有也。旋取旧术而共读之、共讲之，大率与西术合者，靡弗与理合也；与西术谬者，靡弗与理谬也。振之因取旧术斟酌去取，用所译西术骈附梓之。”① 此书吸取了我国传统算法中所缺少的“验算”，并将我国传统算法中的“方程术”“带从开方法”等补充到原译稿的西法中去。李之藻还曾携带“西法”的简平仪，往返万里，随地测验，于是“不揣为之图说，间亦出其鄙谫，会通一二，以尊中历”②，其成果就是《浑盖通宪图说》这部著作。焦勖认为，对于火器需要“求教于西师，更潜度彼己之情形”，从而“革故鼎新，条分缕析，以求万全”③。王徵对于中西科学则抱着“人亦不问中西，总期不违于天”④ 的态度。这些话也都体现了“会通”中西科学的精神。

清代以后的科学家继承了徐光启“欲求超胜，必须会通”的传统，并在这方面做了大量的工作。兹举几例：

薛凤祚说：“中土文明礼乐之乡，何讵遂逊外洋？然非可强词饰说也。要必先自立于无过地，而后吾道始尊。此会通之不可缓也。”⑤ 他认为对中国科学的落后处不必“强词饰说”，要紧的是学习西学以求会通中西，这样中国科学才会获得它应有的地位。在这一思想指导下，他经过三十多年的努力，写成了《历学会通》一书。

王锡阐“兼通中西之术，非徒习其法而心知其意，非徒知其长而能抉摘其短”⑥。他在科学研究中，“考正古法之误，而存其是；择取

---

① 徐光启：《刻〈同文算指〉序》，《徐光启全集》第 9 册，第 284 页。

② 李之藻：《〈浑盖通宪图说〉序》，《明清间耶稣会士译著提要》，第 197 页。

③ 焦勖：《火攻挈要・自序》，《火攻挈要》卷上，中华书局，1985 年，第 1 页。

④ 王徵：《远西奇器图说录最》，《明清间耶稣会士译著提要》，第 228 页。

⑤ 薛凤祚：《历学会通序》，《山东文献集成》第 2 辑第 23 册，山东大学出版社，2007 年，第 2 页。

⑥ 潘耒：《晓庵遗书序》，《清代诗文集汇编》第 170 册，上海古籍出版社，2010 年，第 308 页。

西说之长，而去其短”①。他比较中西历法之异同：“吾谓西历善矣，然以为测候精详，可也，以为深知法意，未可也。循其理而求通，可也，安其误而不辨，未可也。”② 并具体地指出西法有未“深知法意”者五和“当辨者”十，认为西法存在若干错误，并非一切都强于中历；在《历策》中指出西法有“数端者”，悉具“旧法之中，而非彼所独得”。由此他得出了对中西历的总体看法：“西人能言数中之理，不能言理之所以同；儒者必称理外之数，不能明数之所以异；此两者所以毕世而不相通耳。”③ 他赋予自己的使命就是“循其理（指西法）而求通”，所以他撰著《晓庵新法》六卷，“兼采中西，去其疵颣，参以己意，……会通若干事，考正若干事，表明若干事，增葺若干事，立法若干事”④。《晓庵新法》吸取了中西历法的优点，有所发明和创造。正如当时人所评论的：“王氏于中西二法，盖尝深思力索：融会而贯通之，又验诸实测，以审其离合之故。”⑤

梅文鼎极力提倡中西科学的“会通”。他说：“数者所以合理也，历者所以顺天也。法有可采，何论东西，理所当明，何分新旧，在善学者知其所以异，又知其所以同。去中西之见，以平心观理，则弧三角之详明，郭（守敬）图之简括，皆足以资探讨而启深思，务集众长以观其会通，毋拘名相而取其精粹。”⑥ 他多次阐发了这样的观点。例如：“自利氏以西算鸣，于是有中西两家之法。派别枝分，各有本末，而理实同归。或专己守残而废兼收之义，或喜新立异而缺稽古之功，

---

① 阮元：《畴人传汇编》（上），第 402 页。

② 王锡阐：《晓庵新法 · 自序》，《晓庵新法》，第 1 页。

③ 阮元：《畴人传汇编》（上），第 381 页。

④ 王锡阐：《晓庵新法 · 自序》，《晓庵新法》，第 4 页。

⑤ 钱熙祚：《晓庵新法 · 跋》，《晓庵新法》，第 122 页。

⑥ 梅文鼎：《堑堵测量》，《稀见清代民国丛书五十种》第 96 册，国家图书馆出版社，2014 年，第 379 页。

算数之所以无全学也。夫理求其是，事求适用而已，中西何择焉。”①正是从“务集众长以观其会通，毋拘名相而取其精粹”的思想出发，既反对“专己守残而废兼收之义”，又反对“喜新立异而缺稽古之功”，以此达到中西会通，梅文鼎在科学实践中贯彻了这样的立场。他在《历学疑问》中指出，中西历法有五方面是相同的，两者之异仅在于“中历所著者，当然之运，而西历所推者，其所以然之源”，因此取西方之所长来会通中西历法：“今之用新历也，乃兼用其长，以补旧法之未备，非尽废古法而从新术也”②。他曾把自己的《几何摘要》《九数存古》等书，辑为《中西算学通》。他在中西数学会通方面也颇有创见，如利用我国古代传统的勾股算术，证明了《几何原本》卷二、卷三、卷四、卷六中的很多命题。所以，阮元评论梅文鼎的历算学著作的宗旨，“见中西之会通，而补古今之缺略”③。

王锡阐、梅文鼎对于清代中西科学的会通有极大影响。梁启超指出，徐光启“所谓‘会通以求超胜’，盖有俟于后起，而毅然以此自任者，则王寅旭、梅定九其人也。……王、梅流风所被，学者云起……”④。在他们之后的科学家无不潜心西学以求会通中西。江永把他的著作称作《翼梅》，其用意是遵循梅文鼎的中西学“二者互有短长可以兼收而并蓄”的道路而演绎。他的弟子戴震，“其象数之学根于西法”⑤，但又致力于校注中国古代数学著作，如对《算经十书》的校勘。他认为中

---

① 梅文鼎：《中西算学通序例》，《勿庵历算书目》，中华书局，1985 年，第 27 页。

② 阮元：《畴人传汇编》（上），第 427 页。

③ 同上，437 页。

④ 梁启超：《中国近三百年学术史》，《梁启超论清学史二种》，第 485～486 页。

⑤ 王国维：《戴校水经注跋》，《王国维全集》第 14 册，浙江教育出版社、广东教育出版社，2010 年，第 479 页。

西科学各有所长，不应互斥而偏废，而应将中西两法归一。自他以后的钱大昕，李潢、李锐、汪莱、焦循等都沿着这一路径来会通中西。因此，《清史稿 · 畴人列传》说："推步之学，由疏渐密。泰西新法，晚明始入中国，至清而中、西荟萃，遂集大成。"①

总之，明清之际科学家"会通"中西科学的思想，意味着一些儒学士人试图区分中西文化的精华和糟粕，从而把两者的精华相融汇。阮元曾指出，"贯通中西之术"应当做到"能取其精华而去其糟粕"，而不要"随人步趋"。② 这样的"会通"，如果不是仅限于科学领域，而是将其扩展到整个文化领域，就会触及近代中西文化比较中的重大问题：两大文化如何从冲突走向融合，从而建设起一种新的文化。然而，在明清之际的中西会通并没有得到这样的发展。因为当时还没有出现扶植中西会通逐步生长的社会力量。"西学东源"说的流行就是证明。

二、"西学东源"说的流行

在明清之际"会通以求超胜"的思潮中，"西学东源"说逐渐凸显出来。

西方传教士为了迎合中国士大夫的口味，曾把西方的科学技术说成是中国古已有之的。利玛窦在 1600 年（万历二十八年）进京向明朝皇帝进献礼品时说："天地图及度数，深测其秘，制器观象，考验日晷，并与中国古法吻合。"③ 熊三拔说，《表度说》所讲的是中国"古

---

① 赵尔巽：《清史稿》第 46 册，中华书局，1977 年，第 13933 页。

② 阮元：《畴人传汇编》（上），第 405～406 页。

③ ［意］利玛窦：《上大明皇帝贡献土物奏》，《利玛窦中文著译集》，复旦大学出版社，2001 年，第 232 页。

神圣早有言之者”；比如“岐伯曰：地在天中，大气举之”。①

不过，最早接纳西方科学的徐光启、李之藻等人，并没有去渲染和传播传教士的这种最初形态的“西学东源”说。徐光启认为，“度数”之学在中国是“三代而上为此业者盛”，但“毕丧于祖龙之焰”，因此，西方科学传入中国，是“古学废绝二千年后，顿获补缀唐虞三代之阙典遗义”②。就是说，西学与中学并无“流”与“源”的关系。李之藻就说得更为明白了，他指出，西方算学有很多是中国“昔贤未发之旨……夫西方远人，安所窥龙马龟畴之秘、隶首商高之业，而十九符其用，书数共其宗，精之人委微，高之出意表。良亦心同、理同，天地自然之数同欤”③，认为中算、西算各有其渊源，“西方远人”无从窥得中学之秘密，中学和西学是平行而进的。徐光启、李之藻等没有“西学东源”的观念，显然同他们把西方文化作为一个整体来接受是有内在联系的，因为在这样的思想中，西方“格致”学是西学的“绪余”和“旁出”。

当然，徐光启他们的思想深处还是存在着以儒家文化为主体去同化西学的意识。徐光启曾搬出了历史上余由“佐泰兴霸”，“金日磾”“为汉名卿”，以及容纳“番僧喇嘛”“回回教”和朱元璋统治时翻译《回回历》这一类例子，希望能“以容纳僧道者容纳诸陪臣（引者按：指传教士）”④，在中国文化史上再增添一个类似的事例。不过，这种同化意识与徐光启学习西方科学的巨大热情相比，是处于次要地位的。

但是，这种同化意识在清初以后的科学家的头脑里迅速占据了统

① ［意］熊三拔：《表度说》，《明清间耶稣会士译著提要》，第 281 页。
② 徐光启：《刻〈几何原本〉序》，《徐光启全集》第 4 册，第 4 页。
③ 李之藻：《〈同文算指〉序》，《明清间耶稣会士译著提要》，第 200 页。
④ 徐光启：《辨学章疏》，《徐光启全集》第 9 册，第 251 页。

治地位，其表现形态就是“西学东源”说的提倡、流行和发挥。

首先提倡“西学东源”说最有影响力的科学家，是王锡阐和梅文鼎。王锡阐在《历说》中说：“《天问》曰：圆则九重，孰营度之。则七政异天之说，古必有之。近代既亡其书，西说遂为创论。余审日月之视差，察五星之顺逆，见其实然。益知西学原本中学，非臆撰也。”① 他进而指证，“西历所矜胜者，不过数端”，而“此数端者，悉具旧法之中”，为中国所固有。②“夫新法之戾于旧法者，其不善如此。其稍善者，又悉本于旧法如彼”③。西法背戾于中法者，均是“不善”的，而“稍善者”则悉数源于中国。梅文鼎从更多的方面论证“西学原本中学”。他说地圆说“窃疑为周髀遗术，流入西方者”④。并进一步认为地圆说不仅在《周髀》中早已存在，而且在中国很多典籍中都有记载：“《大戴礼记》则有曾子之说，《内经》则有岐伯之说，宋则有邵子之说、程子之说，地圆之说固不自欧罗西域始也。”⑤ 他在《历学疑问补》中极力证明，“西历源流本出中土，即周髀之学”“周髀中即有地圆之理”“浑盖通宪即古盖天遗法”“盖天之说流传西土，不止欧罗巴”，等等。此外，他在该书中还叙述了“中土历法传入西国之由”，认为中历传入西方有两种渠道：一是《史记》所记载的周末幽厉之时，畴人子弟分散，或在诸夏，或在夷狄；二是据《尧典》所说，是尧命“和仲”所谓“宅西”时传出去的。⑥

《明史·历志》的编纂是梅文鼎审定的，其中对于西历诸学由中国

---

① 阮元：《畴人传汇编》（上），第393页。

② 同上，第395页。

③ 王锡阐：《历策》，《丛书集成续编》子部第170册，上海书店出版社，1994年，第149页。

④ 梅文鼎：《浑盖通宪图说订补》，《勿庵历算书目》，第17页。

⑤ 阮元：《畴人传汇编》（上），第428页。

⑥ 梅文鼎：《历学疑问补》，《稀见清代民国丛书五十种》第96册，第494~500页。

传入的遐想作了更详细的说明，“西洋人之来中土者，皆自称欧罗巴人，其历法与回回同，而加精密。尝考前代，远国之人言历法者，多在西域，而东南北无闻。盖尧命羲、和、仲、叔分宅四方，羲仲、羲叔、和叔则以隅夷、南交、朔方为限，独和仲但曰‘宅西’而不限以地，岂非当时声教之西被者远哉。至于周末，畴人子弟分散。西域、天方诸国，接壤西陲，非若东南有大海之阻，又无极北严寒之畏，则抱书器而西征，势固便也……羲、和既失其守，古籍之可见者，仅有《周髀》。而西人浑盖通宪之器，寒热五带之说，地圆之理，正方之法，皆不能出《周髀》范围，亦可知其源流之所自矣”。

自王锡阐，梅文鼎之后，“西学东源”说一发而不可收拾，日益发扬光大。其中起到重要作用的是梅瑴成和戴震。梅瑴成在《赤水遗珍》里提出了西算的“借根方”，即中算的“天元一”。他说：“供奉内廷，蒙圣祖仁皇帝授以借根方法，且谕曰：西洋人书名为阿尔热八达，译言东来法也。敬受而读之，其法神妙，诚算法之指南，而窃疑天元一之术，颇与相似。复取《授时历草》观之，乃涣如冰释，殆名异而实同，非徒曰似之已也。”① 并且以借根法解李冶《测圆海镜》题一则及朱世杰《四元玉鉴》题二则，以证明“天元一”是“借根法”的来源。以后的很多数学家都步梅瑴成之后尘，进一步去论证借根法源自天元术。因而这一说法成为明清之际“西学东源”说的一个有力支柱。

戴震在《四库全书》天文算法类书的提要中，以钦定的面目把“西学东源”说确定下来。《周髀算经提要》说：“其本文之广大精微者，皆足以存古法之意，开西法之源。”②《乾坤体义提要》说：“是书上卷皆言天象，以人居寒、暖为五带，与《周髀》七衡说略同，以七

---

① 阮元：《畴人传汇编》（上），第439页。
② 纪昀：《四库全书总目提要》第3册，第2697页。

政恒星天为九重，与《楚辞 · 天问》同。以水、火、土、气为四大元行，则与佛经同。佛经所称地水风火，地即土，风即气也。”①《测量法义提要》说：“首造器，器即《周髀》所谓矩也；次论景，景有倒正，即《周髀》所谓仰矩、覆矩、卧矩也；次设问十五题，以明测望高、深、广、远之法，即《周髀》所谓知高、知远、知深也。”还说：“古立天元一法即西借根方法。”②《数理精蕴提要》说：“末部借根方法，即古立天元一之术，唐宋诸算家咸用之。”③《数学九章提要》说：“此书大衍术中所载立天元一法，能举立法之意而言之。……后元郭守敬用之于弧矢，李冶用之于勾股方圆，欧罗巴新法易其名曰借根方，用之于九章八线。其源实开自九韶，亦可谓有功于算术者矣。”④《测圆海镜提要》说：“迨我国家，醲化翔洽，梯航鳞萃，欧罗巴人始以借根方法进呈，圣祖仁皇帝授，蒙养斋诸臣习之。梅瑴成乃悟即古立天元一法，于《赤水遗珍》中详解之，且载西名阿尔热巴达，即华言东来法。知即冶之遗书流入西域，又转而还入中原也。今用以勘验西法，一一吻合，瑴成所说，信而有征……且以见中法西法互相发明，无容设畛域之见焉。”⑤ 戴震甚至认为，西方科学所用的名词概念都源于中国，只不过是加以改换过了：“中土测天用勾股，今西人易名三角、八线，其三角即勾股，八线即缀术。然而三角之法穷，必以勾股御之，用知勾股者，法之尽备，名之至当也。”⑥ 这就是说，西方科学从内容到名称无不出自中国，“西学”彻底地“东源”化了。

经梅瑴成、戴震的发挥和延伸，“西学东源”说为当时的科学家所

---

① 纪昀：《四库全书总目提要》第 3 册，第 2705 页。
② 同上，第 2709 页。
③ 同上，第 2739 页。
④ 同上，第 2734 页。
⑤ 同上，第 2734~2735 页。
⑥ 戴震：《与是仲明论学书》，《戴震全书》第 6 册，第 370 页。

接受，成为他们进行中西会通的理论根据和努力方向。因此，阮元在《畴人传》及其他文章中，凡论及明清间中西科学会通之处，就泛滥起“西学东源”说。例如，他在表彰焦循对于中西学采取“会通两家之长，不主一偏之见”的态度时说，“中西两家遂多异同之论。然元尝稽考算氏之遗文，泛览欧罗之述作，而知夫中之与西，枝条虽分，而本干则一也……中之与西不同者其名，而同者其实。乃疆生畛域，安所习而毁所不见，何其陋欤？”认为西学是从中学的“本干”上生发出来的，其与中学之异仅在于改用了不同名称而已。他对此论证道，“西法三率比例即古之今有术，……叠借即盈不足之假令，今之三角即勾股，借根方即立天元一”。[①] 这样的见解在《畴人传》中比比皆是，俯身可拾。如他说西学“新法亦集合古今之长而为之，非彼中人所能独创也。如地为圆体，则《曾子十篇》中已言之。太阳高卑，与考灵曜地有四游之说合。蒙气有差，即姜岌地有游气之论；诸曜异天，即郄萌不附天体之说。凡此之等，安知非出于中国”[②]。又说：“平方立方，与郭守敬垛积招差法正相类。夫立垛积招差以求气朔消长，即祖冲之《缀术》之遗。然则《缀术》一书，亦当如立天元术之流入彼此中，吾中土亡之，而彼反得之矣”[③]。总之，“西人亦未始不暗袭我中土之成说成法，而改易其名色耳”[④]。

毫无疑问，“西学东源”说是捕风捉影的主观猜度。这些科学家为什么要一本正经地杜撰出这样的牵强附会之说呢？这是因为他们没有忘记“会通”的鹄的是“超胜”。

王锡阐说，他提倡“西说原本中学”，是为了纠正人们对于“西历”的过分推崇：“畴人子弟骇于创闻，学士大夫喜其瑰异，互相夸

① 阮元：《里堂学算记总叙》，《揅经室集》（上），第680页。
② 阮元：《畴人传汇编》（下），第530页。
③ 同上，第541页。
④ 同上，第552页。

耀，以为古所未有。”[①] “万历季年，西人利氏来归，颇工历算。崇祯初，命礼臣徐光启译其书，……书百余卷，数年而成，遂盛行于世，言历者莫不奉为俎豆。”[②] 他认为这种情形违背了徐光启“会通以求超胜”的初衷。他说：“文定以为欲求超胜，必须会通；会通之前，先须翻译。翻译有绪，然后令深知法意者参详考定。其意原欲因西法求进，非尽更成宪也。文定既逝，继其事者，仅终能翻译之绪，未遑及会通之法。”[③] 在他看来，提倡“西学东源”说能遏制“尽堕成宪而专用西法”[④] 的趋向，而真正遵循“会通以求超胜”的宗旨。杭世骏在评论梅文鼎的历算学著作时指出：“万历中利玛窦入中国，[始倡几何之学，以点线面体为测量之资，] 制器作图，颇为精密……学者张皇过甚，无暇深考中算源流，辄以世传浅术，谓古《九章》尽此，于是薄古法为不足观，而或者株守旧闻，遽斥西人为异学，两家遂成隔阂。”[⑤] 于是，梅文鼎以“西学东源”说来打破中西两家的隔阂，以求其会通。如他自己所说：“吾为此学……惟求此理大显，使古绝学不致无传，则且死无憾！”[⑥]

可见，王、梅提倡“西学东源”说，是害怕人们奉西学为圭臬，鄙薄中国传统科学，丧失超胜西方的民族自信心。阮元对此讲得十分明白。他说，他列举种种西学源出中国，是要证明“天文算数之学，吾中土讲明而切究者，代不乏人。自明季空谈性命，不务实学，而此业遂微”，所以“可云明之算家不如泰西，不得云古人

---

① 阮元：《畴人传汇编》（上），第 395 页。

② 王锡阐：《晓庵新法·自序》，《晓庵新法》，第 1 页。

③ 王锡阐：《晓庵遗书·历说》，《丛书集成续编》子部第 170 册，第 149~150 页。

④ 王锡阐：《晓庵新法·自序》，《晓庵新法》，第 4 页。

⑤ 杭世骏：《道古堂集·梅文鼎传》，《清代诗文集汇编》第 282 册，第 316 页。

⑥ 阮元：《畴人传汇编》（上），第 420 页。

皆不如泰西也"①，否则的话，"使必曰西学非中土所能及，则我大清亿万年颁朔之法，必当问之于欧罗巴乎？此必不然也。精算之士，当知所自立"②。所以，"西学东源"说的本意确实是为了继承徐光启"会通以求超胜"的思想。从这里也可以看到，"西学东源"说的流行，是为了解决"会通以求超胜"现实中的一个问题：在学习西学的同时，又不摈弃传统的民族文化，不丧失民族自信心。这个问题存在于中西文化现实冲突的整个过程，因而当近代中西文化冲突更为尖锐时，"西学东源"说就再度泛起。

三、"会通以求超胜"的扭曲

"西学东源"说虽然表现了继承徐光启"会通以求超胜"思想的良苦用心，但是，由于这一继承是在清初开始而日渐盛行的崇经复古思潮下进行的，因而这一继承便被大大地扭曲了。康熙、乾隆年间种种钦定御纂儒家经典的举措，在晚明经学极衰之后，鼓荡起"经学复盛"的强劲之风。自王锡阐、梅文鼎直至戴震、阮元，这其间有名气的科学家无不被这股强劲之风卷裹其中，无不以经学家的身份来研治科学。"西学东源"说的盛行正表明了这一点。西学既然源自中学，那么西学即中国的古学，因而完全可以将西学纳入传统经学的体系。因此，他们的"会通"与"超胜"，与徐光启相比，追求西方科学的热忱已经大大地消退，证明西学为中国古已有之则成了"会通以求超胜"的主要内容。

王锡阐会通中西之杰作《晓庵新法》的关注点之一，在于强调"旧法虽舛，而未可遽废者"③。梅文鼎撰《历学疑问》和《历学疑

① 阮元：《畴人传汇编》（下），第511页。
② 同上，第531页。
③ 王锡阐：《晓庵新法·自序》，《晓庵新法》，第4页。

问补》虽然取西历之长而会通中西，但其目的是要“表扬中国古代天文学的辉煌成就，说它和明末传入的西洋新法，理论上是一致的”①。他在《笔算》中所作的中西会通，则是介绍西方笔算，并且把西方较先进的阿拉伯数字和便于计算的横行字书写改为中国的数目字和直行书写。

梅瑴成对待江永《翼梅》的态度颇有典型意义。江永的《翼梅》是秉承梅文鼎沟通中西的精神而作的，但他“于梅氏以中法牵强附会西学之处，实多纠正”。因此，他在该书自序中说：“至今日而此学昌明，如日中天，重关谁为辟？鸟道难为开？则远西诸家其创始之劳，尤有不可忘者，或亦平心之论也。”② 正是鉴于江永这种不太赞成把西学的“创始之劳”归于中国古人的态度，梅瑴成对《翼梅》颇有微词，以为江氏“用力虽勤，揆之则古称先，开圣距邪之旨，则大戾矣”③，竟不肯为之撰序。他曾亲书一联赠予江永：“殚精已入欧罗室，用夏还思亚圣言”。所谓“亚圣言”，即孟子的“吾闻用夏变夷者，未闻变于夷者也”。可见，在“西学中源”说的背后，有夷夏传统在作祟。在这以后的钱大昕、阮元都站在梅瑴成一边，责难江永。钱大昕说，江永“其意颇不满于宣城，而吾益以知宣城之识之高。何也？宣城能用西学，江氏则为西人所用而已”④。阮元说，江永“专申西说以难梅氏，盖犹不足为定论也”⑤。这就清楚地表明“西学东源”说的“会通”和“超胜”，是一步步地从学习西方的道路上倒退下来，反身转向于挖掘中

---

① 钱宝琮：《盖天说源流考》，《李俨钱宝琮科学史全集》第 9 卷，辽宁教育出版社，1998 年，第 455 页。

② 钱宝琮：《戴震算学天文著作考》，《李俨钱宝琮科学史全集》第 9 卷，第 144 页。

③ 同上，第 145 页。

④ 阮元：《畴人传汇编》（下），第 580 页。

⑤ 阮元：《畴人传汇编》（上），第 476 页。

国古代科学。

戴震的出现是这一转折的标志。在他的历算学著作中，所谓的中西“会通”已明确地演变为以中学为主干、以西学为注脚的形态。他用中国古代著作中的名词来变易当时翻译的西学的名词，如以觚称角，以矩称线矩，以弦称斜边等，然后用当时通用的西学名词来作注释，如说“矩分今曰正切”。因此，钱大昕在论述戴震把西洋算法与中国《周髀》结合时说：“以西人三角即古人勾股，乃易其弦切、割线为矩分、引数诸名……以求合于古所云者。”① 不仅在名词上如此，在文体上也是这样。钱宝琮先生指出：“戴氏在四库馆未开以前，所撰书如《勾股割圜记》《迎日推策记》诸篇尽属西学，徒以古人传记之文体重为编纂，几使读之者疑其为中学所固有。”② 显然，他要尽一切可能给西学穿上中国传统文化的外衣，在一切细节上体现“西学东源”的真实性。他用力最多的科学研究，是在纂修《四库全书》时校勘《算经十书》，其目的如他在天文算法类的总序中所说：“存古法以溯其源，秉新制以究其变。”也就是说，要在中国古法中寻求西学之所出。

在戴震校勘《算经十书》的影响下，其后的很多科学家以毕生的精力去证明西方很多数学成果在中国古籍中早已有之。这从《续畴人传》对他们的叙述中可见一斑。如李潢“于中西之学，孰优孰劣，早经了了于胸中。故所著《九章细草》《辑古考注》二书，能发古人之真解，与古人息息相通”③。如李锐“慨自利氏西来，群相趋附，古法不彰久矣，……犹幸戴氏于残丛中掇拾得《算经十书》”，于是，“专

---

① 钱大昕：《释弧序》，《经学研究论丛》第六辑，台湾学生书局，1999 年，第 207 页。

② 钱宝琮：《戴震算学天文著作考》，《李俨钱宝琮科学史全集》第 9 卷，第 145 页。

③ 阮元：《畴人传汇编》（下），第 594~595 页。

志求古，不遗余力，继往开来，续残补缺，遂使二千年来沦替之绪，得大昌于世”。① 如焦循著《天元一释》就是为了进一步证实梅瑴成的借根法源自中国天元术的说法，谈泰为此大加赞叹：“此真古学之绝而复续、幽而复明者。泰于天元算例，亦从西人入手，近始知其立法之不善，远逊古人。读焦君此编，益涣然冰释矣。”②

总之，自从“西学东源”说得到提倡和盛行之后，中国古代科学家的“会通”变成了从中国古籍中寻找西学之“根”的考证，如阮元所说：“以此证彼，若符节之合。”③ 而“超胜”则成了中国古学的复兴，也如阮元所说：“学者苟能综二千年来相传步算之书，一一取而研究之，则知吾中土之法之精微深妙，有非西人所能及者。彼不读古书，谬云西法胜于中法，但知西法而已，安知所谓古法哉？”④ 因此，尽管这些科学家是有功绩的，使得一大批长期被湮没的中国古代科学著作重见天日，并在某些方面做出了创造和发明；但是，他们仍然在中国古代科学的故道里徘徊。以当时成果最丰的数学和天文学来说，也是如此。戴震的亲家孔继涵⑤在刻印《算经十书》（1773 年）时，对于当时的数学著作“不能稍出《九章》之范围”而深为慨叹。在天文学上，蒋友仁在 1760 年（乾隆二十五年）的《坤舆全图》中明确肯定了哥白尼的日心说是唯一正确的天文学说，以后据此出版了《地球图说》，然而阮元在该书的序中说：“是说也，乃周公、商高、孔子、曾子之旧说也，学者不必喜其新而宗之。”⑥

---

① 阮元：《畴人传汇编》（下），第 603 页。

② 同上，第 604 页。

③ 阮元：《加减乘除释序》，《续修四库全书》子部第 1045 册，上海古籍出版社，2002 年，第 222 页。

④ 阮元：《畴人传汇编》（下），第 512 页。

⑤ 孔继涵（1739—1784），字体生，号荭谷，山东曲阜人。乾隆进士。官至户部主事。精于天文算术。

⑥ 阮元：《地球图说序》，《地球图说》，中华书局，1985 年，第 2 页。

这些都说明，“西学东源”说不能引导中国人步入近代科学的殿堂，即便西方近代科学知识已经来到了面前。因为“西学东源”说在文化价值观上，把儒家经典视作最高的文化，这就决定了中国科学家的中西“会通”，只能局限在以儒家文化消融外来文化的范围，于是西方的科学知识被支离破碎地填塞于中国古代科学体系之中，“超胜”西方科学的雄心壮志终成泡影。

四、“西学东源”说的结果

“西学东源”说作为中西文化比较中的一个观点，并不是毫无意义的。它促使人们对中国传统文化有所反省：西方科学源于中国，但它为什么在中国没有得到长足发展，反而弄到了几乎音沉响绝的地步呢？这就使得中国科学家开始意识到中国文化中的某些弊端：理学的“空虚”；儒家鄙视技艺；科学方面缺乏逻辑论证等。① 特别值得注意的是，“西学东源”说反映了它企图解决中西文化现实冲突中的一个矛盾：在学习西学的同时，又不摈弃传统的民族文化。而且它将西学作为中学之流，已经隐约地包含着对于解决这一矛盾的看法：使西学取得民族的形式，从而将两者结合起来。

但是，“西学东源”说对于这一矛盾的解决是外在的。它以“源”和“流”来看待中学和西学的区别，显露出了民族自大主义的文化心理，因而不可能平等地去评价西学和中学，这就阻碍了对西学的进一步认识和对中学更深刻的反省。同时，在将这两种文化相结合的时候，势必把西学作为枝条嫁接到中学这一主干上去。近代流行的“中体西

① 如王锡阐指责：“儒者……援虚理以立说。”钱大昕指出：“中土之善于数者，儒学辄为小技……中法绌于欧罗巴也。”梅文鼎指出，西历优于中历之处在于能“明其所以然之故”。

用”在这里已有了最初的发端。难怪到了近代，“西学东源”说再度泛起，和“中体西用”相辅而行。这样以中学作“源”、西学为“流”的结合方式，在明清间产生的结果是怎样的呢？在科学上，如上面已指出的，只是把西学纳入中国古代科学的框架里，而未能接受新的近代科学体系。如果从整个文化领域来看，这种结合的结果，是使西方的科学成为包容了所有中学之经学的附庸。这主要表现在以下三方面：

第一，经学大师兼治西洋科学，尤其是历算学。梁启超曾说，自王锡阐、梅文鼎始，“许多古算书渐渐复活，经学大师大率兼治算”①。这一现象可以说是用‘源”“流”观点来结合中西学的人格化身。

第二，以西方科学的天文、数学、地理等知识来注经。儒家经典中涉及众多的科学知识，当时的经学家就运用西方科学知识来作注解，从而兼任起科学家的职责。如阎若璩②以日食为推算日期的准绳，证明《古文尚书》之伪；汪莱释《论语》中的“千乘之国”，悉依算数；等等。陈厚耀③与康熙帝曾有一段对话，康熙“问地圆出何书，对以《周髀算经》曾言之。问何以见其圆也，对曰《职方外纪》西人言绕地过一周，四匝皆生齿所居，故知其为圆”④。这就生动地展现出“西学东源”的中西文化结合，就是用西学来作经学的证明。戴震在这方面更是发挥得淋漓尽致，因而阮元在对他的评论中说：“九数为六艺之一，古之小学也。自暴秦焚书，六经道湮，后世言数者，或杂以太一、三式、占候、卦气之说，由是儒林之实学，下与方技同科，是可慨已。

---

① 梁启超：《中国近三百年学术史》，《梁启超论清学史二种》，第261页。

② 阎若璩（1636—1704），字百诗，号潜丘。故籍山西太原，后迁居江苏淮安，沉潜二十余年，撰《古文尚书疏证》。著作另有《潜丘札记》《孟子生卒年月考》《四书释地》等。

③ 陈厚耀（1648—1722），字泗源，号曙峰，江苏泰州人，康熙进士。通历算学。屡蒙康熙帝召见，入南书房，授内阁中书。著有《借根方算法》《春秋世族谱》等。

④ 阮元：《畴人传汇编》（上），第460页。

庶常以天文、舆地、声音、训诂数大端为治经之一，故所为步算诸书，类皆以经义润色，缜密简要，准古作者，而又罔罗算氏，缀辑遗经，以绍前哲，用遗来学，盖自有戴氏，天下学者乃不敢轻言算数，而其道始尊。"①西方科学知识没有被看作"与方技同科"而是得到"尊重"，是因为它有了治经的功能，所以，这种"尊重"的实质正如梁启超说的"天算者，经史中所固有也，故能以附庸之资格连带发达"②。西方科学就这样被"会通"，即同化于儒家经典之中了，这同它在中国具有"格致"这一经学语言的称谓倒是相一致的。

第三，用"由数达理"所体现的形式逻辑方法作为经学考据的工具。这在拙文《论明清之际"由数达理"的思维方法》（收入本论文集）有较详论述。

显然，这些在"西学东源"说支配下形成的中西文化结合的结果，并没有对中国传统文化作形态上的更新，因而不可能为中国传统科学在西学东渐的冲击下找到真正的出路。之所以如此，从中西文化比较史的角度来看，在于没有处理好中西文化结合中的"中国化"和不"失真"的矛盾。

徐光启认为"会通之前，先须翻译"③。强调中西会通要以把握西方科学的真实面貌为前提，但同时不"尽堕成宪而专用西法"④，要求融西法于中国古代历法之中，"以《大统》旧法与之会通归一"⑤，以此为指导而编成的《崇祯历》，可以说是较好地做到了既"中国化"而又不"失真"。但是，徐光启在中西"会通"的过程里，多少表露出菲薄中国古代科学的倾向，如他说："虽失《十经》（即《算经十

① 阮元：《畴人传汇编》（上），第489页。
② 梁启超：《清代学术概论》，《梁启超国学论著二种》，第92页。
③ 徐光启：《历书总目表》，《徐光启全集》第9册，第198页。
④ 王锡阐：《晓庵新法·自序》，《晓庵新法》，第4页。
⑤ 徐光启：《条议历法修正岁差疏》，《徐光启全集》第9册，第162页。

书》）如弃敝履矣。”① 这无疑有着轻视“中国化”的偏颇。

在徐光启之后，有些人走向了如王锡阐所指责的“尽堕成宪而专用西法”的极端。王锡阐、梅文鼎认为这种忽略西学“中国化”的势头如不加以抑制，就会动摇中国人的自信心，从而使“超胜”西学成为一纸空文。但是，他们并不是一味崇古的守旧者。王锡阐多次批评“郭守敬所测至日之影，即以其法求之，其自相抵牾者不止一事”②；梅文鼎也反对“专己守残而废兼收之”③。正是出于这样的考虑，他们以为“会通”中西的最好方式是“西学东源”。因为在这一方式里，西学作为中学之“流”而取得了“中国化”的形式，这就在学习西学的同时又使其“中国化”，从而弘扬传统的民族文化，提高人们的民族自尊心和自信心。正如万斯同所评论的：“世之好西学者，至诋毁旧法；而确守旧法者，又多抉摘西学之谬。若此者，要未兼通两家之学而折其衷也。”而梅文鼎的代表作《历学辨疑》真是这样折衷中西而会其通的，它使人“乃知西人所矜为新说者，要皆旧法所固有，而西学所独得者，实可补旧法之疏略”。④

这里说的是“西学东源”说的合理一面。但“西学东源”说毕竟没有真正地解决“中国化”和不“失真”的矛盾，而是走向了只注重西学“中国化”而不惜“失其真”的极端。因为“西学东源”说“会通”中西的目的是表彰“中学”。这一点王锡阐和梅文鼎都讲得很明白：“以古法为型范而取才于天行，考晷漏、审圭表、慎择人、详著法，则异同之见渐可尽泯，成宪一定，不难媲美羲和，高出近代矣。”⑤ “务集众长以

---

① 徐光启：《刻〈同文算指〉序》，《徐光启全集》第9册，第284页。

② 王锡阐：《历说一》，《丛书集成续编》子部第170册，第149页。

③ 梅文鼎：《中西算学通序例》，《勿庵历算书目》，第27页。

④ 万斯同：《石园文集 · 送梅定九南还序》，《万斯同全集》第8册，宁波出版社，2013年，第271页。

⑤ 王锡阐：《历策》，《丛书集成续编》子部第170册，第149页。

观其会通，毋拘名相而取其精粹，其于古圣人创法流传之意庶几无负，而羲和之学无难再见于今日矣。”① 显然，从“以古法为型范”“羲和之学再见于今日”之目的出发而“会通”中西，硬把西学说成出自中国，不仅使西方科学的真实面貌遭到了扭曲，而且妨碍了人们对西方科学的价值做出真实的评价。因此，当以戴震为代表的经学家兼科学家把西学彻底“中国化”之际，就是西方科学的真实面貌完全被经学所遮掩之时。这样，西方科学中所蕴含的具有近代意义的真正价值，在“西学东源”说的“中国化”中便荡然无存了。

正因为“西学东源”说导致了近代科学幼芽在中西“会通”中夭折，所以当近代帷幕拉开，西方科学以洋炮兵舰的尖锐形式再次向中学提出挑战，迫使中国人重新认识西方科学时，国人仍然为王锡阐、梅文鼎等试图解决的矛盾所困惑，仍然苦苦探求着解决这一矛盾的途径，在他们脑海里盘旋的仍然是“会通”和“超胜”。

（原载《自然辩证法通讯》1989 年第 2 期，个别文字有改动）

① 梅文鼎：《堑堵测量》，《稀见清代民国丛书五十种》第 96 册，第 379 页。

第三辑　当代审思

“抽象继承法”蕴含的问题：传统哲学何以具有当代价值

1957 年留给历史最深刻的记忆，是突如其来的风云突变，从百家争鸣的早春骤然转向反击右派的酷夏。在这年 1 月份召开的“中国哲学史座谈会”，是早春时节的标志性事件。因为这次会议明确地对被视为马克思主义经典的“日丹诺夫哲学史定义”展开了争鸣。关于中国哲学遗产的继承是这次座谈会讨论的主要问题之一，冯友兰为此而提出的“抽象继承法”是质疑日丹诺夫定义的产物。冯友兰是现代新儒家的代表之一，他在论证“抽象继承法”时，所用的例证基本是儒家的思想资料。日丹诺夫定义虽然早已成了明日黄花，但是冯友兰的“抽象继承法”除了质疑了日丹诺夫定义的历史意义，它所蕴含的传统哲学何以具有当代价值的问题，依然是需要认真回答的。

一

前苏共中央书记日丹诺夫 1947 年在讨论亚历山大洛夫《西欧哲学史》的会上指出：“科学的哲学史，是科学的唯物主义世界观及其规律底胚胎、发生与发展的历史。唯物主义既然是从与唯心主义派别斗争中生长和发展起来的，那么，哲学史也就是唯物主义与唯心主义斗争的历史。”① 并认为亚历山大洛夫的哲学史缺乏党性原则的重要表现

① ［苏］日丹诺夫：《在关于亚历山大洛夫〈西欧哲学史〉一书讨论会上的发言》，人民出版社，1954 年，第 3 页。

是，“各种哲学派别在这本书中是一个一个先后排列或比肩并列的，而不是互相斗争的”。① 而党性是与阶级性相联系的，因此，唯物主义服务于进步阶级，而唯心主义则服务于反动阶级。因此，这样的哲学史定义概括地说，即哲学史就是唯物主义和唯心主义的两军对垒，并与政治上的进步与反动相对应。

应当说，在新中国成立后的最初时期，冯友兰和学术界的很多人一样，把日丹诺夫的上述定义视为指导中国哲学史研究的马克思主义原则加以接受。并努力贯彻到自己的研究中去。据相关资料统计，日丹诺夫的讲话，在 1948 年 1 月就有了解放区发行的中文版，至 1954 年为止，共有 11 种中文版本，总印数在 8 万册左右。据《新建设》记载，从 1949 年 5 月到 1950 年 3 月，北京哲学界的学习座谈会多次学习日丹诺夫的讲话，对其哲学史定义表示完全认同，并做了很多阐发，冯友兰也参与其中。

1949 年 6 月 19 日，冯友兰发表《哲学家当前的任务》，提及日丹诺夫讲话，这可能是中国哲学史界最早提到这个讲话的。1950 年他写成 4 万字的《中国哲学底发展》，指出：“中国哲学发展底历史，也如欧洲哲学一样，是唯物论与唯心论底斗争史。这样的斗争史就是中国历史中各时代底阶级斗争在思想上的反映。”② 由此扼要地叙述了从孔子到毛泽东，中国哲学在唯物论和唯心论斗争中发展的历史进程。但是，此文对日丹诺夫定义的运用还没有绝对化，认为孟子、王阳明的唯心论有推进作用。

但是，在以后的中国哲学史的教学、研究的实践中，冯友兰感到了困惑：按照日丹诺夫的观点，只讲唯物主义对唯心主义的斗争，唯

---

① ［苏］日丹诺夫：《在关于亚历山大洛夫〈西欧哲学史〉一书讨论会上的发言》，人民出版社，1954 年，第 16 页。

② 冯友兰：《中国哲学底发展》，《三松堂全集》第 12 卷，河南人民出版社，2000 年，第 9 页。

心主义是被视为否定的对象而存在的，在中国传统哲学中占主导地位的儒学，唯物论的思想比之唯心论的思想观点要少得多，由此中国哲学可以继承的遗产就所剩无几了。他说："我们近几年来，在中国哲学史的教学研究中，对中国古代哲学似乎是否定得太多了一些，否定得多了，可继承的遗产也就少了。"① "宋明以后，程朱、陆王是中国哲学中占统治地位的两大派别。过去几年，在我们的教学研究工作中，把这两派都简单地加以全部否定。于是哲学史就没有很多的可讲了。"② 正是有虑于此，冯友兰提出了"抽象继承法"，即中国传统哲学的命题往往有两方面的意义：具体意义和抽象意义。以孔子"学而时习之，不亦说乎"为例，就其具体意义而言，叫人学习诗、书、礼、乐等，但从其抽象意义来说，是指出了无论学什么东西，学了之后，都要经常温习，这都是很快乐的事，作了如此的了解，那么可以说"这句话到现在还是正确的，对我们现在还是有用的"，是应该予以继承的。显然，提出"抽象继承法"不仅是为了对中国传统哲学的唯心主义有恰当的历史评价，更是为了强调包括儒学在内的传统哲学的当代价值，即现在对我们来说还是有用的。对此周辅成作了明确的发挥。他说，继承中国哲学遗产，是为了"使它的生动的、活泼的问题与成绩，以活的面貌再现于我们的思想中"。否则，就会"像气象登录簿上的记载：'某年某月某日曾经下雨闪电以此。'若问起价值何在？唯一答复是'那时闪电，对于下雨有关系，是重要一环。但是，那事件已经是过去了'。我们整理古人的遗产，如果发现它仅只有气象记载的价值，那末，古人的东西，对于现在即使有意义，也是很小了。"③ 因

① 冯友兰：《三松堂自序》，生活·读书·新知三联书店，2021 年，第 259 页。

② 冯友兰：《中国哲学遗产的继承问题》，《中国哲学史问题讨论专辑》，科学出版社，1957 年，第 273～274 页。

③ 周辅成：《必须重视祖国哲学遗产的特点和价值》，《中国哲学史问题讨论专辑》，第 290～291 页。

此，继承中国哲学遗产，不仅是承认它们的历史价值，更要认识到它们“对现代还有极大的积极作用，它们并不曾完全死去”，注意其“能对我们今日思想有丰富意义与教训。它还可活于我们今日人心中起积极作用”；只有这样“才能使历史人物及其思想‘活’起来。只要能‘活’起来，古人便会变为今人。他的精神在社会中不朽，他们的遗产也会不朽，我们能在此中工作，心境也是愉快的”。①

对于“抽象继承法”的批评，从学理上讲，贺麟在当时是批评得最贴切的。他说：“我觉得可以继承的一定是本质的东西。本质是最具体的也是最抽象、最一般的东西。”“一句话、一个命题孤立起来、抽象来看是没有真实意义的，一个具体概念是有其历史发展的内容的”。就是说“抽象继承法”忽视了抽象与具体的互相联系，把抽象与具体割裂开来了。仍是受制于“新理学”的“旧方法的限制”，因此，“冯先生似乎认为一句好的话或一个好的概念由于是抽象的、一般的，就是可以继承的。这未免是形而上学的想法”。其实，“一般的东西，如果是指最本质的精神实质而言，我认为是可以继承的，但是我认为特殊的东西也可以继承”。② 贺麟的批评是正确的，因为具体和抽象并非互不相干的两端，概念、命题、思想既是具体的，即在一定历史条件下形成的；又是抽象的，即具有超越特定时空的普遍性。同时，只有来自具体的抽象，才是有真实内涵的抽象，否则只能是没有根基的主观臆断。然而，理论上不完全正确的“抽象继承法”，却蕴含着对于认识儒学当代价值方法论的思考。

---

① 周辅成：《必须重视祖国哲学遗产的特点和价值》，《中国哲学史问题讨论专辑》，第 290~293 页。

② 贺麟：《关于哲学史上唯心主义的评价问题》，《中国哲学史问题讨论专辑》，第 200 页。

二

如前所述，冯友兰的“抽象继承法”意在唤起人们注重传统哲学的当代价值。这里蕴含着一个需要回答的问题：传统哲学对于当代中国何以是有价值的？

“抽象继承法”之所以有这样的蕴含，是试图回答日丹诺夫定义所带来的如下问题：“历史上的唯心论，都是坏东西，只有批判，很难吸收。而历史上的唯物论，跟马克思主义哲学比较起来，又非常贫乏。好东西，马克思主义中哲学都有了，又何必再向旧纸堆中寻找？”① 朱启贤在讨论中进一步揭示了这个问题：如果历史上一切唯心主义都是要不得的东西，历史上一切唯物主义同辩证唯物主义比较起来都是贫乏的、低级的；如果说辩证唯物主义以外的其他哲学还有存在的意义，那它们的存在也就只是作为“古董”而存在。它们既然是要不得的坏东西和残缺不全的破东西，那么，它们对于我们就失去了现实的意义。我们接触它们就只是像走进历史博物馆去看古董那样。因此，提出“抽象继承法”实际上是为了回答“哲学何故要继承”，即中国今天已经进入了社会主义新时代，“何以历史上过去的哲学思想在今天还能有用处？”② 贺麟引用马克思的话将“抽象继承法”所蕴含的这一问题予以展开。他说：“关于哲学遗产的承继问题，主要在于说明在封建社会、资本主义社会产生的古典哲学思想，何以在社会主义社会仍然可以起良好的作用，可以有利于社会主义的建设。”并说：“马克思也曾经提出过这样一个问题，当他谈到希腊文艺的社会背景时他说：‘困难

---

① 汪子嵩：《一次争鸣的讨论会》，《解读冯友兰》，海天出版社，1998年，第88页。

② 朱启贤：《关于中国哲学遗产的继承问题》，《中国哲学史问题讨论专辑》，第297~298页。

还不在于理解希腊的艺术和史诗与一定的社会发展形态有关。困难是，它们何以仍能给予我们以艺术的满足，并且就某方面说，还是当作规范和高不可及的模本'。”贺麟也认为“这是一个很难回答的问题”。①在他看来这是“抽象继承法”所蕴含的需要回答却不容易回答的问题。

对于“抽象继承法”，关锋指责其“否认哲学命题的‘一般意义’具有阶级性”，同时认为贺麟以马克思的话来提出何以需要注重传统哲学当代价值的问题，容易产生“严重混乱”，因为“马克思并没有这样的意思”。接着，他说：“马克思对自己提出来的问题是作了回答的。”这就是在贺麟所用的引文之后，马克思写道：“一个成人不能再变成儿童，否则就变得稚气了。但是，儿童的天真不使成人感到愉快吗？他自己不该努力在一个更高的阶梯上把儿童的真实再现出来吗？在每一个时代，它固有的性格不是以其纯真性又活跃在儿童的天性中吗？为什么历史上的人类童年时代，在它发展得最完美的地方，不该作为永不复返的阶段而显示出永久的魅力呢？……他们的艺术对我们所产生的魅力，同这种艺术在其中生长的那个不发达的社会阶段并不矛盾，这种艺术倒是这个社会阶段的结果，并且是同这种艺术在其中产生而且只能在其中产生的那些未成熟的社会条件永远不能复返这一点分不开的。”② 关锋强调“哲学史工作和对待古代艺术作品是性质不同的两回事”，因为哲学史的发展，“从本质上说来，他幼年思想方法中的好东西已经包含在他现在的思想中了”，于是需要做的是反省“过去什么事想对了，什么事想错了，引起的后果是什么”等。③ 也就是说，他

① 贺麟：《对于哲学史研究中两个争论问题的意见》，《中国哲学史问题讨论专辑》，第192~193页。

② ［德］马克思、恩格斯：《马克思恩格斯选集》第2卷，人民出版社，2012年，第711~712页。

③ 关锋：《关于继承哲学遗产的一个问题》，《中国哲学史问题讨论专辑》，第373~375页。

把贺麟等揭示的“抽象继承法”蕴含的传统哲学何以具有当代价值的问题取消了，以此维护日丹诺夫定义。在后面的论述中，我们可以看到，贺麟把马克思的上述论述看作回答这一问题的钥匙是正确的。

三

然而，时间证明了“抽象继承法”蕴含的上述问题，不仅依然存在，而且更为突出了。如今论述传统哲学，尤其是儒学当代价值的论著比比皆是，传统哲学何以具有当代价值便成了我们必须直面的问题。

众所周知，中国近代以来，传统哲学尤其是儒学每况愈下，直至“五四”时期，儒学遭到猛烈批判。之所以如此，重要原因是主流思想对“律以现代生活状态，孔子之道，是否尚有尊从之价值”① 作了否定性的回答。这对于近代中国从传统文明走向现代文明是必要的。20世纪80年代，当中国重新以实现现代化作为目标时，依然普遍延续着传统与中国现代化价值取向相对立的观点。那么，仍在继续着现代化历史进程的今天，儒学何以具有当代价值呢？

西方现代化的曙光在近代的启蒙运动中升起。启蒙的重要含义是破除对传统的迷信，“传统性成了每个旧秩序批评者无所不在的敌人”②。中国近代对于儒学的批判，深刻体现了西方启蒙运动的思想影响。到了19世纪末20世纪初，西方的一些思想家开始走出启蒙运动将现代与传统对立二分的框架，意识到理想社会的文明形态应当是现代与传统的互补。如涂尔干根本不同意斯宾塞关于“利己主义的活动及专业化机制如果任其发展可导致社会和谐”的论点，认为现代社会

① 陈独秀：《孔子之道与现代生活》，《独秀文存》，安徽人民出版社，1987年，第81页。

② ［美］E. 希尔斯：《论传统》，上海人民出版社，1991年，第8页。

的失范是因为基于宗教之上的传统道德的退场，他试图以其宗教社会学来发挥传统道德的类似功能。再如齐美尔指出，现代社会是货币创造的一个物化世界，因而现代文化成了与人对立的“客观文化”，它的发展导致“过去时代所特有的内心感受的质量的下降，精神生活的平均化”。① 费迪南 · 滕尼斯的名著《共同体与社会》（也译为《公社与社会》）中，认为有两种类型的社会关系，即 Gemeinschaft（共同体或公社）和 Gesellschaft（社会）。血缘、邻里和朋友关系是前者的主要纽带，其“指称的社会关系的全部形式具有如下特征：高度的人际关系、情感的深度、道德的义务、社会的凝聚力和经久的连续性。这种 Gemeinschaft 的典范是家庭”；而契约、交换和计算关系则在后者中通行，这是人和人之间的典型的现代关系，“这些关系源自个人决定和自身利益”；“在这里，人人都得靠自身，人人都是孤立的，人与人之间存在着一种对立的紧张”“人人都拒绝他人联系和进入他的领域，例如侵入被视为一种恶意的行为”“没有人想授予他人和为他人生产什么东西，如果不是为了交换他认为至少和他所给出的东西相对等的礼物或劳动，他也不会慷慨地给他人什么东西”。他指出，传统的共同体关系在现代工业文明的冲击下趋于解体，“欧洲社会已经从 Gemeinschaft 关系转向了以协议和契约为基础的 Gesellschaft 关系了。这个过程创造了人和人之间新的联系，破坏了传统的权威”；这样的转向有其积极作用。因为尽管“一个以 Gemeinschaft 关系为特征的社会，常常令我们感到‘温暖’‘亲密’，且以‘私人关系’为特征。然而，这些前现代的特征，常常会伴随着广泛的腐败、裙带关系以及法规的根本缺陷”“他强调，没有 Gesellschaft，我们就无法想象现代的开明和文化的兴起”。但是 Gesellschaft 关系导致“竞争和利己主义变得越来越强势”，因而尽管通过契约、规章把彼此异己的个人组织起来，然而这只是一种“机械的

---

① 于海：《西方社会思想史》，复旦大学出版社，1993 年，第 305 页。

团结”；而 Gemeinschaft 关系所建立的则是情感真挚和融洽的“有机的团结”。他怀疑没有 Gemeinschaft 的精神，而能有真正的理想社会。滕尼斯认为真实的社会都同时具有 Gemeinschaft 和 Gesellschaft 的因素，因此，将两者结合是可能的。滕尼斯认为，“Gesellschaft 阶段的顶峰已经是远远地过去了。当我们迈进现代性，对 Gemeinschaft 关系的要求已变得越来越引人注目。早在 19 世纪 80 年代，就出现了试图将 Gemeinschaft 关系和安全机制引入 Gesellschaft 的努力（社会政治、福利国家等）”。① 滕尼斯的观点无疑带有理想化的乌托邦色彩，但其中包含着深刻的见解：以家庭伦理为核心的传统文明对以契约关系为基础的现代文明具有互补性，两者的互补是理想社会所要求的文明形态。

20 世纪 50 年代以来，上述关于传统与现代具有互补性的思想有了发展，成为后现代思潮里的重要一脉。希尔斯的《论传统》是其中的代表作。希尔斯在该书中指出，兴起于西方并席卷全球的现代化进程，一直在破坏着“实质性传统”。这是因为在西方社会中，“发展”理想要求人们与传统的观察方式和行事方式决裂，所谓实质性传统，按该书中文译序的概括，是指崇尚过去的成就和智慧，崇尚蕴含传统的制度，并把从过去继承下来的行为模式视为有效指南的思想倾向。如对宗教和家庭的感情、对祖先和权威的敬重，对家乡的怀恋之情等。希尔斯肯定源于启蒙运动的西方现代文明“也属于我们文明的宝贵成就。它把奴隶和农奴改造成了公民；它解放了人类的想象和理智能力；它使人类有可能得以实现美好的生活”，但其代价是“实质性传统被许多人肆意破坏或抛弃，这导致了许多为良好秩序和个人幸福所不可或缺的事物的丧失，同时也造成了普遍蔓延的社会混乱”。② 然而，在现代

① ［挪］G·希尔贝克，N·伊耶：《西方哲学史》下，上海译文出版社，2004 年，第 531~533 页。本文对于滕尼斯思想的叙述，均出自该书和于海《西方社会思想史》的有关章节。

② ［美］E. 希尔斯：《论传统》，第 432 页。

化进程中“实质性传统还继续存在，这倒不是因为它们是仍未绝灭的习惯和迷信的表现，而是因为大多数人天生就需要它们，缺少了它们便不能生存下去”①。这是由于实质性传统合乎人类原始心理的需要。于是“它们退到了社会中更为隐蔽的部分，但它们会通过复兴和融合而一再重新出现，而且现在依然如此”②。所以，在他看来，后现代社会的任务，就是“传统应该被当作是有价值生活的必要构成部分”，就是“将某些启蒙传统与启蒙运动后继人试图加以抛弃的某些传统结合起来”。③ 人们通常把希尔斯称之为保守主义思想家，正因其基本忽略了实质性传统与现代化不相容的一面。但是，他对于结合传统文明与现代文明以构建新的文明形态的必要性的分析，是值得我们重视的。

马克思、恩格斯以对历史必然性的把握为基础，更深刻地论证了现代与传统的互补性。在马克思、恩格斯看来，世界性的现代化是随着资本主义产生而兴起的，因此他们从前资本主义、资本主义和后资本主义来分析我们今天讲的前现代、现代和后现代的关系。他们以历史是螺旋式上升的否定之否定的辩证法，指出了现代资本主义之后的新的理想社会的文明形态将是现代与传统的互补。1861 年梅恩出版了《古代法》，它由分析家庭父权入手，提出了著名的观点：“迄今为止，一切进步性社会的运动，都是一场从‘身份到契约’的运动。”滕尼斯用 Gemeinschaft 和 Gesellschaft 来描述欧洲社会由传统进入现代，显然是受到了梅恩的影响。恩格斯的《家庭、私有制和国家的起源》注意到了梅恩的观点，指出：“英国的法学家亨·萨·梅恩说，同以前的各个时代相比，我们的全部进步就在于从身份到契约，从过去留传下来的状态进到自由契约所规定的状态，他自以为他的这种说法是一个伟

---

① ［美］E. 希尔斯：《论传统》，第 406 页。

② 同上，第 344 页。

③ 同上，第 440~441 页。

大的发现，其实，这一点，就其正确之处而言，在《共产主义宣言》中早已说过了。"① 就是说，《共产党宣言》（即《共产主义宣言》）已经指出，现代资本主义文明对于传统宗法血缘的"田园诗般的关系"和"温情脉脉的面纱"的破坏，是一种历史的进步。不过，《共产党宣言》同时指出，这一进步也造成了新的不和谐，即建立在"现代的资产阶级私有制"基础上的种种对立和紧张，这些对立和紧张是对人的自由本质的异化。因此，只有消灭这样的私有制，建立共产主义公有制，才能形成和谐的"联合体"，"在那里，每个人的自由发展是一切人的自由发展的条件"。② 这表现了由原始公有制到私有制再到共产主义公有制的螺旋式上升，由于这个运动过程仿佛是向出发点的复归，因此后资本主义的文明形态就应当是前资本主义的传统和现代资本主义这两种文明形态的互补。其实《共产党宣言》讲的联合体正表现了这一点。联合体的英译是 association，滕尼斯的 Gemeinschaft 和 Gesellschaft 的英译则是 community 和 society；而 association 兼有前者共有共享的团体和后者独特个人组成的团体的含义，可以说是两者的互补。马克思的《〈政治经济学批判〉导言》有句名言："资产阶级经济学只有在资产阶级社会的自我批判已经开始时，才能理解封建的、古代的和东方的经济。"③ 此中有一个以往未曾被诠释过的含义：当资本主义进入自我批判阶段，即其基本矛盾产生的很多弊端得到较为充分暴露时，我们才能认识到前资本主义文明的某些传统是宝贵的，并应当在后资本主义文明中重新启动。④ 就在同一篇文章里，马克思说了一段上述贺麟和关锋引证的话，把古希腊文明与现代文明作比较，把前者比喻为

① ［德］马克思、恩格斯：《马克思恩格斯选集》第 4 卷，第 91 页。
② ［德］马克思、恩格斯：《马克思恩格斯选集》第 1 卷，第 422 页。
③ ［德］马克思、恩格斯：《马克思恩格斯选集》第 2 卷，第 706 页。
④ 从 19 世纪末 20 世纪初直到 21 世纪初，西方不少思想家把现代社会面临的问题归咎于传统的丧失，这其实是对马克思此含义的某种证明。

人的纯真童年，认为现代文明应当在更高的阶段复活传统中的纯真童年；然后说道："一个成人不能再变成儿童，否则就变得稚气了。但是，儿童的天真不使成人感到愉快吗？他自己不该努力在一个更高的阶梯上把儿童的真实再现出来吗？"① 马克思还在比较古希腊和现代资本主义时，指出前者的生产力水平远远低于后者，但是"古代的观点和现代世界相比，就显得崇高得多，根据古代的观点，人，不管是处在怎样狭隘的民族的、宗教的、政治的规定上，总是表现为生产的目的，在现代世界，生产表现为人的目的，而财富则表现为生产的目的"②；因此，"古代世界显得较为崇高"，而现代资本主义则是"鄙俗的"。显然，马克思、恩格斯所讲的个人自由全面发展的联合体，是对上述古代的高尚传统在更高阶段上的复活。马克思和恩格斯都关注摩尔根的《古代社会》，恩格斯称它"最后还对现代社会提出了直接的共产主义的要求"③，这表现为该书在即将结束时写道，在"以财富为唯一最终目的的那个历程的终结"之后，"管理上的民主，社会中的博爱，权利的平等，普及的教育，将揭开社会的下一个更高的阶段，经验、理智和科学正在不断向这个阶段努力。这将是古代氏族的自由、平等和博爱的复活，但却是在更高形式上的复活"。④ 马克思的《人类学笔记》和恩格斯的《家庭、私有制和国家的起源》都以肯定的态度摘录了这段话，后者还同样以这段话作为结尾。恩格斯还曾指出"现代唯物主义"是对古希腊罗马"原始的自发的唯物主义"的否定之否定，但"否定的否定，不是单纯地恢复旧唯物主义，而是把 2000 年来

---

① ［德］马克思、恩格斯：《马克思恩格斯选集》第 2 卷，第 711~712 页。

② ［德］马克思、恩格斯：《马克思恩格斯文集》第 8 卷，人民出版社，2009 年，第 137 页。

③ ［德］马克思、恩格斯：《马克思恩格斯选集》第 4 卷，第 564 页。

④ ［美］路易斯・亨利・摩尔根：《古代社会》下册，商务印书馆，1977 年，第 556 页。

哲学和自然科学发展的全部思想内容以及这2000年的历史本身的全部思想内容加到旧唯物主义的持久性的基础上”，这样的扬弃，“按其形式来说是被克服了，按其现实的内容来说是被保存了”。① 不难看出，马克思、恩格斯所说的这些“再现”“复活”“保存”等，都蕴含着将前资本主义和现代资本主义这两种文明互补的意味。就是说，马克思和恩格斯认为：以前资本主义和现代资本主义这两种文明的互补来构建后资本主义社会的文明形态，是否定之否定的历史辩证运动的必然要求和具体体现。

马克思、恩格斯的上述思想告诉我们，传统哲学之所以具有当代价值，在于传统在被现代化瓦解的同时，又逐渐显示出与现代社会的互补性。由此我们可以理解，传统哲学的当代价值在当代中国构建社会主义和谐社会的过程中会受到空前的关注。就此而言，贺麟等人对“抽象继承法”所蕴含的上述问题的揭示，是具有前瞻性的。

（原载《社会科学》2013年第5期）

---

① ［德］马克思、恩格斯：《马克思恩格斯选集》第3卷，第517页。

“两创”：新时代传承发展中华优秀传统文化的根本方针

习近平新时代中国特色社会主义思想，系统回答了新时代坚持和发展什么样的中国特色社会主义、怎样坚持和发展中国特色社会主义的问题，而传承发展中华优秀传统文化是其中的重要问题，因为“中国特色社会主义植根于中华文化沃土”①。习近平总书记在2014年9月的《在纪念孔子诞辰2565周年国际学术研讨会暨国际儒学联合会第五届会员大会开幕会上的讲话》（以下简称《讲话》）中提出“推动中华优秀传统文化创造性转化、创新性发展”（以下简称“两创”），这是新时代传承发展中华优秀传统文化的根本方针。以后他多次对此重申，并将其写入党的十九大报告之中，《讲话》节录在收入《习近平谈治国理政》第二卷时，以“努力实现传统文化创造性转化、创新性发展”作为标题，更宣示了“两创”作为对待传统文化根本方针的定位。“两创”作为根本方针，正确回答了怎样对待传统文化的时代之问；提升发展了马克思主义与优秀传统文化相结合的历史经验；充分体现了社会主义核心价值观与优秀传统文化的深度契合。

一、正确回答了怎样对待传统文化的时代之问

习近平新时代中国特色社会主义思想的实践指向是在本世纪中叶把

---

① 习近平：《胸怀大局把握大势着眼大事 努力把宣传思想工作做得更好》，《人民日报》2013年8月21日。

我国建成社会主义现代化强国。习近平指出：“怎样对待本国历史？怎样对待本国传统文化？这是任何国家在实现现代化过程中都必须解决好的问题。”①“怎样对待本国传统文化？”是中国近代以来的时代之问。

近代，中国在西方列强的船坚炮利面前，陷于落后挨打的悲惨境地，曾经辉煌的中华传统文化黯然失色。在此历史背景下，怎样对待中华传统文化，形成了文化激进主义和保守主义的对峙。文化激进主义认为中华传统文化与现代文明是对立的，对于中国实现现代化不仅毫无价值，而且是沉重的历史累赘。这样的观点容易陷入“全盘西化”的民族虚无主义。文化保守主义主要以“中体西用”为立场，强调面对汹涌而来的西方文化，宁可保旧而不趋新，以维护中国文化的主体性。这是把中国传统文化的变革开放与保持中国文化的主体性对立起来，容易走向全盘复古的教条主义。进入改革开放新时期，激进主义和保守主义的上述对峙，似乎又重演了一遍：贯穿于20世纪80年代以“彻底反传统”为旗号的激进主义，认为传统文化堵塞了走向现代化的通道，因而必须弃之不顾，其典型代表是电视政论片《河殇》；20世纪90年代兴起了认同和呼应海外新儒家的“儒学复兴”说，不时发出“儒化中国”，以“儒教”为国教的声音。习近平的“两创”方针超越了激进主义和保守主义的上述对峙。习近平再三强调，中华优秀传统文化对于建设中国特色社会主义的现代价值，如《讲话》所说：“只有坚持从历史走向未来，从延续民族文化血脉中开拓前进，我们才能做好今天的事业。”肯定中华传统文化的现代价值是对其进行“两创”的前提。基于这个前提，进行“两创”才有必要。这就有力地破除了近代以来激进主义把传统与现代绝对对立的迷雾。“两创”对于文化保守主义的超越主要在于，破除了把维护中华文化主体性与变革创新传统文化相对立的壁垒，阐明了坚守中华文

---

① 习近平：《牢记历史经验历史教训历史警示　为国家治理能力现代化提供有益借鉴》，《人民日报》2014年10月14日。

化立场和对传统文化进行“两创”的一致性。《讲话》指出，弘扬优秀传统文化为何把重点放在“两创”以及如何进行“两创”：“传统文化在其形成和发展过程中，不可避免会受到当时人们的认识水平、时代条件、社会制度的局限性的制约和影响，因而也不可避免会存在陈旧过时或已成为糟粕性的东西。这就要求人们在学习、研究、应用传统文化时坚持古为今用、推陈出新，结合新的实践和时代要求进行正确取舍，而不能一股脑儿都拿到今天来照套照用。要坚持古为今用、以古鉴今，坚持有鉴别的对待、有扬弃的继承，而不能搞厚古薄今、以古非今，努力实现传统文化的创造性转化、创新性发展，使之与现实文化相融相通，共同服务以文化人的时代任务。”这就纠正了文化保守主义把“保旧”和坚守中国文化主体性捆绑在一起的偏执。

“两创”不仅超越了近代以来文化激进主义和文化保守主义的对峙，还将这个方针化为具有约束性的国家政策，为传承发展优秀传统文化提供了制度化的保障。中共中央办公厅、国务院办公厅印发的《关于实施中华优秀传统文化传承发展工程的意见》（以下简称《意见》）表明了，从制度上保障优秀传统文化传承发展的高度自觉。《意见》讲明了为什么传承发展、传承发展什么、怎样传承发展，既提出了原则要求，又确定了具体任务举措。《意见》为传承发展优秀传统文化提供制度化保障，是对于历史经验教训的深刻总结。在中国传统社会的漫长历史中，对于传统文化的传承，既有自觉予以制度保障的一面，又有缺乏制度保障而处于自发的一面。中国传统社会历经数百次王朝更迭，儒学始终得到传承发展，而与其同时的先秦其他诸子的传承发展却大为逊色，有些学派在先秦以后甚至销声匿迹，比如墨家曾和儒家并称“显学”，但很快成了绝学。这其中的重要原因便是汉武帝“尊崇儒术”为儒学的传承发展提供了根本的制度保证。于是，儒学与传统社会的各种制度高度对接，成为日常生产生活不可或缺的组成部分。这体现了对于文化传承发展予以制度保障的自觉。但是，“尊崇儒术”也使得在官方意识形态的正统儒学以外的思想学术缺乏制度性保障，它们的传承发展就流于自发而不能持续，很多有关典籍被历史所湮没。同时，传统社会的普通百姓大多没有受教育的机会，他们基本上通过世俗的日用常行来传承文化，比如风俗习惯、家教门风、节日仪式、祭祀活动、庙会集市等，这样的自发传承往往良莠混杂。新中国成立之初，对于传统文化的传承发展制订过一些政策，但是，没有从坚定中国特色社会主义文化自信的战略高度认识弘扬优秀传统文化重大意义，因而相关的政策形不成系统化的制度保障。“两创”方针吸取了以往的历史教训，强调了传承发展优秀传统文化的制度性保障，但并不是因袭“尊崇儒术”，而是要让收藏在博物馆里的文物、陈列在广阔大地上的遗产、书写在古籍里的文字都“活起来”。

二、提升发展了马克思主义与优秀传统文化相结合的历史经验

习近平的《讲话》指出：“中国共产党人是马克思主义者，坚持马克思主义的科学学说。”“马克思主义基本原理必须同中国具体实际紧密结合起来，应该科学对待民族传统文化。”这意味着马克思主义和中国优秀传统文化的结合，是中国共产党百年来的马克思主义中国化的历史进程提供的宝贵经验。

毛泽东作为马克思主义中国化的开拓者，在首先明确提出“马克思主义中国化”之时，就把继承从孔夫子到孙中山的历史遗产作为题中之义，批评教条主义对待马克思主义的重要表现，是“言必称希腊，对于自己的祖宗，则对不住，忘记了”。① 在“马克思主义中国化”的

① 毛泽东：《改造我们的学习》，《毛泽东选集》第3卷，人民出版社，1991年，第797页。

命题逐渐深入全党的延安整风时期，中共中央提出，整风运动“就是要使得马克思列宁主义这一革命科学更进一步地和中国革命实践、中国历史、中国文化深相结合起来”。① 从毛泽东的继承传统文化遗产，到这里的“深相结合”，可见，马克思主义与优秀传统文化结合是马克思主义中国化的“初心”所在。习近平《在庆祝中国共产党成立100周年大会上的讲话》指出，“以史为鉴，开创未来……必须继续推进马克思主义中国化”②“中国共产党为什么能，中国特色社会主义为什么好，归根到底是因为马克思主义行”，在新的征程上，“坚持把马克思主义基本原理同中国具体实际相结合、同中华优秀传统文化相结合，用马克思主义观察时代、把握时代、引领时代，继续发展当代中国马克思主义、21世纪马克思主义”。③ 这里把两个相结合相提并论是建党百年来的第一次，意味着百年建党的历史经验告诉我们，这两个相结合对于马克思主义之所以“行”是缺一不可的，它们不仅对于以往的马克思主义中国化具有重要意义，而且对于发展当代中国马克思主义、21世纪马克思主义具有同等重要的意义；对于马克思主义基本原理和中华优秀传统文化两者的“接着讲”，是以往也是当代和未来马克思主义中国化的理论建构的重要品格。从继承传统文化遗产到深相结合再到两个相结合的并肩而立，可以说“两创”方针正反映了新时代对马克思主义与优秀传统文化相结合的历史经验的提升发展。

“两创”对于马克思主义与优秀传统文化相结合的历史经验的提升

---

① 中共中央文献研究室、中央档案馆编：《建党以来重要文献选编》第20册，中央文献出版社，2011年，第318~319页。

② 习近平：《在庆祝中国共产党成立100周年大会上的讲话》，《人民日报》2021年7月16日。

③ 习近平：《坚持用马克思主义及其中国化创新理论武装全党》，《人民日报》2021年11月16日。

发展是具有鲜明的现实针对性的。马克思主义被先进的中国人接受是近代中国向西方寻求真理的产物。因此，马克思主义中国化就涉及中、西、马三者的关系。近30年来，在这个问题上存在如下三种质疑：一是质疑马克思主义与优秀传统文化相结合，是否会导致前者的“失真”；二是质疑马克思主义与优秀传统文化相结合，是否会压抑后者的文化命脉；三是质疑马克思主义与优秀传统文化相结合，是否会重蹈排斥包括西方文化在内的外国文化的封闭化。这些质疑可以归结为两种“文化冲突”论：第一、二种质疑是认为马克思主义与中国传统文化存在“文化冲突”，第三种质疑是认为马克思主义中国化与西方文化存在“文化冲突”。习近平提出的“两创”指明了，对传统文化的变革与融合是两个相互的环节，而这又和世界文明的交流互鉴相联系。实际上是对上述三种质疑作了回应和解构。

习近平说：“马克思主义进入中国，既引发了中华文明深刻变革，也走过了一个逐步中国化的过程。”① 这意味着马克思主义中国化的历史进程，是变革与融合中国传统文化的统一。马克思主义对传统文化的变革，是推动传统文化创造性转化、创新性发展的应有之义。然而，要“逐步中国化”就必须与优秀传统文化相融合。否则，马克思主义就会被看作是纯粹从外国输入和强加的。在这样的变革和融合中形成的马克思主义中国化，为中国优秀传统文化所滋养，与之有着思想脉络的历史连贯性。“两创”以“创造”“创新”和“转化”“发展”作为关键词，表明马克思主义中国化是将变革和融合中国传统文化这两个环节联系贯通在一起：创造、创新和转化、发展以变革为前提，同时以融合为效果。就是说，变革不仅是对传统文化有所否弃，更包含着对传统文化的提升；融合是在变革传统文化中实现的，更使变革获

---

① 习近平：《在哲学社会科学工作座谈会上的讲话》，《人民日报》2016年5月19日。

得认同感和亲和力。这样的变革和融合，把中国近代中西文化逐渐会通的历史进程推向新境界，“文明因交流而多彩，文明因互鉴而丰富”，“中华文明是在中国大地上产生的文明，也是同其他文明不断交流互鉴而形成的文明”①，马克思主义中国化不是要在中国文明和包括西方在内的世界其他文明之间制造壁垒，而是要指引当代中国文化走向世界。“两创”贯彻着这样的精神，如习近平所说：“推动中华文明创造性转化、创新性发展……让中华文明同各国人民创造的多彩文明一道，为人类提供正确精神指引。”并指出这体现了“由特殊性到普遍性的发展规律”。② 就是说，“两创”推动马克思主义对中国传统文化的变革和融合，是要让中国文化的精神产品超越民族特殊性而具有普遍的世界意义。

三、充分体现了社会主义核心价值观与优秀传统文化的深度契合

习近平说：“如果一个民族、一个国家没有共同的核心价值观，莫衷一是，行无依归，那这个民族、这个国家就无法前进。”又说：“一个民族、一个国家的核心价值观必须同这个民族、这个国家的历史文化相契合。”③ 作为新时代传承发展中华优秀传统文化的根本方针，“两创”深度体现了社会主义核心价值观与优秀传统文化的内在契合。习近平说“中华优秀传统文化是中华民族的突出优势，是我们最深厚

① 习近平：《在联合国教科文组织总部的演讲》，《人民日报》2014 年 3 月 28 日。

② 习近平：《在哲学社会科学工作座谈会上的讲话》，《人民日报》2016 年 5 月 19 日。

③ 习近平：《青年要自觉践行社会主义核心价值观》，《人民日报》2014 年 5 月 5 日。

的文化软实力”[①]。而“核心价值观是文化软实力的灵魂、文化软实力建设的重点。这是决定文化性质和方向的最深层次要素。一个国家的文化软实力，从根本上说，取决于其核心价值观的生命力、凝聚力、感召力。”“培育和弘扬社会主义核心价值观必须立足中华优秀传统文化。”[②] 就是说，以中华优秀传统文化滋养社会主义核心价值观，是用最深厚的文化软实力培育其灵魂和建设其重点。“两创”中社会主义核心价值观与优秀传统文化的深度契合，正是以这样的增强国家文化软实力的自觉为基础的。因此，所谓深度契合，不是简单地将中国传统文化的术语、命题与社会主义核心价值观的内容对照附会，而是提炼传统文化的精神基因予以传承升华。

首先，关于核心价值观的层面架构。习近平指出：“富强、民主、文明、和谐是国家层面的价值要求，自由、平等、公正、法治是社会层面的价值要求，爱国、敬业、诚信、友善是公民层面的价值要求。这个概括，实际上回答了我们要建设什么样的国家、建设什么样的社会、培育什么样的公民的重大问题。中国古代历来讲格物致知、诚意正心、修身齐家、治国平天下。从某种角度看，格物致知、诚意正心、修身是个人层面的要求，齐家是社会层面的要求，治国平天下是国家层面的要求。我们提出的社会主义核心价值观，把涉及国家、社会、公民的价值要求融为一体，既体现了社会主义本质要求，继承了中华优秀传统文化，也吸收了世界文明有益成果，体现了时代精神。”[③] 这表明社会主义核心价值观的层面架构，是对传统核心价值观的层面

① 习近平：《胸怀大局把握大势着眼大事 努力把宣传思想工作做得更好》，《人民日报》2013 年 8 月 21 日。

② 习近平：《把培育和弘扬社会主义核心价值观作为凝魂聚气强基固本的基础工程》，《人民日报》2014 年 2 月 26 日。

③ 习近平：《青年要自觉践行社会主义核心价值观》，《人民日报》2014 年 5 月 5 日。

架构的赓续提升。在中国传统社会，儒学仁义礼智信的“五常之道”作为核心价值观长期发挥着引领和规范国家、社会和个人的作用。它显示了《大学》区分国家、社会、个人三个层面的结构设定。由“仁”而“仁政”是把原来的道德规范扩充为国家政权的价值准则；“义”和“礼”的主要含义是以崇德贵和作为社会的价值准则和行为规范；“智”和“信”，主要是指个人正确的道德判断和优良的道德品质。

其次，关于核心价值观的思想理念。习近平说：“深入挖掘和阐发中华优秀传统文化讲仁爱、重民本、守诚信、崇正义、尚和合、求大同的时代价值，使中华优秀传统文化成为涵养社会主义核心价值观的重要源泉。”① 那么，如何挖掘和阐发呢？习近平指出：“价值观是人类在认识、改造自然和社会的过程中产生与发挥作用的。”② 就是说，我们要从价值观的产生和作用两大方面认识优秀传统文化是社会主义核心价值观的重要源泉。认识、改造自然和社会的过程，是在主体与对象的各种关系中展开的。讲仁爱、重民本、守诚信、崇正义这四大理念，是在认识、改造自然和社会的过程中针对四种重要关系产生的，即在自我与世界的关系上讲仁爱，“仁者以天地万物为一体”；在国家与民众的关系上重民本，“民惟邦本，本固邦宁”；在自我与他人（己与人）的关系上守诚信，“人而无信，不知其可也”；在自我与社会（己与群）的关系上崇正义，“正义而为谓之行”。价值观在认识、改造自然和社会的过程中的作用主要有两方面，即推动事物的发展和提供终极理想。尚和合是指价值观在推动认识、改造自然和社会发展中的作用，“和实生物，同则不继”；求大同是指价值观为认识、改造自

---

① 习近平：《把培育和弘扬社会主义核心价值观作为凝魂聚气强基固本的基础工程》，《人民日报》2014 年 2 月 26 日。

② 习近平：《青年要自觉践行社会主义核心价值观》，《人民日报》2014 年 5 月 5 日。

然和社会提供最终价值理想的作用，“大道之行也，天下为公”。因此，挖掘和阐发讲仁爱、重民本、守诚信、崇正义、尚和合、求大同的时代价值，是从价值观的产生和作用的深层次上，揭示了优秀传统文化和社会主义核心价值观在思想理念上的契合。

再次，关于核心价值观的日常落实。借鉴传统文化以家庭建设落实于日用常行，是“两创”将社会主义核心价值观和传统文化深度契合的又一表现。要使价值观所确立的是非标准，与人们的情感认同和行为取舍相一致，就必须把价值观化入日常生活。习近平认为，中国传统文化为此提供了很重要的历史经验，就是以家庭建设为重要基点：“中华民族历来重视家庭。正所谓‘天下之本在家’。尊老爱幼、妻贤夫安、母慈子孝、兄友弟恭、耕读传家、勤俭持家、知书达礼、遵纪守法、家和万事兴等中华民族传统家庭美德，铭记在中国人的心灵中，融入中国人的血脉中。”① 可以说，“五常之道”的核心价值观在上述家庭美德里得以日常化、具体化、形象化、生活化，使每个人都能感知它、领悟它。千百年来，广泛流传于民间的“孟母三迁”“孔融让梨”等有关家庭美德的故事，以及以《颜氏家训》《弟子规》等为代表的治家要义、格言和童蒙读物，都充分体现了这一点。习近平认为，这是培育和践行社会主义核心价值观应当吸取的：“无论时代如何变化，无论经济社会如何发展，对一个社会来说，家庭的生活依托都不可替代，家庭的社会功能都不可替代，家庭的文明作用都不可替代。”“要在家庭中培育和践行社会主义核心价值观”，强调弘扬中国文化“注重家庭，注重家教，注重家风”的优良传统，把社会主义核心价值观在日常生活中落细、落小、落实。

以“两创”作为新时代传承发展中华优秀传统文化的根本方针，

---

① 习近平：《注重家庭，注重家教，注重家风》，《习近平谈治国理政》第二卷，外文出版社，2017 年，第 353~356 页。以下引文，凡出自此文的，不再注明。

再次显示出中国共产党人始终是中国优秀传统文化的忠实继承者和弘扬者。

（原题《新时代传承发展中华优秀传统文化的根本方针》，载《孔学堂》2021 年第 3 期）

“三十而立”立什么
——小议如何阅读《论语》

《光明日报》编者按：8月初，一封题为《“三十而立”立什么》的读者来信引起了我们的注意。这的确是一个值得思考的问题。“三十而立”这句话为什么能够一直伴随中国人走过上千年的漫漫路程？其中的原因值得我们深而思之。不仅如此，我们还应该进一步追问：在中华文明走向全面复兴的今天，我们应该怎样赋予其新的内涵？本期我们请到了资深学者陈卫平先生，从文本比较的角度对这句话进行分析，以期引起讨论，欢迎广大读者将您的真知灼见赐予我们。

严辉文来信：三十而立，恐怕是《论语》中最令人耳熟能详的句子。子曰：“吾十有五而志于学，三十而立，四十而不惑，五十而知天命，六十而耳顺，七十而从心所欲，不逾矩。”虽然许多人对此都能脱口而出，但如果问一声：孔子15岁有志于学学什么？30岁而立立什么？恐怕还是会难住不少人。余生也晚，对于如今首先拿《论语》来启蒙的“国学热”只是略有关注。所以，对于“三十而立”立什么？不免有点疑惑。按照一般的理解，15岁有志于学问，30岁就能在社会上立足。对于这统而笼之的学问，不同的时代，又曾经流行过不同的主流阐述和权威解释。流行一时的莫过于如下两个版本。一个是孔子15岁立志于学习周礼，30岁能按周礼办事，40岁能不受违反周礼言行的迷惑，50岁懂得了天命，60岁能顺从天命，70岁心里怎样想就怎样做，都不会越出周礼的规范。（见1974年中华书局内部发行之《〈论语〉批注》）

另一个则引用黑格尔之“正、反、合”的概念，认为“十有五”之前，看待一切事物都是光明的；“十有五”之后至二十岁左右，进入所谓“愤青”阶段，再看事物就觉得一切都很惨淡；而到了三十岁的时候，则是人生“合”的阶段，所谓立，特指到了在自己的心灵建立起自信的年纪。批注也罢，心得也罢，本来能从字面上粗解的句子，看了他们的阐释真的让我好比进入了迷魂阵。比如，我不明白，志于学何以就单指“周礼”，就算是专心致志于“周礼”，孔夫子明明说是“志于学”，何以最后成了天命观？再比如，孔夫子明明说通过学习才能找到立的方法，进而进入随心所欲的境界，恕笔者愚昧，好像也看不出来关黑格尔“正、反、合”的什么事。“三十而立”立什么？笔者才疏学浅，各种说法不说我还明白，一说我倒不明白了。

严辉文先生：

《论语》中孔子那段“三十而立”的名言是大家很熟悉的，但要给出确定的解释并不容易。古往今来，注释《论语》的著作可谓汗牛充栋，对于这段话的释义不尽相同，除了您在信中所举出的《〈论语〉批注》和当下流行的《于丹〈论语〉心得》之外，很多著名学者也是各有己见。这里列出几位当代名家的注解以见一斑：

杨伯峻对《论语》的每一字、每一词都做过研究，尽可能地弄清《论语》本文每字每词的含义，在此基础上著有《论语译注》。其译文是，孔子说：“我十五岁，有志于学问；三十岁，［懂礼仪，］说话做事都有把握；四十岁，［掌握了各种知识，］不致迷惑；五十岁，得知天命；六十岁，一听别人言语，便可以分别真假，判明是非；到了七十岁，便随心所欲，任何念头不越出规矩。”① 对此译文他有些说明，关

① 杨伯峻：《论语译注》，中华书局，2006年，第16页。

于“而立”，《泰伯篇》说：“立于礼。”《季氏篇》又说：“不学礼，无以立。”因之译文添了“懂得礼仪”几个字。“立”是站立的意思，这里是“站得住”的意思，为求上下文的流畅，意译为遇事“都有把握”。

冯友兰著有三部中国哲学史，最后一部《中国哲学史新编》是其晚年呕心沥血之作。该书认为这段话是孔子对自己一生精神生活的几个主要阶段的概括，“但是文字很简略，意思也很隐蔽，需要先加注释”。其注释的大意是：15 岁志于学就是“‘志于道’以求得到他所理想的道德品质，‘仁’”；“而立”的“所谓立就是学礼已经达到一定的程度”，即“视、听、言、动，都可以循规蹈矩，不至于违反周礼，可以站得住，这就是‘立’”；40 岁之所以不迷惑，在于“知人”，即“对于人之所以为人有所理解，有所体会。这就是人对于自己的自觉。有了这种自觉，就可以‘不惑’”；50 岁知道“天命”，而“‘天命’是上帝的命令”，所谓“知天命”，就是懂得一方面天命决定自然界的变化，也决定人的生死、贫富、成败；但天本身则无言，所以必人力尽后，方知命为如何，另一方面，人的道德品质“是人的自己努力所决定的，与天命完全无关”；关于“耳顺”，据近人研究，“耳”字就是“而已”，所以“六十而耳顺”就是六十而已顺，“联系上文，就是顺天命”；70 岁的时候，“能随心所欲而自然不超过规矩”，这个规矩“就是礼的矩，就是‘天命’的矩”；这似乎还是 30 岁时的样子，其实不然，“因为经过了不惑、知天命、顺天命三个阶段，他的循规蹈矩完全是出于自然，没有一点勉强造作……这就是他的精神完全达到自觉的程度”。①

劳思光的《新编中国哲学史》是有关中国哲学通史的经典著作。

---

① 冯友兰：《中国哲学史新编》第 1 册，《三松堂全集》第 8 册，河南人民出版社，2000 年，第 164～165 页。

该书对这段话的释义以“知天命”为分界，以为“‘知天命’者，即知客观限制之领域是也。‘不惑’以前之工夫，皆用在自觉意志之培养上，‘知天命’则转往客体性一面。‘不惑’时已‘知义’，再能‘知命’，于是人所能主宰之领域与不能主宰之领域，同时朗现。由是主客之分际皆定，故由耳顺而进入从心所欲之境界”①。

显然，上述三位的解释有同亦有异，而且各自对于自己之所以如此解释都有相当的依据（对此可详见他们著作中的论证）。众所周知，《论语》是语录体，若要确证每段语录的本义，必须还原其具体的语境，因为同样的话在不同的语境中含义是不同的。而要还原语录的具体语境，必要条件之一是对对话双方的经历、关系、对话的主题和背景有确切的把握。由于无法完全还原具体语境，因而对同一段论述的不同释义在所难免。

就以“三十而立”这段话来说吧，只有“子曰”而没有对话者、对话的主题、对话的时间和地点，因此我们虽然可以知道，这段话的总体意思是表达了孔子对人生如何实现自由境界的观点，但是如果对话是在不同的对话者、对话的主题、对话的时间和地点展开的，其本义就会有相当大的差别。比如，这段话如是孔子在 70 岁以前和弟子讲的，对话的主题是何为人生正确之路，那么其含义无疑是指向“应然”即应当怎么样的；如果是在 70 岁以后讲的，对话者和对话主题没有变，那么其含义就可能是既有“应然”又有“实然”之义，即不仅是对自己实际走过的人生道路的总结，也是从普遍的意义上向人们指出应该如何规划人生。仅仅时间的不同，就可以使得其含义有这样的差别。假如对话者和对话主题不同，这段话的本义显然也是会有所不同的。

正因为这样，所以很难确证哪一种解释最为确切。以上述三位名

---

① 劳思光：《新编中国哲学史》（一），生活 · 读书 · 新知三联书店，2015 年，第 104 页。

家的解释为例，如果对话者是孔子的学生，并像孔子那样“好礼”和主张“复礼”，讨论的问题是礼与人生的关系，那么杨伯峻的释义就更为贴切，因为他把“懂礼仪”与其此前的阶段与此后的几个阶段贯穿起来，说明这是走向理想人生的关键；如果对话者是有类似老子绝弃仁义思想的人，对话的主题是争辩仁义与人生的关系，那么冯友兰的释义也许更为吻合，因为它突出了人之所以为人就在于对仁义的自觉，因而人生最高的境界就是这样的自觉达到了完全的程度；如果说对话者是墨子的赞同者，既讲“非命”又讲“天志”，而对话的主题是天命与人生的关系，那么劳思光的释义可能更有针对性，因为它强调知天命就是在明白了人能主宰的领域之后，还须明白人不能主宰的领域，由此方能进入人生自由之境。

不过，确证《论语》语录之本义的困难，并不意味着对其可以作任意的解释。因为每字、每词是有确切含义的，每段语录的基本精神根据孔子的总体思想也是有一定共识的。如果释义明显曲解了字、词的含义或背离了孔子的总体思想，那么我们还是可以断定其是错误的。还是以“三十而立”为例，唐代高怿的《群居解颐》和五代孙光宪的《北梦琐言》都记载了唐代节度使韩简读《论语》的故事：“节度使韩简，性粗质。每对文士，不晓其说，心常耻之。乃召一孝廉。令讲《论语》。及讲至《为政》篇，明日，谓诸从事曰：仆近知古人淳朴，年至三十，方能行立。外有闻者，无不绝倒。”把“三十而立”理解为“年至三十，方能行立”无疑是很荒唐的，因而成为流传千古的笑话。

然而，从这则笑话中我们可以领悟到阅读古人典籍的正确方法，这就是不能拘泥于文义，而要把握其大略。掌握这样的读书方法，大概也应该是“三十而立”所要“立”的吧。

（原载《光明日报》2007 年 9 月 6 日，副标题为收入本论文集时新加）

从《黄帝内经》看中华文明的突出特性

《黄帝内经》(以下简称《内经》)分为两大部分即《素问》《灵枢》。它是一部中医经典，这是无疑的。然而《素问·气交变大论》说："夫道者，上知天文，下知地理，中知人事，可以长久。"表明其医道包含了很多其他自然科学和社会科学的知识。它也是一部哲学著作，很多中国哲学通史的著作，都有对于《内经》的专门论述。它还是一部与治国理政相关的政治学、管理学著作。对此，以往似乎不太注意。因而这里略加申说。《内经》认为治病的原则可以推广于治国领域，如以针灸治疗疾病，过与不及都不能达到阴阳调和的效果，《灵枢·外揣》指出这也适用于治国："非独针道焉，夫治国亦然。"宋仁宗嘉祐年间，高保衡、林亿奉朝廷之命，校订《内经》，他们在校订序言中说，当年黄帝"以理身绪余治天下"，即用"理身"(治病)的思想理念治国理政，可惜的是"唐令列之医学，付之执技之流，而荐绅先生罕言之"，湮没了这方面的"至精至微之道"；强调此书"以之治身，可以消患于未兆。施于有政，可以广生于无穷"。[①] 因此，《内经》可以说是一部多学科融合的经典。研究这部经典对于建设中华民族现代文明是十分有意义的，因为它突出地体现了习近平总书记所指出的中华文明的五个突出特性，即连续性、创新性、统一性、包容性、和平性。

第一个是连续性。关于《内经》成书的年代有两种主要的意见，一是认为在西汉的中期或晚期，一是认为至迟在战国中期。综合起来，

① 转引自李申：《中国科学史》，广西师范大学出版社，2018 年，第 749 页。

可以说，它是在春秋战国直到西汉中期几百年间形成的，现在通行的版本中，很可能还包含了东汉时代的一些材料。① 中医源远流长，在公元前 2000 年以前，中华先民开始有目的地寻求防止疾病的药物和方法，“神农尝百草”就是生动的写照。从有关典籍中可以看到：商代发明了汤液；西周有了食医、疾医、疡医、兽医的分工；春秋战国时期扁鹊提出“望、闻、问、切”的诊断方法。《墨子·兼爱上》说，医者治人疾病，“必知疾之所自起”，表明了知晓病因的重要性。《左传·昭公元年》记载了对于晋平公病因的分析：“天有六气，降生五味，发为五色，征为五声，淫生六疾。……”《周礼·疾医》已有对于药物的分类，还称人的内脏为“九藏”即九脏，《庄子》等先秦文献还有“五脏”之说。在治疗手段上，除了服药，就是针灸，也叫针砭。因最初是用石器的锋利部位刺激人体穴位而得名。《史记·扁鹊仓公列传》中记载了扁鹊用针灸治好了虢国公子。后由针灸治疗发展出了经络系统。

据今人研究，夏代起始年代为公元前 2070 年，而司马迁认为在夏代之前是尧舜时代，而黄帝处于尧舜之前的五帝时代。《内经》用“黄帝”来命名，每篇都以黄帝设问为先导，表示该书的思想源自极为久远的被称为“上古”即五帝的时期。事实上，从它的内容不难看出，确是上述先前这些医疗实践的经验总结和理论提升。就是说，赓续至今的以《内经》为代表的中医传统，至少有着三四千年的悠久历史。在世界医学史上，古埃及创造过辉煌的医学成就，这从三部医学文稿（埃伯斯纸草文稿、史密斯纸草文稿和卡忽恩纸草文稿）可见一斑。但自埃及被马其顿王亚历山大大帝征服之后，其传统医学就湮没无闻了。古印度医学有丰富的内容，如《阿闼婆吠陀》记载了 77 种病症，并开

---

① 参见李申：《中国古代哲学和自然科学》，上海人民出版社，2002 年，第 375~376 页。

出对症药方，还出现了医学名著《舍罗迦本集》和《妙闻本集》，后来受到雅利安人入侵，古印度的医学随之消亡。古希腊罗马的医学曾经十分兴盛，提出了不少学说，如希波克拉底的四体液说，盖伦的人体学说，也有《药剂学》《医学百科辞典》等问世。然而，随着古希腊罗马文明的中断，其传统医学或遗弃或散佚。中华民族把黄帝视作文明始祖，以“黄帝”命名的重要典籍传存到现在，并仍然保持着鲜活生命力的，只有《内经》。它不仅从一个侧面证明了中华文明是世界上唯一没有中断的文明，而且成为这个文明具有生生不息的连续性的突出象征和鲜明符号。

第二个是创新性。中华文明的连续性是以其创新性为动力的。这在《内经》中是非常突出的。中医是中华民族原创的医学体系，而这种原创性具有世界上其他民族没有的独创性，《内经》则最早也是最集中地表现了这一点。正是基于这种独特的原创，在现代科学知识体系中，唯独医学是分为中医和西医的。这意味着中医凭借着独一无二的创造性而赓续至今。

在先民最初的生活中，医和巫混同在一起，人们把鬼神作为致病的重要原因，医的古老写法“毉”就反映了这样的状况。据《左传》等文献记载，在《内经》之前，已有人否定鬼神致病的说法，如郑国子产否认晋平公的患病是山川之神引起的；在《史记 · 扁鹊仓公列传》中，扁鹊明确地指出“病有六不治”，而“信巫不信医，六不治也”，即信巫是疾病致死的原因之一。《内经》在前人基础上明确地把医学和巫术相区分。《素问 · 五藏别论》说：“拘于鬼神者，不可与言至德。”这里的“至德”有两种解释：至高的医德或至深的医理。无论哪种解释，都表明《内经》的问世是摆脱巫术鬼神迷信纠缠的重大创新，这就使它成为第一部系统地从人体本身以及人体内外的物质条件研究疾病现象的科学著作。《内经》对于患者，强调个性化的诊断治疗，即不仅要注意所患的这个病，更要重视患者作为个体的人。由此做到因人制宜。“望、闻、问、切”就是采集不同的个体信息，这种信息不仅限于身体状况。《素问·疏五过论》说：“从容人事，以明经道。”所谓“人事”，除了每个个体的体质、情形之外，还包括贫富贵贱、性情品类、个人经历等，“从容”把握这些信息是对不同个体进行诊断治疗的常规。《内经》认为，不同个体因“人事”各异，对同样的疾病往往反应各异，需要有针对性地制订不同的治疗方案，因而每个典型医案，都从某个方面有所创新。这种个性化的诊断治疗开创了后来辨证施治的思路。与强调患者的个体性相联系，《内经》还注重医者独自领悟的个人创见。“医者，意也”，是中医的常用语。此“意”为言意之辨的言不尽意之“意”，即医道之妙非用语言可以阐述，因为这是医者独特的个人体悟。《素问·八正神明论》对此作了这样的论述：“神乎神，耳不闻，目明心开而志先，慧然独悟，口弗能言，俱视独见，适若昏，昭然独明。”所谓“独悟”“独见”“独明”，强调了个人独立、独特的创新，这是经过长期临床实践、潜心思索而达到的，它超越了能通过口耳言传所感知的普遍性的知识，成为只能心领神会的个人化的智慧。这实际上是最高的创新境界，即实现了从知识到智慧的飞跃。中医重视历代名医医方的整理研究，正是因为它们汇集了创新的智慧。

第三个是统一性。中华文明的连续性、创新性和统一性是联系在一起的。统一性使得连续性不是杂乱无序的绵长延伸，而是对一以贯之的统绪（道统、学统、政统）的继承发展。统一性也使得创新性不是无所依傍的凭空翻新，而是在传承原有规矩上再开新面。《内经》体现了统一性、连续性、创新性的这种内在关联。唐代陆德明《经典释文》解释“经”的含义：“常也，法也，径也。”就是说，“经”是常道（基本理论）、法则（基本规范）、门径（基本方法）的载体。《内经》正是这样的中医典籍，由此被视作“医家之宗”。就是说，它奠定了中医统一的遵循依据。《内经》之后，尽管中医著述不断涌现，学术代有发展，学派纷呈，然而它们的源头无不出自《内经》。这意味着中医不是把统一性变为单一性，视《内经》为定式教条，不能越雷池一步。《内经》注重上述个人独创的见解，这就使中医的统一性是“照着讲”和“接着讲”的结合。前者是从遵循基本理论、规范、方法出发，后者是每个人在诠释这些基本理论、规范和方法时，把来自实践的新观点增添进去，于是就出现了新的著作、学说、学派。因此，一方面《内经》确立的统一的基本理论、规范、方法，在历史中表现为多种新的学术形态；另一方面，这多种学术新形态使得统一的体系内容更加丰富，结构更加完备，表述更加准确。中医发展的历史证明了这一点。如东汉的张仲景“撰用《素问》《九卷》”（即《灵枢》，古本名——引者注），反对“不念思求经旨，以演其所知，各承家技，终始顺旧”。就是说，要应用《内经》的根本宗旨，推衍自身的知识经验，而不能只是墨守狭隘的家技。由此他以辨证论治的整套原则，充实提高了《内经》的临床医疗体系。再如，著名的金元四大家（刘完素、张从正、李杲、朱震亨），“他们的总出发点都是我国传统的《内经》医学体系，但又各从不同的侧面继承并发展了《内经》的医学理论，使我国医药学的体系发展到新的高度”。① 金元四大家开创者刘完素的《素问玄机原病式》序言说：“夫医教者，源自伏羲，流于神农，注于黄帝，行于万世，合于无穷，本乎大道，法乎自然之理。”认为《内经》奠定了立足于大道、具有普遍时空意义的统一理论，后人的各种阐发，就是“比物立象，详论天地运气造化自然之理”，即对统一之理的多侧面的展开和多层次的深化；他特别举出阐释《内经》中 277 字的例子。中医这种一展开为多、多归结为一的统一性，正体现了习近平总书记所说的“守正不守旧，尊古不复古”②。

---

① 杜石然：《中国科学技术史稿》下册，科学出版社，1982 年，第 65 页。

② 习近平：《在文化传承发展座谈会上的讲话》，《人民日报》2023 年 9 月 1 日。

第四个是包容性。中华文明的包容性和连续性、创新性、统一性也存在着有机联系。中医从一个侧面反映了这一点。前面指出，《内经》以为必须吸纳天文、地理、人事各方面的思想资源，医道方“可以长久”，就表示了包容性是连续性成为可能的要素。前面还说到，中医以《内经》为源头，涌现出诸多流派，这就体现了包容不同思想学说与基本理论创新的相辅相成。中医的包容性以统一认同《内经》之“经”为前提，同时又使得如此的统一是对前人思想的有机融合。

《内经》以“黄帝”为名，正表明它具有包容性的理论自觉。因为黄老之学源于老子、庄子，而老庄主张对不同思想采取宽容的态度，《老子》认为有无、难易、长短、高下、前后等相反相成，不同的事物都有其存在的理由；《庄子》主张物论可齐，各种思想犹如百家众技，皆有所长。于是，黄老学派的宋钘、尹文提出“别囿”，即不要为某种思想所局限。《内经》继承了这样的思想品格，包容和吸取了诸多学说。《内经》吸取黄老之学以精气为天地万物之本原的思想，并把精气说和五行说结合起来，形成“五运六气”的理论，以此阐述人的生命活动。它还将阴阳说和五行说这两个原本不同的系统作了沟通，把人体和自然界现象归结为五行（木、火、土、金、水）即五大类，又概括为阴阳两种属性的对立统一，由此构筑了基本学术框架。它传承了孔、孟仁者爱人的价值原则，以人的生命为天地万物的最高价值：“天覆地载，万物悉备，莫贵于人。”（《素问・宝命全形论》）因此，《素问》和《灵枢》的第一个问题都是关注人的生命的存在，在前者黄帝发问道：“今时之人”如何能够“春秋皆度百岁，而动作不衰”？在后者黄帝的问题是，子民百姓有疾病，如何“以微针通其经脉，调其血气，营其逆顺出入之会”？《素问・举痛论》说：“余闻善言天者，必有验于人；善言古者，必有合于今；善言人者，必有厌于己。”这显然是采纳了荀子“善言古者必有节于今，善言天者必有征于人”（《荀子

· 性恶》）的观点。《内经》多次在阐述养生之道时提到的“无为”“恬淡”“虚无”“法则天地”等，这些思想和语言都来自道家。《内经》以“援物比类”即取象比类作为重要的思维方法，既是对《墨辩》“以类取，以类予”的运用和发展，也是对《易传》把取象作为“以类族辨物”的主要任务的运用和发展。《内经》的包容性还表现在多学科的交叉融合，如前所述，其医道是以融合天文、地理和人事等知识为基础的。如《素问》七篇“大论”系统阐述了天体、天气的运行变化与人体健康与否的关系，《素问 · 异法方宜论》指出了东西南北中的不同地理环境特点造成某些疾病的多发、易发，《素问 · 疏五过论》探究了“尝贵后贱”“尝富后贫”等社会地位的变故引发心理情志波动，进而致生某些疾病。《内经》赋予中医的包容性在西医传入后依然保持着，因此我国医学不排斥西医，而是形成了中西医结合的共识。

第五个是和平性。中华文明的和平性，在《内经》中表现为强调“平”与“和”（阴阳的平衡调和）是人体健康的理想状态，而“平”“和”的价值诉求贯穿于包容性、创新性和统一性：包容就是不同思想资源、经验知识的和合融通；创新就是在各种学派、学说交流互鉴中和而不同；统一就是一致而百虑，殊途而同归的一与多的和韵行进。同时，阴阳平衡的价值取向在医疗实践中不断显示出正确性，中医由此而连续悠久。因而中医的和平性与上述其他四个特性是互为一体的。

《内经》认为人的健康在于各脏腑功能和谐协调，情志表达适度中和，并能适应不同环境的变化，其根本是达到阴阳的动态平衡。疾病的发生，是由于在内外因素的作用下，阴阳失去了平衡，此即《素问 · 阴阳应象大论》所说：“阴阳更胜之变，病之形能也。”因而治疗疾病就是使失去阴阳平衡的整体功能恢复到协调和谐的状态：“阴阳匀平，以充其形，九候若一，命曰平人。”（《素问 · 调经论》）认为健康之人（平人）就是人体各个部位都达到阴阳平衡。在《内经》之前，主要有《周易》和《老子》讲阴阳，《周易》主天尊地卑，即贵阳贱阴，而《老子》主贵柔守雌，即重阴轻阳，而《内经》强调阴阳平衡，“谨察阴阳所在而调之，以平为期”（《素问·至真要大论》），“和气之方，必通阴阳”（《灵枢·终始》）。就是说，《内经》阴阳平衡的思想，较之《周易》《老子》更能代表中华文明的和平性。当然，《内经》更多是从医学视角论述“平”与“和”。它说：“内外调和，邪不能害。”（《素问·生气通天论》）对于天地之气，“从其气则和，违其气则病”（《素问·五运行大论》），强调人体和外在环境相适应（调和），就能阻止邪气侵害健康。它还指出：“血气不和，百病乃变化而生。”（《素问·调经论》）因而治病必须要使作为人体生命内部原动力的血气达到和平状态：“疏其血气，令其调达，而致和平。”（《素问·至真要大论》）《内经》还使用了“余”与“不足”，更形象、具体地来表达阴阳失衡的状态（见《素问·调经论》）。在人与外部环境和谐、人体内部血气和谐的基础上，《灵枢·本藏》提出了比较全面的以“和”为核心的“人之常平”，即健康无病之人的标准，“血和则经脉流行，营复阴阳”“卫气和则分肉解利，皮肤调柔”“志意和则精神专直，魂魄不散”“寒温和则六府化谷，风痹不作”。这里的“血和”“卫气和”，可概括为血气运行和畅，“志意和”就是喜怒哀乐等情感中和有度，“寒温和”则是与外界环境相调和。简言之，健康就是营造天人、形神、气血的和谐状态。《内经》表明，“平”与“和”深深融入了中华民族的生命活动，这不能不是形成中华文明以和平性为突出特性的重要因素。

《内经》充分反映了中华文明的五个突出特性，应当将其作为推进“第二个结合”的题中之义。《灵枢·营卫生会》说：“人与天地同纪。”以人体生理活动与自然规律相一致来护卫生命健康；《素问·上古天真论》说：“精神内守，病安从来?”把精神健康作为抵御疾病的屏障。习近平总书记指出："相互契合才能有机结合。"① 因此，把马克思主义与《内经》的思想精华相结合无疑是做好"第二个结合"的重要方面。

（本文部分内容发表于《解放日报》2023 年 7 月 25 日，题为《以知识到智慧的飞跃》）

---

① 习近平：《在文化传承发展座谈会上的讲话》，《人民日报》2023 年 9 月 1 日。

价值性与知识性相结合：传统的哲学社会科学知识体系

习近平总书记《在哲学社会科学工作座谈会上的讲话》（以下简称《讲话》）提出了加快构建中国特色哲学社会科学学术体系、学科体系、话语体系、教材体系的要求。而知识体系是构建这“四个体系”的基础，是《讲话》所说的“努力构建一个全方位、全领域、全要素的哲学社会科学体系”① 的题中之义。任何领域的知识，大体可以分为三类：首先是“事实的知识”，即关于事实是什么的知识，具有经验性；其次是“原理的知识”，即关于自然现象和社会现象的原因和规律的知识，具有理论性；再次是“能力的知识”，即关于怎样做的知识，具有实践性。事实知识是基础，原理知识是对事实知识的概括和提升，但两者都以说明世界为指向；而原理性的理论知识要运用于实践，并取得成功，达到改造世界、服务人类的目的，就必须以能力知识为中介，否则原理性的知识就无法产生实际的影响。这三类知识构成了知识的总体，当代中国哲学社会科学知识体系的构建，是三种知识的有机结合。构建这样的知识体系的重要原则，是“坚持价值性和知识性相统一，寓价值观引导于知识传授之中”②。从《汉书·艺文志》到《四库全书总目提要》所构建的哲学社会科学知识体系及其在近代的影响中，

---

① 习近平：《在哲学社会科学工作座谈会上的讲话》，《人民日报》2016 年 5 月 19 日。

② 习近平：《用新时代中国特色社会主义思想铸魂育人　贯彻党的教育方针落实立德树人根本任务》，《人民日报》2019 年 3 月 19 日。

可以认识到习近平总书记的这个重要论断，这是对历史经验的提升，也是对当今时代的引领。

一

当代中国哲学社会科学知识体系的构建，不可能与中华文化的历史传统相割绝。《讲话》指出："绵延几千年的中华文化，是中国特色哲学社会科学成长发展的深厚基础。" "中华民族有着深厚文化传统，形成了富有特色的思想体系，体现了中国人几千年来积累的知识智慧和理性思辨。"这意味着当代中国哲学社会科学知识体系的构建，需要汲取中华传统文化知识体系的有益养分。回溯历史，以儒学为重心和主轴的中华文化几千年以来形成的知识体系，价值性和知识性相结合是其建构的重要原则。

汉代以后，儒学成为中国传统文化的正统和主导，其价值观始终从方方面面指导和规范着国家、社会和个人。这在很大程度上得益于儒学把价值观寓于知识体系之中，《汉书·艺文志》（以下简称《汉志》）为此奠定了基础。汉王朝建立之后，意识形态面临的中心问题是，如何吸取秦朝两世而亡的教训而得以长治久安。由此在意识形态上，从秦朝以法家思想为主导的"无书简之文，以法为教；无先王之语，以吏为师"（《韩非子·五蠹》），转变为汉朝的以儒家思想为主导的"行仁义，法先圣"（《史记·郦生陆贾列传》），完成这个转变的标志是汉武帝采纳董仲舒尊崇"六艺之科，孔子之术"（《汉书·董仲舒传》）的建议，"卓然罢黜百家，表章《六经》"（《汉书·武帝纪》），儒学由此成为经学。董仲舒同时认识到，要真正完成这样的转变，必须从"六艺"（六经）中提炼出儒学的核心价值观并加以培育践行。对此的表述就是"夫仁、谊（义）、礼、知（智）、信五常之道，王者所当修饬也"（《汉书·董仲舒传》）。这五常之道由此成为了儒家核心价值观。经学之“学”显然具有知识性含义。汉武帝设立五经（《易》《书》《诗》《礼》《春秋》）博士，专门教授相关知识，而教授五经在董仲舒看来，要以“修饬”五常之道为中心。这里已经有了以经学为中心构建知识性与价值性紧密联系的知识体系的意图。将这样的意图变成知识体系蓝图的，是东汉班固的《汉志》。《汉志》在增删西汉经学家刘歆的《七略》的基础上，把当时传世的“中秘书”即宫廷藏书分为“六略”：六艺略、诸子略、诗赋略、兵书略、数术略、方技略。这是对先秦以来的图书（大部分是哲学社会科学著作，也有某些天文、医学著作）的分类，也是对知识体系的构建。以往的研究常常较多关注这个方面，忽略了它的另一方面，即把儒家核心价值观渗透其间。

《汉志》说，秦朝“燔灭文章，以愚黔首。汉兴，改秦之败”。可见，编纂《汉志》具有重建知识体系的用意。孔子删改“六艺”，使《诗》《书》《礼》《乐》《易》《春秋》这六种古代典籍成为传授知识的教材。近代刘师培将它们与近代学科知识相类比：“《易》为哲学讲义，《诗》《书》为唱歌、国文课本，《春秋》为本国近世史课本，《礼》为伦理、心理讲义，《乐》为唱歌、体操课本。”① 这虽然有比附之嫌，但揭示了孔子以“六艺”构建儒学知识体系的用意。《汉志》将“六艺”即经学置于“六略之学”的首位，表明了把经学作为重建知识体系的中心。而经学就是对儒家核心价值观即五常之道的宣示，正如班固等编撰的《白虎通·五经》所说：“经，常也。有五常之道，故曰《五经》：《乐》仁，《书》义，《礼》礼，《易》智，《诗》信也。人情有五性，怀五常，不能自成，是以圣人象天，五常之道而明之，以教人成其德也。”认为五经就是求得五常之道的学问。班固在《汉志》中对此有进一步的阐述：“六艺之文：《乐》以和神，仁之表也；《诗》以正言，义之用也；《礼》以明体，明者著见，故无训也；《书》

---

① 刘师培：《论孔教与中国政治无涉》，《警钟日报》1904 年 5 月 4 日。

以广听，知之术也；《春秋》以断事，信之符也。五者，盖五常之道，相须而备，而《易》为之原。”《易》所以“为之原”，在于它为五常之道提供了形而上的天道依据，即“与天地为终始”。因此，五经固然有知识性的意义，但更主要的是被赋予价值观的意义。对此后来的王阳明就说：“六经者非他，吾心之常道也。”“其赋于人谓之性，其主于身谓之心。”① 认为六经是以儒家价值观涵养德性，陶冶心灵。作为知识体系的构建，《汉志》认为诸子是不可或缺的，它们“虽有蔽短”，但“各推所长”，“合其要归，亦六经之支与流裔”，即都在某一方面体现了合乎五常之道价值观的合理因素。其他的诗赋、兵书、方技、术数都是“艺学”即技能知识。这是以凝聚了五常之道的经学为中心的知识体系。张岱年说：“致知方法与德性涵养有着相依不离的关系，这也是中国哲学的特点之一。”② 并指出先秦孔子、老子、庄子、孟子、荀子等都“注重致知与道德修养的关联”。③ 不过，儒家对此是最为强调的，《中庸》提出“君子尊德性而道学问”就反映了这一点。《汉志》构建渗透价值性的知识体系，是“尊德性而道学问”的运用和体现，反映了中国传统哲学的特点，唐初的《隋书·经籍志》（以下简称《经籍志》）把《汉志》的书籍分类首先明确改变为经、史、子、集四部，于是，知识体系的构建由秦汉时期的“六略”之学发展为隋唐时期的“四部”之学，但把五常之道价值观寄寓其间的旨趣没有改变。《经籍志》自称：“虽未能研几探赜，穷极幽隐，庶乎弘道设教，可以无遗阙焉。”就是说，在文献知识性上也许未能做到极致，但“弘道设教”的价值性则是要坚持的。《经籍志》又说：“夫仁义礼智，所以治国也，方技数术，所以治身也，诸子为经籍之鼓吹，文章乃政化

---

① 王守仁：《稽山书院尊经阁记》，《王阳明全集》上册，上海古籍出版社，1992 年，第 254 页。

② 张岱年：《中国哲学大纲》，中国社会科学出版社，1982 年，第 496 页。

③ 同上，第 558 页。

之黼黻，皆为治之具也。”认为“四部”之学知识体系的构建，存在着这样的逻辑关系：经籍阐述的仁义礼智价值观是“经天地，纬阴阳，正纪纲，弘道德”，处在天经地义、天地良心的中心地位，而诸子、文章、方技、术数等学科知识起着拱卫的作用。

二

清代乾隆年间编纂的《四库全书》延续了《经籍志》的“四部”分类，以此为骨架，建构了中国古代最庞大的知识谱系，这也是最大的知识价值批评体系（主要体现于《四库全书总目提要》，以下简称《提要》），反映了把知识性和价值性相统一的自觉。

四库之“经”，即儒家经典著作，集中阐发儒家的核心价值观。《提要·经部总叙》说“盖经者非他，即天下之公理而已”，《提要·子部总叙》说“夫学者研理于经，可以正天下之是非”。这普遍认可的“公理”和判定天下是非的准则，就是《汉志》所述的集中体现了儒家核心价值观的五常之道。“研理于经”即对六经学理的研讨，是为了更深刻、更全面地把握它们所蕴含的价值观，正如被收入《四库全书》的《孔子家语》所说：“其为人也，温柔敦厚而不愚，则深于《诗》者矣；疏通知远而不诬，则深于《书》者矣；广博易良而不奢，则深于《乐》者矣；恭俭庄敬而不烦，则深于《礼》者矣；属辞比事而不乱，则深于《春秋》者矣。”乾隆帝以水为喻，说明四库“首重者经”，是因为“经者文之源也，史者文之流也，子者文之支也，集者文之派也”，而“派也、支也、流也，皆自源而分。集也、子也，史也，皆自经而出”。这不仅是认为史、子、集出自经，而且认为经作为儒家核心价值观的源泉，流淌、渗透于史、子、集的知识领域。

四库之“史”，显示了儒家核心价值观与历史知识的对接。史籍是对以往事实的记载，因而“经”与“史”的关系，是“理”（道）与

“事”（器）的关系，理从事出，事以证理；此即所谓“征事于史，可以明古今之成败”。这个“理”的核心就是儒家价值观。《提要·史部总叙》说：“《鲁史》所录，具载一事之始末，圣人观其始末，得其是非，而后能定以一字之褒贬，此作史之资考证也。”后人学习史书，“观其始末，得其是非，而后能知一字之所以褒贬，此读史之资考证也”。就是说，无论写史还是读史，都要“考证”寓于史实叙述中的价值褒贬，以此表明“经”所阐发的儒家核心价值具有被历史所证实的有效性和合法性，此即《提要·史部·正史类》所谓“正史体尊，义与经配”。《提要·史部·编年类》称赞司马光的《资治通鉴》“非空谈性命”“网罗宏富，体大思精”，这里的“思精”“非空谈”，很重要的方面是指司马光的历史记载把价值观隐含其中。比如，关于唐代颜真卿的记叙。颜真卿为今人知晓，多是由于书法成就。但司马光在《资治通鉴》中对其书法成就只字未提，而是彰显他在安史之乱危难时刻不计个人恩怨，率众抗击叛军的责任担当。司马光意在告诉人们，与书法成就相比较，值得青史留名的是敢于担当的品格。

四库之“子”，反映了虽然“经”作为儒家核心价值观的载体，居于知识体系的中心，但在这样的知识体系中，不只是“经”的独霸，还有着对多元的包容和吸纳。《提要》说：“自《六经》以外立说者，皆子书也。……虽真伪相杂，醇疵互见，然凡能自名一家者，必有一节之足以自立，即其不合于圣人者，存之亦可为鉴戒。虽有丝麻，无弃菅蒯，狂夫之言，圣人择焉，在博收而慎取之尔。”就是说，尽管诸子在知识性上“真伪相杂”，在价值观上“醇疵互见”，但既然“自名一家”，必定有可取之处。在四库的知识体系中，“经”与“子”的统一，表现为前者对后者有所肯定、借鉴和审慎汲取，从而达到一元与多元、主旋律与多样性的统一。《汉志》在论述经、子关系时说“诸子十家，其可观者九家而已”，它们“好恶殊方”“崇其所善”，也就是各有不同的价值观，但具有“相反而皆相成”的融通性；之所以如此，在于它们都是由六经派生出来的，正如“《易》曰：天下同归而殊途，一致而百虑”。因此，“若能修六艺之术，而观此九家之言，舍短取长，则可以通万方之略矣”。显然，《提要》对待经与子的关系，与《汉志》一脉相承，体现出儒家在知识体系中吸取其他学说，由此在价值观上引领它们。佛、道两教在东汉后兴起，《经籍志》没有将佛、道两教的著作包括在四部里面，仅以附录形式处置，而且不列具体书目。唐代儒释道三教鼎立，从《宋史·艺文志》开始，佛、道两教的著作正式列入子部。就是说儒与佛、道两教的关系，犹如经与子的关系。这不仅反映出宋代理学在知识性和价值观上融合儒释道，而且反映了“经”在吸取“子”的过程中，实现了对多元价值观的引领。

四库之“集”，表明其知识体系的建构虽然渗透着价值观，但并不是干巴巴的枯燥说教，而是赋予儒家核心价值观以艺术形象，从而打动人、感化人。“经”与“集”的关系，是“理”与“情”的关系，理合于情，以情入理。这是继承了儒家“文以载道”的传统。《论语·为政》载：“子曰：‘《诗》三百，一言以蔽之，曰：思无邪。’”这里的诗，可以广义地理解为文艺作品。儒家认为，文艺作品要通过艺术形象的塑造，端正思想方向，引导人们树立正确的价值观。这样的思想方向和价值观也就是“经”所体现的“道”。南朝刘勰的《文心雕龙》是传统文艺理论的奠基之作，其《原道》《征圣》《宗经》等篇提出“道沿圣以垂文，圣因文以明道”，认为文艺作品必须以阐明“五经”之道即儒家核心价值观为宗旨。唐代韩愈主张“学所以为道，文所以为理”，柳宗元提出“文者以明道”；宋代周敦颐指出“文，所以载道也”，程颐反对“作文害道”，都进一步强调了文以载道的功能和意义。这样的以文载道使得大众对于作为核心价值观主要载体的“经”更易接受。《提要》推崇“清词丽句”“高标独秀”的优秀作品，揭露不良作品“颠倒贤奸，彝良泯绝，其贻害人心风俗”的危害，认为文艺作品的意义在于用儒家的核心价值观净化人们思想，抵制不良风俗。

无论《汉志》还是《提要》，都具有钦定的官学性，因而它们不可避免地打上当时封建统治者意志的烙印。如《汉志》以儒学为学术的正统；《提要》说儒家经典“垂型万世”“如日中天”等，要求人们把儒家价值观当作教条来信奉；对被封建统治者视为异端的历代人物进行声讨，如斥责李贽是“罪不容诛”等。这些是具有时代局限性的糟粕。但是，从《汉志》到《提要》，它们构建价值性和知识性相统一的知识体系的传统，可以在当代构建中国特色哲学社会科学知识体系的进程中批判地继承。

三

中国近代的哲学社会科学知识体系的形成和发展，是与鸦片战争之后西方思想和科学知识的涌入相联系的。如《讲话》所指出的：“从洋务运动到新文化运动，西方哲学社会科学被翻译介绍到我国，不少人开始用现代社会科学方法来研究我国社会问题，社会科学各学科在我国逐渐发展起来。”与此相应的，是传统的以经学为核心的知识体系逐渐瓦解，进入了冯友兰所说的“经学之旧瓶破”① 的后经学时代，开始参照西方知识体系的分科观念重构哲学社会科学知识体系。这是中国传统知识体系向近代转型的重大变革。不过，在这一变革过程中，价值性和知识性相依不离的传统得到了继承发展。从洋务运动到戊戌维新前后，著名思想家严复以“开民智”为号召，批判以经学为主导的传统知识体系导致人们思想僵化：“六经、五子以君子而束缚天

① 冯友兰：《中国哲学史》下册，华东师范大学出版社，2000 年，第 6 页。

下。”[①]指出这个体系的两大支柱汉学考据和宋明理学，前者可“一言以蔽之”，曰“无用”；后者可“一言以蔽之”，曰“无实”[②]。同时他翻译了八部西方哲学社会科学著作《天演论》《原富》《群学肄言》《群己权界论》《社会通诠》《法意》《穆勒名学》《名学浅说》，涉及哲学、经济学、社会学、政治学、逻辑学、法学等多领域。这在传统知识衰败而西学新知“来源浅觳”的“‘学问饥荒’之环境中”[③]，实际上是以译著的形式，勾画出后经学时代哲学社会科学知识体系的蓝图。这样的知识体系以“群学”（社会学）为主干，“学问之事，以群学为要归”“唯群学明，而后知治乱盛衰之故，而能有修齐治平之功。呜呼！此真大人之学矣”。[④]传统“四部”之学最看重的是经和史，前者阐发修齐治平之经义，后者揭示古今成败之原因；严复以为，只有“群学”才是给人以这两方面知识的“真大人之学”，表达了以新的知识体系取代“四部”之学的意向。严复以“群学”为主干的知识体系以进化论为价值导向。鲁迅说严复“做”过《天演论》。[⑤]这个“做”的实质就是，使得进化论从在西方具有世界观意义的自然科学理论变为在中国具有科学意义的世界观。严复从世界观的高度论述进化论，指出“中西事理”之“最不同而断乎不可合者”，在于是否以“力今以胜古”和“日进无疆”的进化论“为学术政化之极则”。[⑥]所谓“极则”就是世界观、价值观。严复把这样的“极则”贯彻于他所勾画的哲学社会科学知识体系之中，人们从中获得的不只是哲学社会科学的

---

① 严复：《救亡决论》，《严复集》第1册，中华书局，1986年，第54页。
② 同上，第44页。
③ 梁启超：《清代学术概论》，《梁启超论清学史二种》，第79页。
④ 严复：《原强》，《严复集》第1册，第18页。
⑤ 鲁迅：《热风·随感二十五》，《鲁迅全集》第1卷，人民文学出版社，1981年，第295页。
⑥ 严复：《论世变之亟》，《严复集》第1册，第1页。

新鲜知识，而且还获得了观察世界的新世界观和指导行动的新价值观，对此胡汉民说道："自严氏之书出，而物竞天择之理，厘然当于人心，中国民气为之一变。"① 严复寓进化论的世界观、价值观于其所"做"的译著之中，是这些译著能够长久风行，对从戊戌维新直至"五四"新文化运动的几代人都产生深刻影响的重要原因。

"五四"新文化运动期间，马克思主义进入中国，继进化论之后，影响了中国传统知识体系的近代转型。李大钊是"五四"时期最杰出的马克思主义者。胡乔木同志在纪念李大钊诞辰 100 周年学术讨论会上说，李大钊具有"在中国第一个用马克思主义指导革命和占领哲学社会科学阵地"② 的历史功绩。确实，李大钊的论著涉及哲学、经济学、历史学、文学、政治学、社会学、法学、教育学、图书馆学、新闻学、美学等，几乎涵盖了哲学社会科学的所有领域。他曾担任北京大学图书馆主任 5 年，也担任历史学教授。由前面论述可知，从《汉志》到《提要》，传统知识体系的建构正是与图书分类相联系的，因此，李大钊在对上述领域进行研究的同时，也思考了如何构建哲学社会科学知识体系的问题。中国近代哲学社会科学知识体系的构建，参照了西方的学科分科。因此，李大钊对培根、孔德、斯宾塞的知识分类作了考察，指出培根将学问分为史、哲、诗"于欧洲学问分类法的历史上特别的显著"，即有其历史地位，但"史、哲、诗的三分法，不足以适应当代学问的分类，则有孔德、斯宾塞诸子，起而别创新分类法，以求适应当代学问所达到的程度"③。然而，这虽然促进了学术的

① 胡汉民：《述侯官严氏最近政见》，《辛亥革命前十年间时论选集》第 2 卷，生活 · 读书 · 新知三联书店，1963 年，第 146 页。

② 胡乔木：《纪念中国共产主义运动的伟大先驱李大钊》，《胡乔木文集》第 2 卷，人民出版社，2012 年，第 298 页。

③ 李大钊：《史学要论》，《李大钊全集》第 4 卷，河北教育出版社，1999 年，第 388 页。

发展，但也给学术研究带来了某些弊端，“学问的分科别部以为研究，亦是学术进化的必然的结果”①，但也产生了“与他科亦生不能联贯、不能汇通之蔽，而呈机械之观”②“科学界过重分类的结果，几乎忘却他们只是一个全体的部分而轻视他们相互间的关系”③ 等弊病。而唯物史观“研究各种科学，与其重在区分，毋宁重在关系”“与其为解析的观察，不如为综合的观察。这种方法可以应用于现在的事实，亦可以同样应用于过去的记录”④。这表明了用唯物史观为价值导向和研究方法，可以克服西方知识体系的缺陷。所以，这样的知识体系不是“由西方稗贩而来”，而是在“自辟学域”的基础上形成的。⑤《讲话》指出：“当代中国哲学社会科学是以马克思主义进入我国为起点的，是在马克思主义指导下逐步发展起来的。”当代中国哲学社会科学知识体系的构建亦是如此，在李大钊身上就体现了这一点。李大钊还从知识的功能上，强调了知识性与价值性是相统一的。他说：“凡学都所以求真。”又说：“凡是一种学问，或是一种知识，必于人生有用，才是真的学问，真的知识。”⑥ 这里的求真和有用，前者是说真实反映客观事实的知识性，后者是说指引人生道路的价值性，两者的交融是真正的哲学社会科学知识体系的品格。

（本文为《构建寓价值观于其中的哲学社会科学知识体系》的节选，全文发表于《上海交通大学学报》（哲学社会科学版）2021 年第 4 期）

---

① 李大钊：《史学要论》，《李大钊全集》第 4 卷，第 386 页。

② 李大钊：《讲演会之必要》，《李大钊全集》第 2 卷，第 649 页。

③④ 李大钊：《唯物史观在现代史学上的价值》，《李大钊全集》第 3 卷，第 538 页。

⑤ 李大钊：《〈自然律与衡平律〉识》，《李大钊全集》第 1 卷，第 660 页。

⑥ 李大钊：《史学要论》，《李大钊全集》第 4 卷，第 406 页。

中国近代哲学割断了传统的命脉吗?

当今包括学术刊物在内的媒体上，流行着这样的论调，即中国近代（1840—1949）哲学对于传统思想尤其是儒学的批判，发展到“五四”时期“全盘反传统”的激进主义，造成了割断传统命脉的历史灾难。这样的看法不合乎史实。冯契指出，围绕“中国向何处去”的时代课题，中国近代哲学的主要论争有四个方面：历史观、认识论（知行观）、逻辑和方法论、理想社会和理想人格。[①] 此即本文所谓的主要论域，考察这些论域可以看到：就中国近代哲学与传统哲学的纵向联系来说，是变革和继承的统一，这意味着中国近代哲学不是简单地否定传统哲学，而是赋予传统哲学以近代的活力；就中国近代哲学与西方近现代哲学的横向联系来说，是变革和融合的统一，这意味着中国近代哲学受到西方哲学的影响，但不是对它的搬运，而是结出了中西融合的创造性成果。

一

关于中国近代的历史观问题。要回答“中国向何处去”，就必须认识人类历史和中国历史如何从过去演变到现在，又将如何向未来发展的规律，于是历史观问题在中国近代就显得非常突出。龚自珍作为近代哲学的开端人物，首先把历史观作为自己哲学的主要论域，借助今

① 参见冯契：《中国近代哲学的革命进程》，上海人民出版社，1989 年，第 11~27 页。

文经学的“公羊三世”说，试图把握历史演变的一般规律。他说：“通古今可以为三世，《春秋》首尾，亦为三世。大桡作甲子，一日亦用之，一岁亦用之，一章一部亦用之。”① 不仅《春秋》二百四十年分为三世，而且每天、每年、每一时代都是三世；而古人之世、为今之世、为后之世，“旋转簸荡而不已”②。魏源同样凭借公羊学来表达与龚自珍类似的变易史观，强调“势则日变而不可复者也”“变古愈尽，便民愈甚”③。首倡“公羊三世”说的董仲舒力主复古而反对变古，《春秋繁露·楚庄王》说：“《春秋》之于世事也，善复古，讥易常。”而何休“公羊三世”说则包含着历史进化的含义：将“三世”即所传闻世、所闻世、所见世的演变，视为从“见治起于衰乱”到“见治升平”再到“著治太平”的进化过程。显然，龚、魏的变易史观，一方面具有批判董仲舒上述观点的意义，一方面发挥了何休上述的历史进化思想。康有为在“公羊三世”说的经学形式下，首先从变易史观迈向进化论史观。他以西方包括天体、生物等在内的自然界进化的科学知识，提出了直接与董仲舒“天不变，道亦不变”相对的反命题：“变者，天道也。”④ 同时，他把天变道变推衍到人道（人类社会），与“三世”说相结合，“《春秋》发三世之义，有拨乱之世，有升平之世，有太平之世，道各不同”⑤，认为三世进化是不同政体演进的社会历史进程：“大约据乱世尚君主，升平世尚君民共主，太平世尚民主矣。”⑥

---

① 龚自珍：《五经大义终始答问八》，《龚自珍全集》，上海古籍出版社，1999 年，第 48 页。

② 龚自珍：《释风》，《龚自珍全集》，第 128 页。

③ 魏源：《默觚下·治篇五》，《魏源全集》第 13 册，岳麓书社，2011 年，第 43 页。

④ 康有为：《进呈〈俄罗斯大彼得变政记〉》，《康有为全集》第 4 集，中国人民大学出版社，2007 年，第 35 页。

⑤ 康有为：《日本书目志序》，《康有为全集》第 3 集，第 263 页。

⑥ 康有为：《孟子微》卷三，《康有为全集》第 5 集，第 464 页。

可见，康有为把进化论引入历史观，既是对传统公羊说的变革，又是对它的融合，造就了“公羊三世”说的进化论史观的新形态。

近代对历史观的探讨，发端于道器之辨。龚自珍说：“道载乎器，礼征乎数。”① 而即器言道就是即史言道，“欲知大道，必先为史”②。魏源说：“人积人之谓治，治相嬗成今古，有洿隆、有敝更之谓器与道。”③ 认为历史发展就是因器的新旧更替而体现了道的迂回曲折。这显然是与宋明时期的理气（道器）之辨相衔接的。当然，在宋明时期，这首先是关于天道观的问题，其次是关于历史观的问题。道器之辨演变到近代，首先是历史观的问题，其次才是天道观或一般发展观的问题。在龚、魏之后，从冯桂芬到郑观应，继续以道器之辨论述历史观，但他们将道器之辨与中西之争相联系，以道器来对应中学与西学，主张“道为本，器为末；器可变，道不可变；庶知所变者，富强之权术，非孔孟之常经也”④。这仍囿于传统变易史观的“器变道不变”。康有为正是突破了这一点，进化论史观才横空问世。进化论作为具体的自然科学知识，属于“器”的范围，然而康有为将其由“器”入“道”，指出：“道尊于器，然器亦足以变道。”⑤ 就是说，进化论之“器”改变了传统变易史观之“道”，成为表示人类社会历史普遍规律之新“道”。可见，这新道替旧道是传统道器之辨在近代演变的结果，绝非纯粹外来之力的“割断”。

需要进一步指出的是，这种新道替旧道的论证方式是对传统的继承。《四库全书总目提要 · 易类 · 序》指出：“故《易》之为书，推天

---

① 龚自珍：《阮尚书年谱第一序》，《龚自珍全集》，第 226 页。

② 龚自珍：《尊史》，《龚自珍全集》，第 81 页。

③ 魏源：《皇朝经世文编叙》，《魏源全集》第 13 册，第 172 页。

④ 郑观应：《盛世危言 · 增订新编凡例》，《郑观应集》，上海人民出版社，1982 年，第 240 页。

⑤ 康有为：《日本书目志》卷七，《康有为全集》第 3 集，第 366 页。

道以明人事者也。”正是这样的论证方式，推导出了“天不变，道亦不变”的观点。近代进化论推倒“天不变，道亦不变”的观点，从康有为到孙中山，无不是从天道（自然规律）推衍到人道（社会历史规律），从自然天道以变易为恒常推论出社会人道以变易为当然；而这和“天不变，道亦不变”所运用的，都是同样的《周易》的论证方式：推天道以明人事。事实上，康有为说孔子作《易》是“深观天道，以著为人事，垂法后王”①，他效法《周易》以天变道变的观点来阐发三世变易之人事。这表明进化论在突破“天不变，道亦不变”的传统的同时，又承继了它源自《周易》的论证方式。这一承继，使得进化论不仅成为了历史观，而且成为涵盖天道、人道普遍规律的世界观。这样的承继也体现了西方进化论与中国传统的融合。

新道替旧道之所以不是纯粹外来之力，还在于进化论史观借助了中国传统哲学的思想资源。主张和接受进化论者无不引用《周易》的“穷则变，变则通，通则久”，就表明了这一点。如果从道器之辨来考察，明清之际的王夫之以道器来阐发的历史观是传统哲学中最为杰出的。他曾说：“无其器则无其道，人鲜能言之，而固其诚然者也。洪荒无揖让之道，唐虞无吊伐之道，汉唐无今日之道，则今日无他年之道者多矣。”② 认为道是依存于器的，没有超越不同时代、不同事物（器）而永恒不变的道，每个历史时代各有其道。王夫之的著作在清末得以汇集刻印，获得比较广泛的流传。他的上述思想成了近代进化论突破传统变易史观的“器变道不变”的思想土壤。这反映在谭嗣同思想中是非常明显的。他引用了上述王夫之的话语，然后发挥道：“故道，用也；器，体也。体立而用行，器存而道不亡。……器即变，道

---

① 康有为：《变则通通则久论》，《康有为散文》，上海科学技术文献出版社，2013 年，第 21 页。

② 王夫之：《周易外传》，《船山全书》第 1 册，第 1028 页。

安得独不变?”① 显然，这样的观点是他走向进化论史观的跳板。这表明进化论史观是对传统变易史观的突破，也是对在原先传统中“人鲜能言之”的以器存道的思想的承继光大。

“五四”时期，中国近代历史观由进化论发展到唯物史观，李大钊是这一转变的代表人物之一。他把“民彝”视作历史进化的动因，是实现这个转变的桥梁。“民彝”出自儒家经典《诗经》《尚书》，以后孔子、孟子有所发挥。李大钊在《民彝与政治》中说的“民彝”即民众的理性，认为信赖、彰显民彝，体现了孔、孟“示人以有我”和“自重之精神”；而民彝是历史发展的决定力量，“民彝者，可以创造历史”，必须扫除借助“祭天尊孔”“圣智”“经传”“英雄”等“一切迷蔽民彝之死灰陈腐”；强调英雄只是集合了民众的力量，“离于众庶则无英雄，离于众意总积则英雄无势力焉”；从这样的观点出发，他把俄国十月革命看作“庶民的胜利”，反映了民彝的大觉醒，由此迈进把人民看作历史动力的唯物史观，《共产党宣言》阐明了“社会主义的实现，离开人民本身，是万万作不到的，这是马克思主义一个绝大的功绩”。② 李大钊从“民彝智察”走向唯物史观，就是这两者相融合的思想历程。

毛泽东对于唯物史观的论述，同样体现了与传统哲学的融合。在《新民主主义论》中，他提出了“能动的革命的反映论”，以此来概括辩证唯物论关于意识与存在和历史唯物论关于社会意识与社会存在的基本观点。他强调了以这样的观点为基础的唯物史观，“承认总的历史发展中是物质的东西决定精神的东西，是社会的存在决定社会的意识；但是同时又承认而且必须承认精神的东西的反作用，社会意识对于社

---

① 谭嗣同:《思纬氤氲台短书 · 报贝元征》,《谭嗣同全集》上册，中华书局，1981 年，第 197 页。

② 李大钊:《我的马克思主义观》,《李大钊全集》第 3 卷，第 32 页。

会存在的反作用，上层建筑对于经济基础的反作用”，由此“避免了机械唯物论。”[①] 这里的“反作用”即能动作用。在毛泽东看来，唯物史观把人民群众作为创造历史的动力，就是要“提高中国人民的能动性、热情，鼓吹变革现实的中国是可能的”。[②] “能动的革命的反映论”一词，在以往马克思主义经典著作中未曾有过，是马克思主义哲学中国化的独特标识，这和毛泽东汲取中国传统哲学的精华有密切关系。就在写作《新民主主义论》的那一年，他很关注陈伯达的《孔子的哲学思想》，两次致信张闻天，指出“孔子的体系是观念论”，观念论即唯心论，但有“片面的真理”；其重要表现是“观念论哲学有一个长处，就是强调主观能动性，孔子正是这样，所以能引起人的注意与拥护，机械唯物论不能克服观念论，重要原因之一就在于它忽视主观能动性。我们对孔子的这方面的长处应该说到”[③]。显然，作为“能动的革命的反映论”的唯物史观克服了孔子的唯心论而吸纳了它注重主观能动性的长处。

以上论述足以证明，从龚自珍重提“公羊三世”说的变易史观到进化论历史观再到唯物史观，中国近代历史观对于传统是在变革中继承发展、在变革中与西学融合的。

二

关于近代的认识论（知行观）问题。要回答“中国向何处去”，

---

① 毛泽东：《矛盾论》，《毛泽东选集》第一卷，人民出版社，2006 年，第 326 页。

② 中共中央文献研究室编：《毛泽东哲学批注集》，中央文献出版社，1988 年，第 311 页。

③ 毛泽东：《关于〈孔子的哲学思想〉一文给张闻天的信》，《毛泽东文集》第二卷，人民出版社，1993 年，第 161 页。

必须把从西方学到的理论与中国具体实际结合起来，并付诸实践。这就涉及认识论问题，即知与行、主观与客观的关系问题。知行之辨是宋明时期哲学讨论的中心问题之一。中国近代哲学的知行之辨由此演变而来，但又具有近代的特点。先秦诸子尤其是儒家奠定了中国传统哲学仁智统一，即认识论与伦理学结合的传统。知行观作为认识论的核心问题，亦是如此。因而传统知行观从总体上讲，虽然也有认识论的意义，但更多地指向道德认知和道德践行。发展到宋明理学，张载把“知”区分为“德性之知”和“见闻之知”①，前者指与善恶评价相联系的道德认知，后者指以外物为对象的事实认知；知行的主体应以前者超越后者，达到“能体天下之物”即全面地整体地体悟世界的“大其心”②的智慧之境，于是“仁智一而圣人之事备”③。这是张载之后的宋明理学家共同的观点。因此，宋明以来的儒学知行观，其所谓的“知”，以德性之知为主要追求（明而诚和诚而明）；“行”则主要以展开于事亲、事君、修身、齐家的道德践行为内涵，知行合一就是道德认知与修养功夫相依不离。就是说，传统知行观是围绕道德伦理来建构的。近代知行观对这一理论构造作了根本变革，即确立了认识论的品格，这是与汲取西方哲学认识论相联系的。近代对“格物致知”的诠释最能反映这一点。“格物致知”是传统知行观的重要命题，在儒家尤其是宋明理学那里，“格物致知”基本上成了德性修养的一个环节。如胡适所说：“王阳明主张‘格物’只能在身心上做。即使宋学探求事事物物之理，也只是研究‘诚意’以‘正心’”；因而他们“把自己局限于伦理与政治哲学的问题之中”。④ 近代中国最初以“格致”称呼西方近代科学，将其所谓的“即物穷理”诠释为探求自然界事

---

①② 张载：《正蒙·大心》，《张载集》，第24页。

③ 张载：《正蒙·神化》，《张载集》，第18页。

④ 胡适：《先秦名学史》，安徽教育出版社，1999年，第6页。

物的规律，这使得“格致”有了认识论的意义。然而在以“格致”作为科学同义语流行于中国的相当一段时间内，传统的伦理学意义的“格致”与此并行不悖：“中国重道而轻艺，故其格致专以义理为重；西国重艺而轻道，故其格致偏于物理为多。”① 这种情形在戊戌维新期间起了变化。严复对“格物穷理”作了这样的阐发：“大抵学以穷理，常分三际：一曰考订，聚列同类事物而各著其实；二曰贯通，类异观同，道通为一……中西古学，其中穷理之家，其事或善或否，大致仅此两层。故所得公例，往往多误。于是近世格致家乃救之以第三层，谓之试验。试验愈周，理愈靠实。此其大要也。”② 认为真正的“格致”就是像近代科学那样去认识外在事物，实际上是以认识论意义的“格致”取代伦理学意义的“格致”。从戊戌时期的严复、康有为等人到辛亥时期的孙中山、章太炎，再到毛泽东等马克思主义者，“科学”始终是知行范畴的重要内涵，由此在知行主体、知行过程、知行作用等方面，都表现出由伦理学向认识论的嬗变。③ 西方近代哲学在近代科学的推动下，热衷于知识的起源、性质、对象、范围以及主体的认识能力、认识方法等问题的研究，由此发生了“认识论的转向”。中国近代赋予知行观以明确的认识论的品格与此有相似之处。

但是，相似并非翻版。传统知行观包含了一个重要思想：知行主体的德性修养，就“知”而言，将使得认识超越某种事实认知的局限而达到更高境界；就“行”而言，将担保行为以崇德向善为价值追求。中国近代知行观在确立认识论品格的同时，继承发展了传统知行观的这个思想。魏源首先在近代展开知行之辨，强调“‘及之而后知，履之

① 钟天纬：《刖足集外篇·格致说》，转引自叶世昌：《近代中国经济思想史》，上海财经大学出版社，2017年，第111页。

② 严复：《西学通门径功用说》，《严复集》第1册，第93页。

③ 参见陈卫平：《中国近代知行范畴的嬗变》，《学术月刊》2001年第1期。

而后艰’，乌有不行而能知者乎”①，然而，“人不忧患，则智慧不成”②“无情于民物而能才济民物，自古至今未之有也”③。认为没有对民族危亡充满忧患和关注民生的情感，是谈不上真正的知识才能的。这可见其“知”与才情统一的道德要求密切相关。魏源所讲的“行”注重面向社会实际，即“以实事程实功，以实功程实事”④，而实事实功体现于“以美利利天下之庶人”⑤。这可见其“行”与利民为美的道德取向合为一体。

从戊戌到辛亥，康有为等维新派重“知”，而孙中山等革命派重“行”，但他们的知行观都与伦理道德结合在一起。康有为主张“人道以智为导，以仁为归”⑥。这里的“智”不同于传统“五常”之一的德目，而是指西方的科学理性精神，“欧洲所以强者，为其开智学而穷物理也”⑦，而“仁”也以近代人道主义的博爱为内涵，“仁者，在天为生生之理，在人为博爱之德”⑧。他的智导仁归就是科学之知要以博爱之德为最终价值。严复也以科学来阐释格物穷理，同时又说：“张横渠有言：‘学贵变化气质。’自不佞言，气质固难变也，亦变其心习而已。欲变吾人心习，则一事最宜勤治：物理科学是已。”⑨ 认为张载曾要求学习以变化气质即获得德性之知为价值追求，现在学习物理科学（自然科学）应当同样如此。章太炎、孙中山的知行观以“革命”为

---

① 魏源：《默觚上·学篇二》，《魏源全集》第13册，第8页。

② 魏源：《默觚上·治篇二》，《魏源全集》第13册，第35页。

③ 魏源：《默觚下·治篇一》，《魏源全集》第13册，第32页。

④ 魏源：《海国图志叙》，《魏源全集》第4册，第2页。

⑤ 魏源：《默觚下·治篇三》，《魏源全集》第13册，第40页。

⑥ 康有为：《内外篇·仁智篇》，《康有为全集》第1集，第109页。

⑦ 康有为：《日本书目志》卷二，《康有为全集》第3集，第280页。

⑧ 康有为：《中庸注》，《康有为全集》第5集，第379页。

⑨ 严复：《论今日教育应以物理科学为当务之急》，《严复集》第2册，第282页。

“行”，都主张先行后知。前者讲“今日之民智，不必恃他事以开之，而但恃革命以开之”①；后者讲“知难行易”，以便使“中国人无所畏而乐于行”。② 同时，他们都强调必须要有高尚的道德，才能坚定不移地投身革命。章太炎分析戊戌变法、庚子之变的失败教训，提出“无道德者不能革命”③，即革命行动的成功须以“革命道德”为支撑。革命道德的核心是抛弃个人名利，勇于牺牲，“名利之念不忘，而欲其敌忾致果，舍命不渝，又可得乎？”④ 孙中山提出“知难行易”，是为了改变对于革命宗旨“信仰不笃，奉行不力”的状况，这本身就包含了牢记“吾党革命之初心”⑤ 的道德要求。这里的关键是树立“替众人服务的新道德”⑥，有此新道德，就能为“以救国救种为志，欲出斯民于水火之中”⑦ 的革命而奋勇前行。

毛泽东在写作《实践论》的同一时期，作过如下批注：“先行后知，知难行易。”⑧ 这是孙中山知行观的要点。《实践论》的副标题是《论认识和实践的关系——知和行的关系》，将此与上述的批注联系起来，可以认识到《实践论》以阐明马克思主义哲学关于认识和实践的关系为宗旨，但和中国传统知行观有着历史渊源，更是对中国近代知行观的“接着讲”。这“接着讲”的突出表现是，他用传统术语

---

① 章太炎：《驳康有为论革命书》，《章太炎全集》第4册，上海人民出版社，1985年，第180页。

② 孙中山：《孙文学说·行易知难》，《孙中山全集》第6卷，中华书局，2011年，第160页。

③ 章太炎：《革命道德说》，《章太炎全集》第4册，第279页。

④ 同上，第286页。

⑤ 孙中山：《孙文学说·行易知难》，《孙中山全集》第6卷，第158页。

⑥ 孙中山：《在岭南大学黄花岗纪念会的演讲》，《孙中山全集》第10卷，第156页。

⑦ 孙中山：《孙文学说·行易知难》，《孙中山全集》第6卷，第158页。

⑧ 中共中央文献研究室编：《毛泽东哲学批注集》，第474页。

“实事求是”，把近代知行观的认识论品格和认知德性相结合的传统相统一。《实践论》把认识和实践与知和行相对应，将其阐述的理论归结为：“这就是辩证唯物论的全部认识论，这就是辩证唯物论的知行统一观。”① 将知行观置于辩证唯物论的认识论的基础上。这就要求用马克思主义之“矢”去射中国革命之“的”，知行统一的有的放矢，体现了“实事求是的态度”②。毛泽东也从道德品德的维度阐述实事求是，这最主要的是指老实或忠实，即在道德修养上的知行一致。他批评有些人“无实事求是之意，有哗众取宠之心”③，主张“实事求是，不尚空谈”④ 就表达了这样的含义。他还在分析儒家智仁勇“三达德”时说：“还有别的更重要的态度如像‘忠实’，如果做事不忠实，那‘知’只是言而不信，仁只是假仁，勇只是白勇。”⑤ 毛泽东把近代知行观的认识论品格和认知德性相结合的传统统一于实事求是，是对传统知行观的变革和继承，也是马克思主义哲学对传统知行观的变革和融合。

从上述可以看到，中国近代的知行观对传统知行观的变革和继承、变革和融合，形成了不同于西方认识论的民族特色，表现出超越以科学知识为轴心的狭义认识论的意蕴。

三

关于逻辑方法论问题。先秦的名实之辨包含着逻辑和方法论问题。

---

① 毛泽东：《实践论》，《毛泽东选集》第一卷，第 297 页。

② 毛泽东：《改造我们的学习》，《毛泽东选集》第三卷，第 801 页。

③ 同上，第 800 页。

④ 中共中央文献研究室编：《毛泽东年谱》（修订版），中央文献出版社，2013 年，第 423 页。

⑤ 毛泽东：《关于〈孔子的哲学思想〉一文给张闻天的信》，《毛泽东文集》第二卷，第 163 页。

汉代以后儒家讲名实问题，更多是与名教相联系，但也涉及逻辑和方法论。近代关于逻辑和方法论的探讨，从传统的名实之辨演变而来，近代将逻辑学翻译为“名学”正反映了这一点。

在近代中国，严复首先系统地介绍了西方的形式逻辑。形式逻辑在《墨经》中有很高成就，但墨学在汉代之后成为绝学。唐代玄奘系统地介绍了印度因明逻辑，但很快就被冷落了。严复对于形式逻辑的传扬，开始改变了中国原来忽视形式逻辑的缺陷：他的译著《穆勒名学》《名学浅说》出版后，“论理学（即逻辑学——引者注）始风行国内，一方学校设为课程，一方学者用为致学方法”。① 自严复之后，梁启超、章太炎、王国维，直至潘梓年、金岳霖，都推进了形式逻辑的研究。

严复以名学译逻辑学包含了在本土寻求逻辑学的思想资源的意图。他说：“科学的第一层功夫便是正名。”② 借传统的“正名”来阐释科学关于语词明晰和概念明确的逻辑要求。这是传统正名论的推陈出新，即去除了原先与名教相关的政治、伦理的含义，使其具有了逻辑学的方法论（功夫）新意。挖掘中国传统哲学中的逻辑思想，成为后来逻辑方法论领域的重要方面。梁启超写了不少研究墨家的论著，将墨家逻辑学的面貌比较完整地呈现于世人：指出墨家有辩、名、辞、说等十五个基本概念；在《墨子学案》中揭示了墨家逻辑学的七种推理形式及其相应的逻辑规则；还强调“墨子的论理学，不但是讲演绎法，而且讲归纳法，他的归纳法，不能像二千年后的穆勒约翰那样周密，自无待言，但紧要的原理，他都已大概说过”③；在比较墨家逻辑、印度因明和西方逻辑的基础上，论证了三者的共同性和墨家逻辑的特点，

① 郭湛波：《近五十年中国思想史》，山东人民出版社，1997 年，第 183 页。

② 严复：《政治讲义・第一会》，《严复集》第 5 册，第 1247 页。

③ 梁启超：《墨子学案》，山东文艺出版社，2018 年，第 84 页。

“《墨经》论理学的特长，在于发明原理及法则，若论到方式，自不能如西洋和印度的精密，但相同之处亦甚多”①。章太炎的《原名》专门论述逻辑思想，将亚里士多德的三段论、印度因明和《墨辩》贯通起来，进行比较研究：证明了三者在推理格式上，都由“因”“宗”“喻”三支构成，肯定了由《墨经》奠定基础的中国古代逻辑在世界逻辑思想发展史上，具有与古希腊、印度因明两大逻辑学并肩而立的价值；三种逻辑体系存在明显区别，而印度因明的“因”“宗”“喻”是最合乎“辩说之道”的，表现出不以西方逻辑为楷模的意向。应当说，对于墨家逻辑的挖掘使原本被湮没的绝学重见天日；而对于印度因明的重视，是唯识宗在近代复兴的重要原因。

“五四”时期，胡适进一步寻求能够与西方逻辑相融合的中国传统哲学的思想资源。他说：“哲学的发展是决定于逻辑方法发展的。”②因而先秦哲学奠定了中国哲学的根基。揭示这个时期的名学（逻辑）发展的历史，将使得人们对中国哲学的面貌有新的认识，纠正人们某些贬低中国哲学的偏见。③ 胡适特别注重先秦“非儒学派”（墨家、名家），认为“在这些学派中可望找到移植西方哲学和科学最佳成果的合适土壤”。④ 寻找这样的土壤还表现在，他将乾嘉汉学（朴学）与近代实验科学相沟通。胡适把杜威的实用主义归结为方法论，核心是“细心搜求事实，大胆提出假设，再细心求实证”⑤，以此为近代科学方法的精髓，“科学方法只是‘大胆地假设，小心地求证’这十个字”⑥，

---

① 梁启超：《墨子学案》，第 69 页。

② 胡适：《先秦名学史》，第 4 页。

③ 如 20 世纪初，不少学者否认中国本土有逻辑思想。1912 年，上海商务印书馆出版的蒋维乔的《论理学讲义》，受日本学者影响，提出“东亚无论理学”的观点。

④ 胡适：《先秦名学史》，第 6~9 页。

⑤ 胡适：《我的歧路》，《胡适文存》二集，第 332 页。

⑥ 胡适：《介绍我自己的思想》，《胡适文存》四集，第 463 页。

在他看来，乾嘉汉学的治学方法和以假设与求证的统一为基本特征的近代科学方法是相通的。他说清代汉学家“他们用的方法，总括起来，只是两点：（1）大胆的假设，（2）小心的求证。”① 还说：“汉学家的长处就在他们有假设通则的能力，因为有假设的能力，又能处处求证据来证实假设的是非，所以汉学家的训诂学有科学的价值。”② 两者虽然相通，但汉学家是无形中“暗合科学的方法”“还是‘不自觉的’（Unconscious）科学方法”，因而必须“把‘汉学家’所用的‘不自觉的’方法变为‘自觉的’”。③ 于是，汉学家方法的科学性由自在变为自觉，同时近代科学方法获得了传统思想的支持。

中国传统哲学忽视形式逻辑，但擅长辩证思维，其历史进程可归结为：一是先秦时期，以“类”范畴为中心，考察事物异同的“相反相成”，其核心是事物既互相对立又互相联结；二是两汉至唐宋时期，以“故”范畴为中心，求索事物发展原因的“体用不二”，其核心是实体的变化以自身为原因；三是两宋至明清时期，以“理”范畴为中心，把握事物规律的“理一分殊”，其核心是普遍规律在不同事物以及事物发展不同阶段表现出特殊性。这样的辩证思维在近代哲学得到了传承发扬。这里以严复和毛泽东为例，他们分别是中国近代哲学进化论阶段和马克思主义阶段的主要代表。

严复在说明达尔文进化论在考察“世间动植物类所以繁殊之故”时说：“有生之物，始于同，终于异，造物立其一本，以大力运之。而万类之所以底于如是者，咸其自己而已，无所谓创造者也。”④ 生物的分类是同中有异和异中有同，生物进化就是同异相反相成的过程。严复还以“体用不二”来阐发进化论的基本思想：“以天演为体，而其用

① 胡适：《清代学者的治学方法》，《胡适文存》一集，第 298 页。

② 同上，第 293 页。

③ 胡适：《论国故学》，《胡适文存》一集，第 322 页。

④ 严复：《天演论・导言一》，《严复集》第 5 册，第 1325 页。

有二，曰物竞，曰天择，此万物莫不然，而于有生之类为尤著。”[①] 认为自然界事物的演化以自身为原因，而物竞、天择是其作用的表现。严复的进化论一方面强调，斯宾塞的进化法则是贯穿天道人道的普遍规律的观点：“有斯宾塞尔者，以天演自然演化，著书造论，贯天地人而一理之。”[②] 另一方面则指出，这样的普遍规律表现在自然界和人类社会是不同的，前者是“任天为治”[③]，后者是“合群进化”[④]，这无疑体现了“理一分殊”的辩证思维。严复把传统辩证思维与近代科学相联系，改变了前者的思辨性质，又显示了其新的活力。

毛泽东的《矛盾论》说：“事物矛盾的法则，即对立统一的法则，是自然和社会的根本法则，因而也是思维的根本法则。”[⑤] 这里用中国传统哲学的概念——“矛盾”阐发作为自然、社会、思维根本规律的对立统一规律；《矛盾论》还指出“形而上学，亦称玄学”，无论在中国和欧洲都长期存在，“天不变，道亦不变”即是中国的形而上学思想；“辩证法的宇宙观，不论在中国，在欧洲，在古代就产生了，但是古代的辩证法带着自发的朴素的性质”；并且引用了“相反相成”“知己知彼，百战不殆”“兼听则明，偏听则暗”等语句以及《水浒传》《西游记》《山海经》《淮南子》《聊斋志异》的典故；以上这些意味着《矛盾论》的唯物辩证法，在改变中国古代辩证法的自发性、朴素性的同时，又将它融入其中。事实上，《矛盾论》对对立统一规律的阐述，传承发展了传统的“相反相成”“体用不二”“理一分殊”的思想。毛泽东指出，我们中国人常说相反相成，“就是说相反的东西有同一性。

---

① 严复：《天演论 · 导言一》，《严复集》第 5 册，第 1324 页。

② 严复：《译〈天演论〉自序》，《严复集》第 5 册，第 1320 页。

③ 同上，第 1321 页。

④ 严复：《天演论 · 导言五》，《严复集》第 5 册，第 1335 页。

⑤ 毛泽东：《矛盾论》，《毛泽东选集》第一卷，第 336 页。本节以下出自该文的引文，不再注明。

这句话是辩证法的”。他不仅分析了生与死、上与下、祸与福、攻与守、佃农与地主、无产阶级与资产阶级这些事物的相反相成，而且分析了矛盾诸方面的相反相成，如矛盾的普遍性与特殊性、主要矛盾和次要矛盾、矛盾的主要方面与非主要方面、矛盾的斗争性与同一性、对抗性矛盾与非对抗性矛盾等。关于事物发展的原因，毛泽东指出，把事物的发展看作是“事物内部的必然的自己的运动”，即事物运动变化的源泉和根据在于事物自身内部的矛盾，而外因是事物变化的条件。这是把“体用不二”融入了唯物辩证法。毛泽东从矛盾的普遍性和特殊性的辩证统一来把握事物发展的规律，反对“把一般真理看成是凭空出现的”，一般真理的普遍性不能离开具体事物各自的特殊性而存在，因而把握具体事物的规律，就不能“只是千篇一律地使用一种自以为不可改变的公式到处硬套”，而要研究它们的特殊规律。这是用唯物辩证法的话语对“理一分殊”的表达。

总之，在逻辑方法论领域，中国近代哲学对传统资源作了多方面的挖掘，特别是把传统的辩证法纳入新的哲学形态（进化论、唯物辩证法）中，使其成为其中的有机部分。

四

关于理想社会和理想人格问题。这为中国传统哲学天人之辨所关注。传统的天人之辨在人道观上主要是探讨理想社会和理想人格的问题。中国近代哲学依然对此展开了论争。

先秦提出大同理想，它一直为古人所向往。中国近代还是以大同作为理想社会的旗帜，从太平天国到康有为、孙中山，再到李大钊、毛泽东，无不如此。但是，近代的大同与传统的大同又有显著的区别。传统的大同存在于原始的太古或尧舜禹三代，即理想在于过去。在近代中国，洪秀全等受到基督教某些教义的启发，最先复苏了大同理想，鼓动农民建立“天下一家，共享太平”的大同“天国”，包含着理想在未来的思想萌芽。康有为首先擘画了理想在未来的大同蓝图，如梁启超所评价的，古已有之的大同理想“以为文明世界在于古时，日趋而日下。先生独发明《春秋》三世之义，以为文明世界在于他日，日进而日盛。盖中国自创意言进化学者，以此为嚆矢焉”。[①] 此后的大同理想，无论是孙中山的还是李大钊的，直至毛泽东的，都是以未来为指向的。

近代中国的大同否定了理想在远古的传统观念，但也吸取了传统大同的“天下为公”。无论康、梁等维新派还是孙中山等革命派，都认为贫富两极分化是西方资本主义的根本弊病。康有为的《大同书》指出，西方社会少数资本家操纵国计民生，造成“富者愈富，贫者愈贫”的“贫富之离绝”[②]。孙中山也说，西方资本主义社会是“富者富可敌国，贫者贫无立锥”，如此的“悬绝之惨境”已成“积重难返”之势。[③] 他们提出的理想社会以“大同”为号召，正是试图以“天下为公”的价值原则来克服西方的这个弊病。康有为在《大同书》中设计的社会制度强调“今欲至大同，必去人之私产而后可”[④]，农工商业等实行公有制，实现“均产”，即财产共同享有。孙中山说，民生主义所要实现的“大同世界，即所谓‘天下为公’”[⑤]；“民生主义，即贫富均等，不能以富者压制贫者是也”[⑥]，其核心内容是“平均地权”和“节制资本”。“五四”以后，在李大钊、毛泽东对于社会主义理想的

① 梁启超：《南海康先生传》，《饮冰室合集》文集之六，第 72 页。
② 康有为：《大同书》，中州古籍出版社，1998 年，第 282 页。
③ 孙中山：《复某人函》，《孙中山全集》第 1 卷，第 228 页。
④ 康有为：《大同书》，第 290 页。
⑤ 孙中山：《在桂林对滇赣粤军的演说》，《孙中山全集》第 6 卷，第 36 页。
⑥ 孙中山：《实行三民主义改造新国家》，《孙中山全集》第 6 卷，第 456 页。

论述中，以“天下为公”反对贫富两极分化的大同精神同样是重要的话语。李大钊把社会主义看作“大同团结”和“个性解放”相统一的“新组织”。这个新组织用生产资料公有制“代替旧式之私竞的经济秩序及组织”，社会产品为社会全体成员所共有，实现“真正的平均分配”。[①] 毛泽东说，“康有为写了《大同书》，他没有也不可能找到一条到达大同的路”，可能性的路则是“经过人民共和国到达社会主义和共产主义，到达阶级的消灭和世界的大同”。[②] 即通过人民共和国由新民主主义过渡到社会主义。毛泽东指出，新民主主义完全赞同孙中山的“平均地权”和“节制资本”，在“无产阶级领导下”，实现孙中山所说的社会产品“为一般平民所共有”而不是“少数人所得而私”。[③] 社会主义制度要使中国“大为富，大为强”，“而这个富，是共同的富，这个强，是共同的强，大家都有份”。[④] 可见，从新民主主义到社会主义始终贯穿着“天下为公”的以共同富裕克服贫富悬殊的价值原则。

上述对传统大同的变革和继承，从与西学的关系来说，也是变革和融合的统一。毛泽东说，在近代中国探索理想社会的道路上，“洪秀全、康有为、严复和孙中山，代表了在中国共产党出世以前向西方寻找真理的一派人物”[⑤]，认为他们为中国共产党找到到达大同的路径开辟了道路。这揭示了，在理想社会的探索上，从洪秀全到毛泽东，在变革传统大同的同时，都把他们认为的西方真理与传统大同作了融合。这样的变革和继承、变革和融合，表明近代中国试图构建现代与传统

---

① 李大钊：《社会主义与社会运动》，《李大钊全集》第4卷，第508页。

② 毛泽东：《论人民民主专政》，《毛泽东选集》第四卷，第1471页。

③ 毛泽东：《论联合政府》，《毛泽东选集》第三卷，第1058页。

④ 毛泽东：《在资本主义工商业社会主义改造问题座谈会上的讲话》，《毛泽东文集》第六卷，第495页。

⑤ 毛泽东：《论人民民主专政》，《毛泽东选集》第四卷，第1469页。

相结合的理想社会新形态，它既不是简单延续传统大同的母版，也不是西方资本主义的再版。

要实现理想社会，必须要有为实现理想社会而奋斗的理想人格。在中国传统哲学中起着主导作用的儒家尤为关注理想人格问题。它以圣贤为理想人格，发展到宋明理学，圣贤人格成为“无欲”“无我”“忘情”之“醇儒”。近代中国很多思想家对此都不赞成，并提出了新的理想人格。近代伊始，龚自珍大声疾呼：“我劝天公重抖擞，不拘一格降人才。”① 期盼出现不为天公所拘禁的人才，反对作为天公的人格化身的“圣贤”，认为不论是皮匠、木匠还是冶金者，只要有所发明，有所创造，就都是“天下豪杰”②。这样的豪杰自“尊其心”③，对自我的情感“尊之”“宥之”④。就是说，豪杰是有自我意志、自我情感的普通人。但他们创造了世界，“天地，人所造，众人自造，非圣人所造”⑤。魏源的思想与龚自珍大体相似。他认为理想人格就是“凡夫”的“造化自我”，“匹夫”立志做“造命之君子”⑥，这样的凡夫胸怀忧国忧民之情，只要做好经世济民的实事就是豪杰，也可以说就是圣贤，因为“未有圣贤而不豪杰者也”⑦。龚、魏体现出，中国近代理想人格对传统的最根本的变革，是从圣贤转向平民化的豪杰。在他们之后，“圣贤”逐渐褪去了理想人格的光环。当然，龚、魏也汲取了某些传统思想。如龚自珍讲自尊其心是受到“域外之言”即佛教的滋养；魏源讲“造命”显然与王艮、王夫之、颜元等人的“造命”说

---

① 龚自珍：《己亥杂诗》，《龚自珍全集》，第 521 页。
② 龚自珍：《纵难送曹生》，《龚自珍全集》，第 172 页。
③ 龚自珍：《尊史》，《龚自珍全集》，第 80 页。
④ 龚自珍：《长短言自序》，《龚自珍全集》，第 232 页。
⑤ 龚自珍：《壬癸之际胎观第一》，《龚自珍全集》，第 13 页。
⑥ 魏源：《默觚上 · 学篇八》，《魏源全集》第 12 册，第 21 页。
⑦ 王夫之：《俟解》，《船山全书》第 12 册，第 479 页。

一脉相承。

在“五四”之前，对于理想人格最为系统化的论述，是梁启超的《新民说》。“新民”出自儒家经典《大学》的“大学之道，在明明德，在亲民，在止于至善”。朱熹对此注解为：“新者，革其旧之谓也，言既自明其明德，又当推以及人，使之亦有以去其旧染之污也。”① 就是说，“新民”包含两方面的内容：一是主体自身的道德不断更新；二是使得他人的道德也不断更新；归结起来，“新民”是以心性修养的功夫来造就理想人格。梁启超的“新民说”与其“道德革命”思想相联系，后者就是在《新民说》中提出的。因此，他的“新民说”对于传统的“新民说”就有了革命性的变化。这个变化的重要方面是，越出了狭隘的心性修养的层面，吸取西方近代思想，将自由、权利、进取、力量等作为理想人格的维度，展示了“新民”的近代形象。但是，梁启超的“新民说”也承继了《大学》“新民”的某些传统。比如，《大学》讲“明明德”，意谓对自身的德性有明觉，也就说道德是出于理性自觉。这是儒家一以贯之的传统。梁启超的“新民说”强调“新民德”在于“开民智”，实际上是继承了这样的传统。还有《大学》讲“明明德于天下”，意谓德性修养是治国平天下的价值根据。梁启超的《新民说》专门“论新民为今日中国第一急务”，显然也是继承了《大学》这一思想的。

“五四”以后，马克思主义哲学中国化逐渐成为近代哲学的主流。其中国化的重要表现是，继承发展了儒家注重道德修养的传统，用以“严肃地坚决地保持共产党员的共产主义的纯洁性”②，即造就共产党人的理想人格。艾思奇指出：“在辩证唯物论的立场来解决道德修养问题的研究，抗战以来也表现了许多成绩，最主要的，如刘少奇同志的

---

① 朱熹：《大学章句》，《四书章句集注》，中华书局，1983 年，第 3 页。
② 毛泽东：《〈农村调查〉的序言和跋》，《毛泽东选集》第三卷，第 793 页。

《论共产党员的修养》，如洛甫同志的《论待人接物的态度》。"① 这里以刘少奇的《论共产党员的修养》为例，略作阐述。刘少奇指出，注重道德修养绝不是要去学习那些所谓"圣贤之道"，而是着眼于"我们普通的同志"如何"做马克思和列宁的好学生"，并引用孟子的"人皆可为尧舜"强调这不是"高不可攀"的。这是近代在理想人格上从圣贤转向平民的进一步发展。他还批判了古代许多人的所谓修养，大都是"唯心论的、形式的、抽象的、脱离社会实践的东西"。同时，他又融合了儒家道德修养的合理因素，这主要是恕道思想和自我的主观努力。他要求共产党员要"将心比心""以德报怨""委曲求全"等，显然是对恕道思想的吸取；而他引用"吾日三省吾身""慎独""吾十有五而志于学""苦其心志，劳其筋骨"等，则是强调了共产党员在任何环境下，都必须通过自我的主观努力坚持道德修养而不能"自暴自弃，畏葸不前"。

理想社会和理想人格的问题，集中反映了价值观上近代哲学对传统的变革，由上述可见，这样的变革同样是和继承、融合相联系的。

通过以上对于中国近代哲学四个主要论域的阐述可以看到，近代哲学对传统哲学是变革和继承、变革和融合的统一。与其说中国近代哲学割断了传统哲学的命脉，还不如说，它开启了对传统哲学创造性转化和创新性发展的新局面，奠定了我们在当代把这样的创造性转化和创新性发展继续推进的历史基础。

（原载《上海师范大学学报》（哲学社会科学版）2022 年第 6 期）

---

① 艾思奇：《抗战以来的几种重要哲学思想评述》，《艾思奇文集》第一卷，人民出版社，1981 年，第 556 页。

学术中国化的转向与十年来的儒学研究新向度

从 2013 年习近平总书记在考察曲阜时提出“四个讲清楚”到他在文化传承发展座谈会上强调“第二个结合”的重大意义，这是近十年儒学研究的基本遵循。今天座谈会的主题是“近十年来儒学研究趋势的回顾与前瞻”。我这里主要是以近二十年来学术中国化的转向为背景，梳理十年来儒学研究的新向度。

所谓近二十年来学术中国化的转向，是就新中国成立以后的人文社会科学发展的历史进路而言的。山东大学王学典教授认为，新中国成立以来，人文社会科学的范式经历了三次重大变迁：一是自 1949 年开始，“经历了从民国学术向共和国学术的巨大转型”；二是从 1978 年开始，“又经历了从‘以阶级斗争为纲’的人文社会科学到‘以现代化（西方化）为纲’的人文社会科学的巨大转型”；现在“正经历人文社会科学的第三次巨大转型，也就是从‘以现代化（西方化）为纲’的人文社会科学向‘以中国化（本土化）为纲’的人文社会科学的转变”。[1] 这个概括的时间划分和基本意思，我是赞同的，但我觉得在提法上需要做点改进：第一次转型是从多元思潮的民国学术转变为以马克思主义为指导的共和国学术，这里的关键词是“唯物史观”和“阶级分析”，但这两者自 20 世纪 50 年代末开始逐渐被扭曲为以阶级斗争为纲；第二次转型是摒弃以阶级斗争为纲，以经济建设为中心的追求现代化的价值取向成了新的学术主流，其中有两大关键词，即

---

① 王学典：《不入“主流”，难成“一流”》，《〈文史哲〉与中国人文学术七十年（1951—2021）》，山东大学出版社，2021 年，第 2~3 页。

“中国特色”和“与世界接轨”；将这两大关键词相综合，形成了在本世纪初学术界主流的第三次转型，即逐渐转向对西方学术理论的祛魅和中国哲学社会科学的主体性的确立。这就是本文题目所讲的近二十年来学术中国化的转向，这与改革开放之初对西学青睐有加甚为不同。发生这样的转变是有历史缘由的。到本世纪初，迥异于西方的中国式现代化道路已经展现出光明前景，这是以普世理论面目行世的现代西方学术无法说明和解释的；同时，中国学者在近三十年学习西方现代学术理论的过程中，逐渐觉察到这些理论本身的弊端和偏颇。因此，植根中国本土历史传统，结合当代中国经验，发展具有中国主体性的哲学社会科学的潮流出现了。它起始于本世纪初“中国哲学的合法性”大讨论，至2016年习近平总书记《在哲学社会科学工作座谈会上的讲话》而明朗化为：以构建中国特色哲学社会科学体系为主题和使命。这里把“中国哲学的合法性”大讨论作为第三次学术潮流转变的起点，是因为它在中国的哲学社会科学学科中首先对于西方话语在某个学科领域的“合法性”提出强烈质疑，明确提出了中国哲学“主体性”问题，要求把中国哲学史研究的“讲自己”和创新中国哲学理论的“自己讲”连为一体。①

新中国以来的儒学研究，是这样的三次转向的重要反映。

在第一次转向中，儒学研究深深打上了“以阶级斗争为纲”的印记。由于儒学曾是封建社会统治阶级的意识形态，因而是阶级斗争的对象，文雅点的说法，就是“反面教员”。1957年冯友兰的“抽象继承法”以孔子的“学而时习之”为例，认为就具体内容而言，儒学是为封建统治阶级服务的，但在抽象意义上对于今天还是有积极作用的。这遭到了颇具声势的迎头痛击。1960年和1962年中国科学院山东分院

---

① 参见陈卫平：《从突破“两军对阵”到关注“合法性”——新时期中国哲学史研究之趋向》，《中国哲学》2008年第9期。

历史研究所连续两次召开孔子学术讨论会，尽管当时处于以阶级斗争为纲的弦绷得不那么紧的时期，但依然是以阶级立场作为分析孔子思想的立足点，“权威”的意见认定孔子的政治立场是保守反动的，其名实观、天道观、鬼神观、仁礼观都反映了这一点。① 动乱时期的“批林”“批孔”运动中，孔子被定性为反动阶级的祖师爷。

在第二次转向中，与“中国特色”相应，儒学研究的拨乱反正首要的是揭示儒学尤其是孔子的本来之“色”，从 1986 年创刊的《孔子研究》的“发刊词”以及前两期的“孔子研究笔谈”可以看到这一点：“发刊词”强调用实事求是的科学态度对孔子和中国传统文化作为科学研究的对象加以深入系统地研究；“孔子研究笔谈”与之呼应，要求“还孔子以历史本来面目”（邱汉生语）。反映“与世界接轨”的是，中国汇入了现代化的世界潮流，应当怎样对待自身的传统文化，尤其是儒学，这是从 20 世纪 80 年代中叶勃发的“文化热”到 20 世纪 90 年代兴起的“国学热”中的核心问题。“文化热”的重头戏之一是，译介西方现代思想，而这往往与讨论传统文化（儒学）与现代化有着紧密关系，《新教伦理与资本主义精神》的译介突出地表现了这一点。通过“文化热”“国学热”的争辩，主流意见是：“把中国传统文化放在整个世界文化发展的总趋势来考察，使中国文化的真精神和现时代的时代要求接轨。”②

在第三次转向中，近十年来的儒学研究出现了以下五方面的新向度：

一、从与马克思主义研究的“隔行”到“同行”。“学术中国化”最初是全面抗战初期对毛泽东在《论新阶段》中提出的“马克思主义

---

① 参见关锋、林聿时：《论孔子》，《孔子哲学讨论集》，中华书局，1962 年。

② 汤一介：《和而不同》，辽宁人民出版社，2001 年，第 113 页。

中国化”的响应，其使命是在学术领域推动马克思主义与中华优秀传统文化相结合。① 这依然是第三次转向的学术中国化的重要方面。在20世纪90年代下半叶比较流行的是马克思主义与传统文化的“对话”，这具有“隔行”间沟通的意味；同时，主张与中华优秀传统文化相结合是马克思主义中国化题中之义的大多是中国传统文化研究者，马克思主义研究者对此应者寥寥。近十年来情况发生了很大改变，马克思主义和中华优秀传统文化相结合逐渐成为马克思主义研究的显学，查看“知网”，可知这十年来就此发表的论文有3800多篇，而作者绝大多数是研究马克思主义的学者，承担诸如“马克思主义哲学与中国古典哲学的比较汇通研究”之类国家社科基金重大项目的首席专家的情况也是如此。可以说，马克思主义研究和儒学研究已成为携手同行的关系。

二、创建当代儒学新形态的“接着讲”成为学术追求。学术中国化要求把优秀传统文化作为创造学术成果的沃土，使得这些成果是和传统文化血脉相连的。近二十年来，努力讲清楚儒学文本义理的“照着讲”有很多出色的成果，但更值得关注的突出现象是，研究者明确表明自己的理论体系是在新的历史条件下对儒学的“接着讲”，即新形态的儒学，这在近十年尤为显著。李泽厚曾认为自己属于所谓的“儒学第四期”，他提出的情本体论，作为当代儒学新形态的一种构建，是近十年来构建儒学新形态的重要参照。张立文在这十年里不断完善自己的“和合学”，使其成为当代儒学的重要形态。蒙培元认为儒家哲学是“情感哲学”，近些年人们将其学说称为“情感儒学”。牟钟鉴提出了“以仁爱为体，智能为用”的“新仁学”。陈来构建了“仁学本体

---

① 参见陈卫平：《坚持“学术中国化”与参与“世界性百家争鸣”》，《文史哲》2022年第3期。

论”，是“将儒家的仁论演为一仁学本体论”①。这似乎重回“新理学”“新心学”的时代，但这重回有着新的时代意蕴：儒学在建设中国特色社会主义伟大事业中焕发了新的理论活力。

三、对于经学的关注达到了以往未曾有过的地步。由于经学的内容几乎涵盖了所有的传统哲学社会学科，因而高度关注经学的本质是揭示和阐明中国传统的学术体系、学科体系、话语体系。学术中国化必须构建中国特色哲学社会科学的学术体系、学科体系、话语体系，而要有“中国特色”，就不能割断与这些中国传统体系的历史联系。近十年来，单个学科（如文学、史学、哲学、政治学、文献学、语言学）的儒学研究都涌现出丰富的成果，然而综合单个学科的经学研究的兴盛无疑更引人瞩目。这样的研究不仅是对经学的历史进行再梳理、再审视，还是强调儒家的“六经”是中华民族的经典，是中华民族传统文化的“根”与“魂”；由此进一步研究其“根”与“魂”是由怎样的学术体系、学科体系、话语体系构建起来的。经学在传统社会是封建统治的重要政治安排，有着较强的政治意蕴。因此，近十年来随着经学研究的盛行，儒家政治哲学也在儒学研究领域崛起，成为显学。

四、从书斋里的学问转向以滋养民众日用而不觉的价值观为己任。学术中国化是要让学术走进大众。习近平总书记在2014年2月指出：“深入挖掘和阐发中华优秀传统文化讲仁爱、重民本、守诚信、崇正义、尚和合、求大同的时代价值，使中华优秀传统文化成为涵养社会主义核心价值观的重要源泉。”② 由此儒学研究发生的一个显著变化是，一批学者突破囿于书斋的研究，把如何使儒学成为滋养民众社会主义核心价值观的精神资源作为研究课题。这方面最为突出的是企业

---

① 陈来：《仁学本体论》，生活·读书·新知三联书店，2014年，第1页。

② 习近平：《培育和弘扬社会主义核心价值观》，《习近平谈治国理政》第一卷，外文出版社，2014年，第164页。

儒学与乡村儒学。企业儒学立足儒商传统，以培育新儒商为使命，现在已有全国性的博鳌儒商论坛，召开了全国新儒商团体联席会议，著名的管理学刊物《企业管理》在2022年和2023年发表了多篇有关企业儒学的论文。乡村儒学正在很多地区（尤其在山东）蓬勃发展，儒学讲堂、孔子学堂置身在乡野农舍间。习近平总书记说："农村是我国传统文明的发源地。"① "乡村文明是中华民族文明史的主体，村庄是这种文明的载体。"② 这里说出了乡村儒学开展的意义。其他关于儒学等传统经典进入国民教育课堂的研究、家风以及家教的研究等，也是这个向度的重要表现。

五、西学专业的学者以跨文化、中西比较的视野研究儒学。这是学术中国化在西学研究领域中的表现，即研究西学是为了更好地认识中国。改革开放以来，中西比较曾流行一时（尤其在20世纪80年代），但大多失之于表面和肤浅。这个状况在近十年有了较大改变，原因之一是，一些有很好的西学素养的学者走入了儒学研究的领域。这里以张世英、张祥龙、倪梁康、孙向晨为例，略作阐述。张世英提出把西方近代"主体—客体"关系式吸取和充实到中国传统（包括儒家）的"万物一体"的精神境界中来，形成"中国式的'后主客关系的天人合一'"③。张祥龙著有《家与孝：从中西间视野看》（生活·读书·新知三联书店，2017年），进行"孔子的现象学阐释"，认为孝是儒家的根本，中华文明的基石，而孝在西方价值体系中却没有占据十分重要的地位；但西方哲学中广义的现象学为探寻孝的哲学基础提供了新的思路。倪梁康从其老师（瑞士现象学家耿宁）的研究成果出发，沟通胡塞尔的现象学与王阳明的心性学说，认为现象学为心性论研究

---

① 中共中央文献研究室编：《十八大以来重要文献选编》上，中央文献出版社，2014年，第682页。

② 同上，第605页。

③ 张世英：《九十思问》，中国人民大学出版社，2016年，第131页。

提供了本质直观和超越论的还原的方法，形成“心性现象学”。孙向晨的《论家：个体与亲亲》（华东师范大学出版社，2020 年）比较了中西文化叙事中的“家”，主张以源于西方传统的“个体”和儒家传统的“亲亲”，作为“双重本体”来形塑现代人的“家”，让“归家”成为现代人的共同命运。他们“跨界”的研究成果，是近些年儒学研究领域的重要话题。这实际上是把儒学引入了与世界上其他思想的百家争鸣。

这些在学术中国化的背景下的儒学新向度，都体现了现代学者对于建设中华民族现代化文明的思考。

（原载《孔子研究》2024 年第 1 期）

道传四海：中国传统哲学的世界影响

孔子曾这样感叹："道不行，乘桴浮于海。"（《论语·公冶长》）儒学之道行不通了，就乘木筏漂流到海外去。虽有点悲观，却说出了传道四海的心愿。这个心愿没有落空。以儒学为主流的中国哲学跨山越海，播撒于中国四邻和西方欧美：中国周边曾有过东亚儒学，并在现代东亚滋养出"儒家资本主义"的经济起飞；中国作为"模范"文明，激发了欧洲启蒙运动的浪涌潮起；当惊呼"西方没落"之际，中国哲学显露出回应"没落"的智慧；在马克思主义学脉渊源里，流淌着中国哲学的血液。这就是中国哲学之道播扬四海的航线图。

一、东亚儒学与"儒家资本主义"

中国的儒道释等思想最早传扬于周边的朝鲜、日本、越南等国，其中儒学的影响最大。不过，这样的影响为世界所关注，源于20世纪70年代日本、韩国、新加坡等国的经济腾飞。美国《大英百科全书》主编弗兰克·吉布尼把这个"奇迹"叫作"儒家资本主义"，认为历史上处于共同儒家文化圈的东亚把儒家伦理和西方现代经济制度糅合在了一起，形成了以人为本的"人力资本思想"、"和谐高于一切"的人际关系、"高产乃是为善"的劳动道德观。长期以来，西方认为儒家伦理是和现代工业文明相冲突的。德国著名思想家马克斯·韦伯曾对此作过理论阐述。他的《新教伦理与资本主义精神》《儒教与道教》等著作指出，西方在16世纪宗教改革后形成的基督教新教伦理，是近代资本主义兴起和发展的精神动力；虽然儒教和新教一样出于理性，但是，前者旨在“适应现世”，后者则是“支配这个世界”。所以，现代化的精神动力不可能来自儒学，只能源于西方。

以东亚奇迹重审韦伯命题，是20世纪80年代世界性的热门话题。1979年美国赫尔曼·卡恩出版了两部著作，即《日本的挑战》和《世界经济的发展：1979年及以后》，首先明确地以儒家传统解释东亚经济奇迹，认为这是因为东亚现代社会形成了以儒家伦理为核心的“新儒家文化传统”。此后美国、法国、英国、澳大利亚、日本、韩国的学者从不同角度对此作了探讨，其中美国波士顿大学教授彼得·伯格和日本著名经济学家森岛通夫的见解尤为独到。伯格指出，催生东亚奇迹的儒学传统，实际上是流行于平民百姓之中，而被无意识遵行即日用而不知的儒家伦理，可以称之为“庸俗的儒家思想”①。森岛通夫认为儒学是导致日本“成功”的文化因素，但这是日本化儒学，因为“中国的儒教要以一种未经改造的形式传播是不可能的”。②

论述儒学与东亚奇迹的关联，日本的涩泽荣一很有代表性。他在明治维新后投身商界，有“日本资本主义之父”之称。他指出，“把算盘而求富，决非坏事。问题在于置算盘之基础于仁义之上”，因而“当一手持《论语》，一手持算盘”。人们将此概括为“《论语》加算盘”。这实际上是要把儒家传统伦理转化发展为义利合一的现代经济伦理，其主要内容有两个方面：一是以儒家经典论证谋求财富具有道德的正当性，如孔子说“博施于民而能济众”可称为圣，但“若无财富，终究不能实现愿望”；二是要求在经济活动中遵守儒家伦理。如他认为公司的利益服从国家利益即“公益”，就是做到了不喻于利

---

① ［美］彼得·伯格：《一个东亚发展的模型：战后台湾经验中的文化因素》，《中国论坛》第222期，1984年。

② ［日］森岛通夫：《日本为什么“成功”》，四川人民出版社，1986年，第4~5页。

而喻于义，孔子关于“富贵要以其道而得之”的“道”，就是“正当的手段”。①

以涩泽荣一为代表的“儒家资本主义”，在1989年的亚洲金融危机以后奇迹不再。西方舆论认为“亚洲金融危机的原因在于亚洲式的价值与新时代所要求的文化或价值世界不相符”，于是，在20世纪90年代末，儒教被定罪为“东亚经济危机的主犯”。② 从“成功”的动力到“危机”的主犯，评价截然相反，而立场则是共同的，即肯定儒学是影响东亚的重要价值观。这是以儒学在日本、韩国具有深远的积淀为历史背景的。

就日本而言，它在历史上两次重大的社会变革——“大化革新”和“明治维新”，儒学都是其重要的思想资源。一般认为，公元285年朝鲜半岛百济王国的五经博士王仁携带《论语》东渡扶桑，是儒学传入日本的开端。不过，直至5~6世纪，儒学在日本还没有产生广泛的社会影响。发生于公元645年的大化革新，是把奴隶制转变为封建制，推古天皇时期的圣德太子也曾试图进行这样的变革，在公元604年公布了《宪法17条》，除第2条属佛教思想外，其余都来自儒学，如“国非二君，民无二主”“以和为贵”“上和下睦”“惩恶劝善”“忠于君”“仁于民”“以礼为本”“使民以时”等。改革虽然没有得到真正实行，但是儒学因而产生了较大的社会影响，为大化革新以儒学为指导作了铺垫。主持革新的中大兄皇子和中臣镰足拜留学中国长达32年的南渊请安为师，“学周孔之教”，主要以儒学的“天命”和“德治”来推行革新。他们以“天命”来论证天皇集权制的正当性，革新后上台的孝德天皇在誓词中说“皇天假手于我”，即自己是代行天命；他们

---

① 以上关于涩泽荣一的引文，皆转引自王家骅：《儒家思想与日本的现代化》，浙江人民出版社，1995年，第163~167页。

② ［韩］崔英辰：《韩国儒学思想研究》，东方出版社，2008年，第347~353页。

把“德治”作为治国理政的原则，“大化”出自《尚书》《汉书》，意谓“伟大的教化”，以此为天皇的年号，就是以德治为旗帜。

在德川幕府的江户时代，日本儒学摆脱了对佛教的依附，朱子学勃兴，成为了官方思想，衍生出不少分支学派。此外，儒学还产生了阳明学派、古学派、考证学派等。总之，儒学出现了空前兴盛的局面。“德川幕府文化政策的一个结果是使儒教在日本人民中间得到广泛而深入的传播”，形成了日本化的儒学。德川时期的日本“是一个军事儒教国家”，中国儒学“把‘仁’作为最重要的美德”，而“日本的儒教，从一个人要为自己的领主牺牲全部生命这个意义上看，是把忠诚视为核心的美德，它是与日本的武士统治相一致的”。这不同于“在中国，忠诚意味着对自我良心的真诚”。① 这样的儒学在江户时代得以定型和强化，成为日本民族的文化基因。

明治维新要推倒德川幕府，自然要批判作为其官方思想的朱子学，但是对于在民众中已有深厚根基的儒学，也多有借重。明治维新为了树立绝对忠诚于天皇的信仰，把以忠为核心的儒学当作精神支柱。1882年明治天皇发布《军人敕谕》，这也是给全体国民的训令。它强调儒学的五种美德：忠诚、礼仪、勇敢、信义、节俭。而没有仁慈。1890年明治天皇发表《教育敕语》，用以忠为核心的日本儒学来统治国民精神。这为日后军国主义武士道的崛起准备了土壤。江户时代的阳明学者大多处于在野地位，“更多地表现了否定现存制度规范性和重视行动的倾向”②。明治维新志士发挥这种倾向，对此维新运动重要领导人高杉晋作赋诗曰：“王学振兴圣学新，古今杂说遂沉湮。唯能信得良知字，即是羲皇以上人。”③ 明治启蒙思想家还把儒学作为阐发西方

---

① ［日］森岛通夫：《日本为什么“成功”》，第127、21、10页。

② 王家骅：《儒家思想与日本文化》，浙江人民出版社，1996年，127页。

③ ［日］井上哲次郎：《日本阳明学派之哲学》，富山房，1938年，第390页。

近代思想的媒介，即便批判儒学最为猛烈的福泽谕吉，也以朱子学中既是事物终极之故又是事物普遍规范的“天理”，作为自由和人权的依据：“基于天理，个人和国家都是应当自由而不受拘束的。”① 从大化革新到明治维新，再到“儒家资本主义”，儒学渗透在日本的文化传统之中。

儒学传进朝鲜半岛，约在公元1世纪左右。“似曾相识燕归来”，或许可以形容儒学传入古朝鲜。《封神演义》中有个真实的故事：商纣王荒淫无道，他的叔父、太师箕子多次劝谏，但毫无结果，于是披散头发，假装疯癫。纣王贬其为奴，将其囚禁。《论语 · 微子》中，孔子称箕子是殷商“三仁”之一。《尚书 · 洪范》记载，周武王灭纣后，箕子向周武王陈述了“洪范九畴”即治国理政的九种根本大法。从孔子的赞许到儒家五经之一《尚书》的记载，都说明箕子的言行具有儒学的精神。《竹书记年》《史记》《汉书》等记载，箕子在商亡后移民朝鲜，教授礼仪和耕织。这在朝鲜半岛有着广泛而悠久的流传，“韩国儒者几乎都将箕子视为韩国儒学的先驱”②。《论语 · 子罕》说：“子欲居九夷，或曰‘陋，如之何？’子曰：‘君子居之，何陋之有？’”孔子想移居九夷，认为那里是君子居住之地。何谓九夷？“韩国学界的基本观点是，‘九夷’就是指古代的朝鲜半岛，也就是孔子所说的‘君子之国’”③。尽管“九夷”是否指古朝鲜、“箕子东来”是否确实仍有争议，但是，韩国学界的上述看法，反映了古朝鲜文化蕴含着与儒学相通的因素。这使得儒学在古朝鲜有着文化亲和力，如曾居留唐朝16年的新罗著名学者崔致远所说：“道不远人，人无异国。”儒学之道对于朝鲜民族同样是亲切而适用的。儒学对于朝鲜半岛的影响，以13世纪末朱熹理学的传入为界，“朱熹学传入以前儒学主要是在制度规范方面

---

① ［日］福泽谕吉：《劝学篇》，商务印书馆，1984年，第6页。

②③ ［韩］崔英辰：《韩国儒学思想史》，人民出版社，2015年，第44页。

影响韩国社会，而传入以后则在学问、思想、社会、文化诸方面对韩国社会发生深刻影响”①。

公元1世纪到公元668年，高句丽、百济、新罗在朝鲜三足鼎立，高句丽最早受到儒学浸润，于公元372年设置了学习儒学的最高学府太学，传授儒家五经等，学习优异者授予“五经博士”称号。百济制定了沿袭《周礼》的中央官制，建立太学和五经博士，31代国王义慈“事亲以孝，兄弟以友”，号为“海东曾子”。新罗在制度规范上同样深受儒学影响，从其国号可见一斑。国号“新罗”，其意是“新者德业日新，罗者网罗四方”，这出自《周易》的“进德修业”“日新其德”。三国鼎立结束之后，儒家的制度、礼俗、伦理规范进一步得到确立。新罗于公元717年在太学供奉孔子，在置孔子像时行祭孔仪式，还通过考试的方式，按通晓儒家经典的程度，分为上中下三品授官，因此，唐太宗感慨新罗“有类中华”。高丽王朝以儒家为“齐家治国之学”，在最高学府国子监建造文庙，像中国那样尊孔子为文宣王，加谥“玄圣”“至圣”“大成”等称号，开设了仿照中国的御前经筵，确立类似唐朝的科举取士制度，把成千上万的人卷入埋首儒经的潮流中去。

1392年，李氏王朝取代高丽王朝，儒学的发展进入鼎盛时期。李朝独尊儒学，把中央的成均馆、地方的乡校和民间书堂联系起来，形成了制度化的儒学教育网络。更主要的是，李朝以朱熹为儒学正脉，形成了朝鲜性理学，代表人物是16世纪的李滉（号退溪）和李珥（号栗谷）。他们的理论创新集中于“四端七情之辨”。“四端”即恻隐之心、羞恶之心、辞让之心、是非之心，“七情”即喜、怒、哀、惧、爱、恶、欲。李朝儒者长时间论辩这两者的关系，即普遍的道德情感（四端）和个人的自然情感（七情）的关系。李退溪认为，应当对这两者加以区分，“四端主于理”，作为普遍的道德情感是善，而“七情

① ［韩］崔英辰：《韩国儒学思想研究》，第119页。

主于气”，作为个人的自然情感容易流于恶。李栗谷认为“七情之外，更无四端也”，即七情是情感的全部，七情之外不存在其他的情，而四端就是七情中善的部分。两人的观点有所不同，但都看到了人的情感生活不全是道德的，因而道德修养主体要把日常情感中道德管不着的地方管住。朱熹的心性论曾涉及两者的关系，但没有明确的论述。性理学的“四端七情之辨”揭示和回答了朱熹心性论尚未论述的问题，丰富了朱熹在道德修养上的主体能动性和生活实践性的思想。同一时期，中国明代的朱子学缺乏理论活力而日趋没落，因此，在16世纪中叶，朱子学的重心已经转移到了朝鲜半岛。随着17世纪后朱子学在日本居于主导地位，以中、韩、日为代表，出现了为朱子学所覆盖的东亚儒学共同体。这中间朝鲜性理学的形成是最为关键的。

儒学在韩国至今仍具有重要影响。韩国学者认为，“儒教决不是博物馆里的展品，而是鲜活存在于韩国社会并不断发挥作用的机制”。[①] 并指出：“现代韩国社会的儒教传统非常浓厚，这与历史上的朝鲜时期，儒教作为国家的统治理念在政治、经济、文化、艺术等方面发挥了指导性作用大有相关。”[②] 就是说，儒学传统在今天的韩国仍然焕发着活力。

二、“模范”的中国文明与欧洲启蒙运动

2019年11月4日，1688年出版的法文本《论语导读》入藏中国国家图书馆。这是当年4月法国总统马克龙送给访问法国的习近平主席的国礼。这本书第一次用法文表达了孔子的思想，作者为法国学者弗朗索瓦·贝尼耶。马克龙说，《论语》的早期翻译和导读曾对孟德斯

---

① ［韩］崔英辰：《韩国儒学思想研究》，第389页。

② 同上，第3页。

鸠和伏尔泰的哲学思想给予启发。孟德斯鸠和伏尔泰是欧洲启蒙运动的代表人物。启蒙运动是推动欧洲从中世纪封建主义走向近代资本主义的历史过程的“头脑风暴”，中国哲学的西渐为此提供了思想气流。1776 年法国著名作家格利姆说：“我们的时代里，中华帝国已经成为特殊注意和特殊研究的对象。……在短期内，这个国家就成为智慧、道德纯正宗教的产生地。它的政体是最悠久而最可能完善的，它的道德是世界上最高尚而完美的，它的法律、政治，它的艺术实业，都同样可以作为世界各国的模范。”①

这里所说的时代就是由启蒙运动所引领的，它视中国为“模范”，自然包括了这个文明国度的哲学。1727 年欧洲出版了世界第一本名为《中国哲学史》的著作，是德国莱比锡大学教授门肯用拉丁文写的。他论述了四书五经和儒道释，勾勒了中国哲学发展的历史线索，提及了伏羲作《易经》以及老子、孔子、孟子、范缜、二程和朱熹。他指出，中国哲学的优长不在神学造诣上，其特点体现在儒家哲学的实践性上，这是“实践性的，始终在思与行中传授美德，不从规章中得到觉悟，而是通过范例、事实做无言之诠释”。② 拉丁文在当时欧洲知识精英眼里是最为优雅的，门肯的著作显然是以他们为读者群的。启蒙思想家还用文艺形式让普通大众感知中国哲学。法国启蒙运动的中心人物伏尔泰把元代戏曲《赵氏孤儿》改编为《中国孤儿》，副题是“五幕孔子的伦理”，以元朝为故事的背景，假托剧中人物来宣扬儒家伦理是中华文明的精神脊梁：“孝悌忠信礼义廉耻就是我们立国之本。我们大宋朝虽已被推翻，可是中国精神永远不会灭亡。”③ 巴黎当年在三个月内

① 转引自［德］利奇温：《十八世纪中国与欧洲文化的接触》，商务印书馆，1991 年，第 38 页。

② 以上有关门肯的叙述，参见许苏民：《中西哲学比较研究史》上卷，南京大学出版社，2014 年，第 173~179 页。

③ 转引自李凤鸣：《伏尔泰》，东北师范大学出版社，2020 年，第 70 页。

演出了十几场。德国启蒙运动的诗人和戏剧家席勒在1795年发表了诗作《孔夫子的箴言》："时间的步伐有三种/未来姗姗来迟/现在像箭一样飞逝/过去永远静止不动/……"这是《论语》"逝者如斯夫！不舍昼夜"的诗化意境。它以优美的诗句道出孔子箴言的人生哲理：在过去、现在、未来的历史长河里，"必须努力向前，不可休息/决不可因疲乏而静止"，因为"只有恒心可以使你达到目的/只有博学可以使你明辨世事/真理常常藏在事物的深底"。① 这和席勒在戏剧《强盗》中歌颂的"豪侠"青年在精神上相通。1788年在伦敦刊行，在巴黎发售的译注孔子的诗篇《自然法》，作者假托著名来华法国传教士巴多明，把孔子格言变成诗的形式："人之初，性本善/霍布士之叹息，欲何为？"② 凸显了儒家的人性论是与霍布士性恶说相反的性善说。文艺形式的运用，表明中国哲学在启蒙运动中具有群众性的影响。难怪法国大革命时的流行歌曲唱道："中国是一块可爱的地方，它一定会使你喜欢。"

启蒙运动宣扬以孔子为代表的中国哲学，有其历史机缘。从16世纪末到18世纪末的明清时期，大批传教士进入中国，发生了长达百年的"礼仪之争"，争论的中心是祭天、祭祖和祭孔的礼仪以及作为其思想基础的儒学是否与天主教教义相容，最终罗马教廷认为如此礼仪有违天主教教义，判定理性主义的儒学是与宗教信仰不相容的异端。伴随着传教士卷入争论，很多有关中国历史、政治、哲学、风俗的报道涌入欧洲，不少中国典籍也被翻译过去。人们由此知道了孔子是中国的圣人，儒学在中国占据主导地位，因而"当时欧洲人都以为中国民族是一个纯粹理性的民族"③。启蒙运动以理性为旗帜，将神学蒙昧以

① 参见洪朝宗：《中西文化交流的化石诗——读席勒诗〈孔夫子的箴言〉》，《中华读书报》2016年2月17日。

② 转引自朱谦之：《中国哲学对欧洲的影响》，上海人民出版社，2006年，第197页。

③ 同上，第196页。

及以神学为精神支柱的封建专制押上了“理性法庭”，而启蒙思想家大多曾受教于耶稣会学院，比一般人更为了解和熟悉中国，因此，当他们充当这个“法庭”的审判员时，被世人视为理性主义的中国哲学就被用作审判词的语汇来源。这主要有以下三个方面：

“自然之光”。法国启蒙思想的先驱比埃尔·培尔区分了理性的“自然之光”与宗教的“启示之光”，试图让理性挣脱宗教而获得独立地位。这极可能是受到传教士罗明坚在1593年出版的《大学》译作的影响。他把“大学之道在明明德”，译为“人类制度的理性在于认识与遵循自然之光”①。培尔正是从理性的自然之光来认识中国无神论：中国人“不承认上帝而相信天意”，这天意是“与自然律一致的”，就是“自然法则与和谐”。② 因此，中国是无神论者组成的社会，“作为整整一个民族的哲学理论的无神论并不能阻止该民族具有某种令人赞赏的社会组织”③。以此论证欧洲社会摆脱宗教神学是完全可能的。伏尔泰则用自然神论的简便方法来摆脱宗教。这种理论认为上帝在创造了宇宙这架巨大的机器之后，就不再插手干预了。这是通过划定上帝的作用范围，肯定了自然界及其规律的客观性以及人的理性把握它们的可能性。16~17世纪“英国的自由思想家，信奉自然神权，全是用中国人的议论，向传统的基督教徒进攻。休谟谓：‘孔子的门徒，是天地间最纯正的自然神权的信徒。’即可知之”。④ 伏尔泰继承发扬了英国自然神论的这种传统。他说，孔子在神明问题上，形成了人类理性所能形成的最圣洁的看法，因而“中国的儒教是令人钦佩的。毫无迷信，

---

① 转引自张西平：《传教士汉学研究》，大象出版社，2005年，第19页。

② 转引自许苏民：《中西哲学比较研究史》上卷，第101页。

③ 转引自［法］维吉尔·毕诺：《中国对法国哲学思想形成的影响》，商务印书馆，2000年，第371页。

④ 转引自张允熠：《中国主流文化的近现代转型》，黄山书社，2010年，第304页。

毫无荒诞不经的传说，更没有那种蔑视理性和自然的教条”。[①] 不言而喻，他的自然神论是以此为典范的。德国哲学家莱布尼茨与同时期的培尔相似，区分了中国的“自然神学”与欧洲的“启示神学”，期盼前者能够传扬于欧洲：“似乎有必要请中国的传教士到欧洲给我们传授如何应用与实践自然神学，就像我们的传教士向他们教授启示神学一样。”[②] 不同于伏尔泰把孔子作为中国自然神论的化身，莱布尼茨则以程朱理学来解释中国自然神论：“中国人的第一本原名为理，即全部自然界的理由或根据，包罗万象的理由和实体。……这个巨大的、普遍的原因是纯粹的、平静的、稀薄的、无体的、无形的，只有用理智才能认识它。”[③] 就是说，理作为万物的第一推动者相当于基督教的上帝，但它不是有意志和形体的人格神，它存在于理性思辨之中。显然，这是把中国自然神论应用于反对基督教人格神的欧洲实践。

“善意与道德的科学”。基督教认为人皆生有原罪，为善成德必须信仰神和服从神的意志。启蒙思想家揭露了当时教会的道德丑行，提出道德的基础不是神性而是对人性的理性自觉。他们在这里也把目光投向了中国。法国启蒙运动最重要的舆论阵地——《百科全书》的主编狄德罗说，与中国“善良的人民”相比，“他们比我们更懂得善意与道德的科学”，肯定“这种科学是居一切科学的第一位”，这犹如“他们有两只眼，我们只有一只眼”。[④] 所谓“第一位”的科学，意在强调它比一般科学更具有理性精神。因为孔子伦理学“主要为着两个目的：一曰育智，二曰教民”，“既要育智，就要用事物的知识充实智力，使

① ［法］伏尔泰：《哲学辞典》，商务印书馆，1991 年，第 331 页。

② 转引自张西平：《莱布尼茨思想中的中国元素》，大象出版社，2010 年，第 14 页。

③ ［德］莱布尼茨：《致德雷蒙先生的信：论中国哲学》，《文化的印记》，济南出版社，2016 年，第 241 页。

④ 转引自许苏民：《中西哲学比较研究史》，第 271 页。

智力能够用以分清善与恶”，“要做到教民，就要使国民善于自我修养”。[①] 可见，理性贯穿于整个孔子伦理学。眼睛之喻则是要用中国哲学独具的慧眼，洞察欧洲神学的道德虚妄。莱布尼茨的继承者、德国哲学家沃尔夫，比较充分地阐发了这只慧眼是什么。他指出，打造“中国人道德之花盛开的黄金时代”的根本，在于中国人认为，“对于培养道德风尚，至关重要的因素是与人的理性相吻合，他们所做的每一件事情，其根据都在人的自然性中”，即内在的善性之中，“人的自然性在于，对于他所认为是善的东西，他非扬不可”；道德行为出自认识此自然性的理性自觉，“中国人之所以致力于善良的行为，就是因为他们认识到了行为内在的善”；这样的认识过程“不以敬神为基础”，而是通过“小学”“大学”的教育“训练理智”，“使理性日趋完善”的过程。[②] 这个演讲引起了神学教授的攻击，沃尔夫遭到政府的惩罚。但与此有关的200多种争论的小册子问世，使“中国人道德学”产生了更广泛的影响。伏尔泰同样借鉴了“中国人道德学”。他引用“大学之道，在明明德……”，指出孔子“不是先知，他不自称得到神的启示，他所得到的启示就是经常注意抑制情欲”，“他说人非生而性恶，恶乃由过错所致”；认为“孔子的伦理学”是以“合乎人情”为基础的。[③] 就是说，孔子伦理学要求道德与人的本善之性相一致，是理性对于情欲的提升和过错的自觉改正，而与先知神灵的启示无关。他把这样的思想凝练成四句诗：“唯理才能益智能，但凭诚信照人心，圣人言论非先觉，彼土人皆奉大成。”[④] 要用孔圣人把彼土欧洲人从神学先知中解放出来，使理性成为道德的普遍基础。

---

① 王光：《民族文学文化论集》，知识产权出版社，2010年，第178页。

② ［德］沃尔夫：《关于中国人道德学的演说》，《著名思想家演讲鉴赏》，山东人民出版社，1995年，第55~67页。

③ ［法］伏尔泰：《风俗论》上册，商务印书馆，1994年，第253页。

④ ［法］伏尔泰：《哲学辞典》，第322页。

治国理政的“哲学基础”。沃尔夫说：“中国人治理国家的特殊才智也令人钦佩。”① 他试图从中“悟出处世治国的隐深莫测的哲学基础”②。启蒙运动对于封建专制的理性审判，从不同角度汲取了中国政治哲学的养分。沃尔夫以为专制政体的弊端在于，不懂得统治者和臣民的关系犹如互相依赖的父子关系，“沃尔夫由中国历史中引证典范来证明统治者和人民幸福之间的关系：尧和舜是非常贤明的统治者，——他引证孔子的话——人们爱他像孩子爱父亲一样”。③ 法国启蒙思想家霍尔巴赫反对封建专制与宗教神学相结合，因而虽然尖锐地批判“东方专制主义”，但依然认为中国把政治与道德相结合值得效法：“中国可算世界上所知唯一将政治的根本法与道德相结合的国家。而此历史悠久的帝国，无疑乎告诉支配者们，使知国家的繁荣须依靠道德。”这样的道德政治不搞君主世袭，“中国有一位天子，当他发现自己的儿子够不上作成伟大君主的资格时，他便选出才德兼优的市民为后继者。”④ 由于道德政治与宗教分离，因而不会发生宗教战争，“中国人享受的幸福和安宁是值得其他许多四分五裂、备受精神痛苦，并且常常为宗教问题而诉诸武力的民族所羡慕的”⑤。这样的道德政治以民为本，他引用了“中国一位皇帝的话：‘民饥犹如己饥，民溺犹如己溺。’”⑥ 其实，这句话出自《孟子》。法国启蒙思想家孟德斯鸠与霍尔巴赫一样，在批判法国君主独裁的同时，也谴责中国封建专制。不过，他还是发现了儒家政治哲学的“共和政体因素”。这表现在，首

---

① ［德］沃尔夫：《关于中国人道德学的演说》，《著名思想家演讲鉴赏》，第 55 页。

② 同上，第 57 页。

③ 转引自许苏民：《比较文化研究史》，云南人民出版社，1992 年，第 103 页。

④ 同上，第 162 页。

⑤ ［法］霍尔巴赫：《健全的思想》，商务印书馆，1966 年，第 133~134 页。

⑥ ［法］霍尔巴赫：《自然政治论》，商务印书馆，1994 年，第 114 页。

先，儒家“制定了最广泛的礼仪规范”，这对于形成良好的风尚和秩序有积极意义；专制的恐怖原则是“不以礼仪而以刑罚治国”，与儒家的齐之以礼背道而驰。其次，根据“中国人的经典古籍”，“中国人把君主视为人民的父亲”，这意味着对君主提出了相应的道德要求。再次，按说君主专制下的监察制度不能防止权力腐败，“但中国的事例，似乎破坏了这条规律”，就是说，中国监察制度对于遏制腐败有一定作用。① 这些“共和政体的因素”不仅对于欧洲君主专制具有批判意义，而且融进了孟德斯鸠“三权分立”的思考。

孟德斯鸠等一些启蒙思想家对中国专制主义的批判，预示着在欧洲人的视野里，中国将从理想的“模范”变为停滞的落伍者。然而，中国哲学闪烁在启蒙运动璀璨星空中的耀眼光芒，无疑是中国与西方相沟通的历史基因。上述的《论语导读》入藏中国国家图书馆就象征了这一点。

三、“马克思进文庙”与马克思主义渊源里的中国哲学因素

欧洲启蒙运动造就的社会文化土壤，产生了马克思主义的三个理论来源，即德国古典哲学、英国古典政治经济学和法国社会主义学说，在这些马克思主义的学脉渊源中，同样流淌着中国传统哲学的思想血液。

这常常不为人们所关注，而郭沫若发表于1926年的《马克思进文庙》② 则敏锐地意识到了这一点。他以“穿越剧”的笔调写道，孔子正和三位得意门生在上海文庙吃着冷猪头肉，只见从朱红漆的轿子里

---

① ［法］孟德斯鸠：《论法的精神》上卷，商务印书馆，2009年，第72~325页。

② 此文收入《郭沫若全集·文学编》第10卷，人民文学出版社，1985年，第158~162页。

走出大胡子马克思。两人一番交谈后，马克思感叹起来："我不想在两千年前，在远远的东方，已经有了你这样的一个老同志！"马克思称其为"老同志"，是因为马克思主义的形成吸收了包括这位"老同志"在内的中华优秀传统文化的养料。

作为马克思主义来源之一的空想社会主义吸取了孔子的大同思想。在郭沫若的"穿越剧"中，孔子向马克思发问："你的理想世界是怎样的呢？"答曰："这就是我所谓'各尽所能，各取所需'的共产主义社会。"庄重的孔子不禁拍手叫绝："你这个理想社会和我的大同世界竟是不谋而合。"于是，背诵起了"大道之行，天下为公……"，而马克思似乎不以为然，"孔子在他眼里，这时候，顶多怕只是一个'空想的社会主义者'罢"。马克思、恩格斯曾讲了一件趣事：德国传教士居茨拉夫在离开欧洲 20 年后，从中国回来，宣传中国"面临暴力革命的威胁"，"更糟糕的是，在造反的平民当中有人指出了一部分人贫穷和另一部分人富有的现象，要求重新分配财产，过去和现在一直要求完全消灭私有制"。当他听到欧洲的人们"在谈论社会主义，于是问道：这是什么意思？别人向他解释以后，他便惊叫起来：'这么说来，我岂不到哪儿也躲不开这个害人的学说了吗？这正是中国许多庶民近来所宣传的那一套啊！'"接着马克思、恩格斯说道："中国的社会主义跟欧洲的社会主义象中国哲学跟黑格尔哲学一样具有共同之点。"①

这里的"中国社会主义"是指儒家的大同思想。太平天国起事前夕，洪秀全等人在广东和广西广泛活动，撰写的宣传品重提儒家大同学说。居茨拉夫主要在广东一带布道传教，自然知晓这些情形。这里的"欧洲的社会主义"指欧洲空想社会主义。马克思、恩格斯认为，

---

① ［德］马克思、恩格斯：《国际述评（一）》，《马克思恩格斯全集》第七卷，人民出版社，1959 年，第 264~265 页。

相距万里的两种社会主义至少有一个共同点：主张公有制。他们曾引用法国空想社会主义者卡贝的一段话："你们这些反对集体制的人……就让我在你们面前询问一下历史以及所有的哲学家吧：请听！我不来对你们谈及许多实行过财产共有制的古代民族！也不来谈及希伯来人……埃及的祭司、米诺斯……莱喀古士和毕达哥拉斯……孔夫子和琐罗斯德，最后两人之中，前者在中国宣布了这个原则（财产共有制——引者注），后者在波斯宣布了这个原则。"① 为了与某些不主张公有制的空想社会主义者相区别，马克思、恩格斯称卡贝为空想共产主义者。他们也在如此的意义上说："完善的中国人才是共产主义者。"② 这里的"中国人"在那时欧洲语境下实指"孔夫子"。可见，马克思、恩格斯把空想社会主义作为自己思想的重要来源，包含着对儒家大同的考察。

德国古典哲学中，黑格尔对马克思、恩格斯的影响尤为突出。他们指出中国哲学和黑格尔哲学有共同点，这是郭沫若《马克思进文庙》的"穿越剧"中所缺失的。不过，他在晚年倒是作了"补记"。美国汉学家斯塔尔说，1972 年郭沫若在和一位法国政治家兼作家谈话时提到，"古希腊和古代中国的思想都存在着辩证法的渊源。郭沫若认为，在亚里士多德和笛卡尔的思想占据支配地位之后，西方思想已丧失了它的辩证性，与之相反的是，古代的辩证法在中国依然是一种有生命力的思维模式。他确实认为……费希特、谢林、黑格尔和马克思的辩证法概念是从中国借用的"③。其实，黑格尔不是"可能"而是确实借用了，由此影响到了马克思、恩格斯，他们对于黑格尔的批判继承包

---

① ［德］马克思、恩格斯：《德意志意识形态》，《马克思恩格斯全集》第三卷，第 617 页。

② 同上，第 312 页。

③ ［美］约翰·布莱恩·斯塔尔：《毛泽东的政治哲学》，中国人民大学出版社，2006 年，第 12 页。

含着对于中国哲学的批判继承。

尽管黑格尔在《哲学史讲演录》等论著中对《周易》和《老子》多有贬黜，但抹不去两者对他构建“正反合”即否定之否定的辩证法的影响。黑格尔说，中国人也有哲学，“譬如‘阴阳’（这里指《易经》——引者注）这部命运之书论述了‘生’和‘灭’，这部书里出现了一元和二元的非常抽象的观念。所以中国哲学似乎和毕达哥拉斯学说一样，从同一个基本概念出发。其原理是智慧，称作‘道’。”① 阳爻和阴爻“那两个基本形象是一条直线（⚊，阳）和一条平分作两段的直线（⚋，阴）；第一个形象……表示肯定。第二个形象的意义是……否定。”② 而“‘道’（理性）的成立是由于两个原则的结合，像《易经》所指出的那样。天之道或天的理性是宇宙的两个创造性的原则所构成。地之道或物质的理性也有两个对立的原则‘刚与柔’（了解得很不确定）。‘人之道或人的理性包含有（有这一对立）爱邻居和正义。’”③ 显然，黑格尔意识到《周易》“一阴一阳之谓道”蕴含着“正反合”：阳是“正”（肯定），阴是“反”（否定），道是“合”（否定之否定）。他以为老子的“道生一，一生二，二生三，三生万物”也与此类似。他说，道家“这派的主要概念是‘道’，这就是‘理性’”，而“理性产生了一，一产生了二，二产生了三，三产生了整个世界”④。“令人奇怪的是道教里面，即总体里面，出现了三的规定，一创造了二，二创造了三，三创造了宇宙，……一只有包含二在自身之内，它才是现实的，由此产生了三”⑤。这里尤为关注“三”，是将其看作“正反合”

---

① 转引自张允熠：《中国主流文化的近现代转型》，第510页。

② ［德］黑格尔：《哲学史讲演录》第1卷，商务印书馆，1996年，第121页。

③ 同上，第124~125页。

④ 同上，第125~126页。

⑤ 转引自张允熠：《中国主流文化的近现代转型》，第511页。

之“合”，认为“一”（道、无）潜含着否定自身的“二”（有）在内，因而分化出阴阳二气，由此形成了“三”，即阴阳二气的和合而生化万物。黑格尔说斯宾诺莎把东方观念“纳入了欧洲的思想方式”，他的“正反合”可以说是以“欧洲的思想方式”表达了中国的“阴阳合”，即把中国人“完全散文式的理智”纳入“范畴规定的王国”。①

马克思洞察了这一点。1842 年他在批评德国书报检查制度时说：“书报检查官涂改时画的叉叉杠杠同书报的关系，与中国人的直线——八卦——同思维的关系完全一样。书报检察官的八卦是出版物的范畴；而范畴，大家知道，是整个内容的典型的灵魂。”② 透过揶揄检察官的话语，不难看到马克思对于纳入黑格尔范畴王国的《周易》辩证法是不陌生的。他在批判青年黑格尔派时指出：“黑格尔说，中国占主导地位的规定性是‘有’，印度占主导地位的规定性是‘无’等等，那末，绝对的批判就会‘十足地’附和黑格尔，并把现时代的特性归结为‘非规定性’这个逻辑范畴，并且会更加十足地把‘非规定性’同‘有’和‘无’一样列入思辨逻辑的第一章，即列入关于‘质’的一章。”③ 此处说的“思辨逻辑的第一章”即黑格尔《逻辑学》第一章，主要是论述“有”（正）、“无”（反）、“变”（合）的否定之否定。马克思在这里指出了黑格尔的“有”“无”“变”明显存在着《周易》辩证法的深重印记。不仅是黑格尔哲学，德国古典哲学的其他人物也受到中国哲学的影响。康德被称作“哥尼斯堡的中国人”，意谓康德哲学有着浓厚的中国哲学意蕴。谢林更是倡导在哲学上“使全世界中国化”，费尔巴哈以“己所不欲，勿施于人”来论证同情心是“首要的

---

① ［德］黑格尔：《哲学史讲演录》第 4 卷，第 95~132 页。

② ［德］马克思：《第六届莱茵省议会的辩论（第一篇论文）》，《马克思恩格斯全集》第一卷，第 167 页。

③ ［德］马克思：《神圣家族》，《马克思恩格斯全集》第二卷，第 114 页。

最重要的德行”①。因此，马克思、恩格斯批判继承德国古典哲学，包含着对于内化于其中的中国哲学的批判继承。

马克思把英国古典政治经济学之前的法国重农学派称为“第一个对资本主义生产进行分析”的体系，因而将其领袖魁奈视作“现代政治经济学的真正鼻祖”。恩格斯将重农学派和亚当 · 斯密并提，将他们看作是启蒙运动在政治经济学上的表现：“由重农学派和亚当 · 斯密作了正面阐述的狭义的政治经济学，实质上是 18 世纪的产儿，它可以和同时代的伟大法国启蒙学者的成就媲美。”② 在郭沫若的“穿越剧”中，马克思告诉孔子，实现社会主义最根本的，是大力发展生产力。孔子“点头称是”，道：“我也说过‘庶矣富之，富矣教之’的话，……。”总之，“尊重物质本是我们中国的传统思想”；为了强调所尊重的物质是农业生产，他又说“我对于商人素来是鄙视的”，批评在场的弟子子贡“不肯听命”而热衷于做生意。如果我们续写郭沫若“穿越剧”的话，大概是马克思告诉他，有“欧洲的孔子”之誉的魁奈，确是借鉴了孔子儒学重农的思想。

魁奈指出儒家四书五经等 11 部著作，表现了“中国人对于道德和政治，根本未加区分，在他们看来。美好生活的艺术也就是良好政治的艺术，两门科学合二为一，彼此相同。”③ 认为儒家仁政思想把道德和政治合二为一；而提出仁政说的孟子，讲的几乎全是政府的良好管理以及建立这种良好管理的办法。魁奈将儒家仁政思想发挥为两个方面：以农为本和自由放任。魁奈认为，儒家仁政说主张给农民以“恒产”，因而中国是以农为本的模范，由此提出重农学说，即把农业看作

---

① ［德］费尔巴哈：《幸福论》，《费尔巴哈哲学著作选集》上卷，商务印书馆，1984 年，第 578 页。

② ［德］恩格斯：《反杜林论》，《马克思恩格斯选集》第三卷，人民出版社，2012 年，第 529 页。

③ ［法］魁奈：《中华帝国的专制制度》，商务印书馆，1992 年，第 56 页。

国家一切财富的源泉，强调导致财富增加的剩余产品只能来自农业。对此马克思评价道：“重农学派的功绩和特征在于，它不是从流通中而是从生产中引出价值和剩余价值。”① 这样就为分析资本主义生产奠定了基础。“自然秩序”（“自然法”）是魁奈理论的核心概念，他以为这如同儒家的天理天则，依照天理天则即“自然法”，取消政府的“人为秩序”对经济活动的强制，而让其“自由放任”。法语的“自由放任”对应的是汉语的“无为而治”，重农学派先驱希卢艾特说：“中国哲学家孔子的著作让我们看到，只要我们听从自然的吩咐，自然就能以其自身之力让事物运行。”② 其根据来自《论语》的“无为而治者舜也与？夫何为哉？恭己正南面而已矣”。正是从中提炼出了法语的“自由放任”一词。马克思说重农学派“以自己的自由放任口号”来“根本否定政府对市民社会活动的任何干涉”。③ 马克思高度评价了魁奈的重大理论成果——《经济表》：“魁奈医生使政治经济学成为一门科学；他在自己的著名的《经济表》中概括地叙述了这门科学。”④ 魁奈去世时，他的大弟子米拉波在哀辞中认为《经济表》是推行孔子儒学的结晶，“孔子的整个教义”是一种“宗教道德伟大教言”，对此“似乎不可能再有所增补”，而将其“行之于大地，这就是我们老师的工作”。⑤ 把《经济表》仅归结为对儒学的传承，显然不符合历史事实。但儒学对重农学派确有重要影响。马克思看到了这一点，指出“魁奈本人和他的最

---

① ［德］马克思：《剩余价值理论》，《马克思恩格斯全集》第二十六卷第一册，第 23 页。

② 转引自张允熠、陶武、张弛：《中国：欧洲的样板——启蒙时期儒学西传欧洲》，黄山出版社，2010 年，第 302 页。

③ ［德］马克思：《剩余价值理论》，《马克思恩格斯全集》第二十六卷第一册，第 42 页。

④ ［德］马克思：《哲学的贫困》，《马克思恩格斯选集》第一卷，第 217 页。

⑤ 转引自［德］利奇温：《十八世纪中国与欧洲文化的接触》，第 92 ~ 93 页。

亲近的门生，都相信他们的封建招牌”。[①] 朱谦之认为这里所说的封建招牌指孔子[②]。在前引的恩格斯论述中把重农学派和亚当 · 斯密并提是有缘由的，因为后者著名的《国富论》是在居留法国两年期间酝酿而成的，当时他与被马克思称为把“重农主义体系发展到最高峰”[③] 的杜尔哥时相过从，而杜尔哥与中国文化的关系比魁奈更为明了。这对亚当 · 斯密产生了影响，《国富论》应用了颇多的中国材料，其自由放任的思想是对重农学派的继承，魁奈“自然法”演化为“看不见的手”。显然，重农学派对儒家仁政思想的发挥及其对亚当 · 斯密的影响，是马克思、恩格斯构建分析资本主义生产系统的政治经济学的学脉之一。

马克思主义的三个来源都受到中国传统哲学尤其是儒学的影响。当时欧洲思想界认为马克思的思想有明显的中国成分，他被论敌杜林讥讽为“中国人式的博学”[④]，或许从一个侧面表明了这一点。马克思主义与中华优秀传统文化的结合之所以可能，除了两者在关于自然、社会、人生的思考有相通之处，还在于马克思主义的学脉渊源中有着中国传统文化的思想因素。这后一方面还有待更深入的研究。

四、“西方的没落”与中国哲学的普遍意义

如果说，在 18 世纪中国哲学曾滋养了西方文明，那么，在 20 世纪中国哲学则成了救治其弊病的药方。从 1919 年年初到第二年春天，

---

① ［德］马克思：《资本论》第二卷，《马克思恩格斯全集》第二十四卷，第 399 页。

② 朱谦之：《中国哲学对欧洲的影响》，第 316 页。

③ ［德］马克思：《剩余价值理论》，《马克思恩格斯全集》第二十六卷第一册，第 28 页。

④ ［德］恩格斯：《反杜林论》，《马克思恩格斯选集》第三卷，第 510 页。

梁启超等人穿梭于第一次世界大战硝烟未尽的欧洲，使他“着实听得洋洋盈耳”的，是悲叹西方文明破产，羡慕东方的“精神文明”，“许多先觉之士，正想把中国印度文明输入”。① 19 世纪以来，西方现代化的成就在全球领先。但是，两次世界大战，暴露了西方文明的困境：天（自然）与人关系上的单向化，即一味强调征服自然造成了对自然的过度掠夺；人与人关系上的功利化，即情感、道德的纽带被淹没在个人利益计算的冰水中；身（物质）与心（精神）关系上的物质化，即追求物质享受和渴望金钱成为了个人生活的动力和目标。由于现代化的浪潮席卷全球，走出上述困境成为了世界性问题。面对这些问题，中国哲学显示出了世界性的普遍意义：它蕴含着人类超越现代文明困境的智慧。

德国哲学家斯宾格勒是梁启超所说的“先觉之士”。1918 年，这位中学教员出版了轰动欧洲的著作《西方的没落》。他认为，西方文化进入了衰落期的最后阶段，金钱成为衡量一切的价值标准，机器统治下的芸芸众生枯竭了生命创造力。他的疗治药方是把哲学的重心从认识论转向人生问题。但是，“看看当今的‘哲学家’，会使人感到狼狈和羞愧”，他们那种“并不涉及、并不影响当代生活的最深处的学说根本不能算是学说”；而中国哲学除老子之外，先秦的哲学家都是“认为认识论就是关于现实生活的重要关系的知识的坚强哲学家”。② 隐约地表露了以中国哲学疗治西方文明的意图。

这样的意图在美国哲学家杜威那里得以比较明确地表达。自 1919 年 4 月起的两年多的时间里，他的足迹遍布半个中国，认为“西方人对于东方哲学，没有比在现在的紧急时代更其需要了”③，反思第一次

① 梁启超：《欧游心影录》，《梁启超讲文化》，天津古籍出版社，2005 年，第 34 页。

② ［德］斯宾格勒：《西方的没落》，群言出版社，2017 年，第 47~49 页。

③ ［美］杜威：《中国人的人生哲学》，《东方杂志》19 卷 3 号，1922 年 2 月 10 日。

世界大战的灾难，中国哲学就是“一服救世的良药”。他指出，中西哲学形成了两种传统，“东方中国的哲学，是偏于人生日用的问题。西方的哲学，是偏于自然现象的问题”①。因而在对待自然的态度上，“以科学征服自然，是西洋文明的特长；视天然界现象为神秘，而且将之拿来当做娱心悦目的事物看，这是东方人最显著的态度”。② 尤其是老子的“无为”，体现了“中国人的‘听其自然’的、知足安分的、宽容的、和平的、诙谐的、嬉乐的那种人生观”，和“尊重自然和蔑弃一切用人力奋斗并求速成的那种态度”。正是缺乏如此的人生观，导致了西方社会的欲望过度膨胀，所以，“中国人的人生哲学，对于人类文化有种重要而有价值的贡献，而且含有一种为急促的，躁烈的，繁忙的，营扰的西方人所无限需要的质素”。③ 但他认为中国的人生态度容易安于现状，因而理想的“完全生活”，是“西方人应当把东方人的恬淡安详的态度收取些去，在东方人却应当把西方人的创造精神、科学精神吸收些来”。④ 这不仅肯定了中国哲学具有救治西方现代人生观的价值，而且肯定了它是建设人类理想生活不可或缺的资源。

当杜威还在中国巡回演讲的时候，1920 年 10 月，英国哲学家、诺贝尔文学奖获得者罗素来到了中国。罗素也看重道家对于克服西方现代文明弊端的意义：“老子是这样描述‘道’的运作的：‘生而不有，为而不恃，长而不宰。’我想，人们可以从这些话里获得关于人生归宿的概念。”与此相反，“‘占有’、‘自恃’和‘支配’，白人国家和个人

---

① ［美］杜威：《哲学史》，泰东图书局，1921 年，第 4 页。

② ［美］杜威：《造成发动的性质的教育》，《杜威在华教育讲演》，教育科学出版社，2007 年，第 213 页。

③ ［美］杜威：《中国人的人生哲学》，《东方杂志》19 卷 3 号，1922 年 2 月 10 日。

④ ［美］杜威：《造成发动的性质的教育》，《杜威在华教育讲演》，第 214 页。

趋之若鹜。”① 这就是“西方人机械的人生观”。他赞赏庄子用很多寓言更形象地表达了道家“提倡的哲学是自由的哲学”，更有趣味地批评了类似西方的机械人生观，“抱怨当时忙忙碌碌的现代生活，将之同‘古之真人’平静的存在进行了比较”。② 呼唤用道家的返璞归真廓清西方机械人生观的异化迷雾。罗素还注意到了在中国占据主导地位的儒家是不同于基督教的、世俗性的“一个纯粹的伦理体系”。在人际关系上，“和气”成为“中国至高无上的伦理品质”，这是“现代世界极为需要”的，指出了儒家“和为贵”对于建设现代和谐世界的伦理价值。

杜威和罗素是20世纪上半叶最有世界影响力的哲学家，他们把中国哲学作为救治西方文明的药方，受此影响，20世纪30年代末兴起了中西哲学比较研究。美国夏威夷大学穆尔教授在1939年、1949年、1959年和1964年连续四次发起和主持了以东西哲学比较为主旨的会议，主编了四次会议的论文集。这些会议和论文集进一步提出，中西哲学“这两种人类思想的分支可以而且应当结合起来，从而将我们导向一种世界哲学”③。德国著名哲学家卡尔·雅斯贝斯认为，导向世界哲学的历史渊源出自“轴心期”（相当于中国春秋战国时期），那时候中国、古希腊和古印度的哲学智慧同时绽放，“直到今日，人类一直靠轴心期所产生、思考和创造的一切而生存。每一次新的飞跃都回顾这一时期，并被它重燃火焰”④。“轴心期”为走向世界哲学的飞跃奠定了最初根基。但是，西方文明的现状，与轴心期相比，“最明显的是现在正是精神贫乏、人性沦丧、爱与创造力衰退的

---

① ［英］罗素：《中国问题》，学林出版社，1996年，第153页。

② 同上，第149页。

③ 转引自许苏民：《中西哲学比较史研究》上卷，第446页。

④ ［德］卡尔·雅斯贝斯：《历史的起源与目标》，华夏出版社，1989年，第14页。

下降时期”[①]。而在他的《大哲学家》中，孔子是“思想范式的创造者”，老子是“原创性形而上学家”，朱熹是“创造性地维系了哲学大厦的秩序”，王阳明“复兴儒学，打破儒学的僵化局面”。不仅如此，中国哲学“对我们还没认清的、我们的人性潜力进行估价，并把我们带进与另一种人性的真实起源的联系中去”[②]。显然，哲学新的飞跃，特别需要仰仗中国哲学的创造潜力及其对人性的思考。这就是所谓的“从欧洲哲学的晚霞出发穿过我们这个时代的黎明走向世界哲学的曙光”。

作为这样的曙光，中国哲学成为了西方哲学家哲学创作的重要资源。德国哲学家海德格尔是20世纪下半叶最重要的西方哲学家之一，道家是其理论构建的源泉。他的书房中挂着一对条幅，是老子的两句话：“孰能浊以之，静之徐清？孰能安以久，动之徐生？”横批是“天道”。这反映了他与道家结缘的两个方面：发挥道家之“道”的含义，思考终极领域（天道）的问题；借用道家的以诗悟道，提出用诗来澄明对于天道的哲思。20世纪以来，生态危机日益严重，探讨解救之道的生态哲学应时而生。法国施韦泽是生态哲学的先驱。其核心思想是“敬畏生命”，“像敬畏自己的生命意志一样敬畏所有的生命意志”，“在自己的生命中体验到其他生命”。[③] 这是吸取中国哲学而形成的。他系统研究过中国和印度的思想，不赞成印度的否定现世人生的思想，非常重视中国的生命伦理，“一些劝诫人们要善待生命的伦理要求早在中国古代以及孔子那里就已经形成”，在道家、名家惠施、“孟子以及朱熹和其他思想家那里都表达了人和其他生灵之间存在着某种本质上

---

① ［德］卡尔·雅斯贝斯：《历史的起源与目标》，华夏出版社，1989年，第112页。

② 同上，第81页。

③ ［法］阿尔贝特·施韦泽：《敬畏生命——五十年来的基本论述》，上海社会科学院出版社，2003年，第9页。

的亲缘关系的认识”。这是把中国的“民胞物与”融进了他的“敬畏生命”。中国哲学的生态意义越来越为人们所察觉。2014 年，两位美国学者提出将马克思主义、中国传统哲学和过程哲学融合为“有机马克思主义”，作为替代资本主义以应对生态灾难的选择。过程哲学是现代西方哲学的学说，强调整体的有机联系、合作和共同体的和谐以及人处于宇宙洪流的变动之中，“中国传统哲学蕴含着丰富的过程思维，这种过程思维不仅出现在儒家和道家的思想中，甚至出现在中国传统哲学最古老的文本《易经》中”①。因此，中国传统哲学在“有机马克思主义”中的重要性是不言而喻的。

察觉到中国哲学蕴含着超越西方现代文明的智慧，也反映在哲学之外的领域里。法国作家罗曼·罗兰认为，第一次世界大战的惨祸，表明“为了拯救欧洲，单靠它自己是不行的”。② 应当“使旧世界和新世界的欧洲民族，同古老而在恢复青春的亚洲文明的代表——印度和中国的代表携起手来。要组成一个具有共同精神宝藏的大同的人类社会”③。英国历史学家汤因比 1929 年游历过中国，他指出，世界文明史表明，追求和谐是东西文明本来就存在的；但是西方文明在近代以来有所偏颇，需要通过中国文化的启迪来激活本来的和谐精神。以哲学而言，面对人类感情的撕裂，“强调义务的儒家主张，今天再合适不过了。同时，把普遍的爱作为义务的墨子学说，对现代世界来说，更是恰当的主张”。④ 道家顺应自然的思想，对当今技术的“毁灭性发达”

① ［美］菲利普·克莱顿、贾斯廷·海因泽克：《有机马克思主义——生态灾难与资本主义的替代选择》，人民出版社，2015 年，第 7 页。

② 转引自许苏民：《中西哲学比较史研究》上卷，第 411 页。

③ ［法］罗曼·罗兰：《致美国作家》，《罗曼·罗兰文钞》，上海译文出版社，1985 年，第 93 页。

④ ［英］汤因比，［日］池田大作：《展望 21 世纪——汤因比池田大作对话录》，国际文化出版公司，1999 年，第 410 页。

具有批判意义，他试图从综观全球文明的历史视域来寻觅人类精神的出路。

奥地利裔英国经济学家、诺贝尔经济学奖获得者哈耶克认为，老子的“无为而治”对于现代经济学很有价值。1966 年他在东京演讲，谈到“自发秩序”理论时，激动地反问道：“难道这一切不正是老子所言‘我无为，而民自化；我好静，而民自正’吗？”① 一般认为，中国传统哲学的思维方式是不适合现代科学的。但 20 世纪多名科学家却不这么看。如丹麦科学家玻尔认识到量子理论的互补性概念与中国阴阳对立互补的思维方式高度契合。日本科学家汤川秀树则认为自己的科学创造直接受惠于老庄哲学。他说，“给我影响最深的是老庄等人的思想”，“在我思考有关物理学问题时，它仍不知不觉地进入其中”。② 他在自己的著作中举出三个例子说明老庄哲学对自己物理学研究的启迪。德国科学家海森堡改变了原先把科学研究的理论源泉归之于西方文化的观点，指出：“东方传统哲学思想与量子力学的哲学本质之间有着某种确定的关系。”③ 显然，他们都肯定中国哲学的思维方式激发了现代科学新的创造灵感。汤川秀树说得好：“西方文明不是唯一的文明，而且西方的思维方式也不是唯一先进的思维方式。确实，如果世界上的人在将来要过一种真正幸福的生活，那么东方和西方在新的意义上的融合就将是必要的吧？”④

美国著名汉学家葛瑞汉说，中国哲学总是思考“道在哪里”的问

---

① 转引自冯兴元：《从老子的“无为而治”到哈耶克的“自发秩序”》，《经济学通识课》，海南出版社，2020 年，第 270 页。

② ［日］汤川秀树：《汤川秀树著作集》第 7 卷，日本岩波书店，1985 年，第 21 页。

③ 灌耕：《现代物理学与东方神秘主义》，四川人民出版社，1983 年，第 5 页。

④ ［日］汤川秀树：《创造力和直觉：一个物理学家对于东西方的考察》，复旦大学出版社，1987 年，第 37 页。

题。20世纪以来，中国哲学提供了回答现代文明真正幸福生活的“道在哪里”的智慧，彰显出普遍性的世界意义。这正是《中庸》说的“道不远人”。当然，这里的“人”指向的是人类命运共同体。

（本文的大部分内容以《中国传统哲学对欧美思想的历史影响》为题，发表于《船山学刊》2022年第4期）